THE COMPETITIVE ADVANTAGE OF NATIONS

国家竞争优势

下

■［美］迈克尔·波特◎著 ■ 李明轩 邱如美◎译 ■

中信出版社
北京

图书在版编目（CIP）数据

国家竞争优势（下）/（美）波特著；李明轩，邱如美译.—北京：中信出版社，2012.8（2023.12重印）
书名原文：The Competitive Advantage of Nations

ISBN 978-7-5086-3376-3

I. 国… II. ① 波… ②李… ③邱… III. 国际化-竞争-研究-世界 IV. F114

中国版本图书馆CIP数据核字（2012）第110812号

国家竞争优势（下）
GUOJIA JINGZHENG YOUSHI (XIA)

著　　者：[美] 迈克尔 · 波特
译　　者：李明轩　邱如美
策划推广：中信出版社（China CITIC Press）
出版发行：中信出版集团股份有限公司（北京市朝阳区东三环北路27号嘉铭中心　邮编　100020）
（CITIC Publishing Group）
承 印 者：北京通州皇家印刷厂
开　　本：787mm × 1092mm　1/16　　印　　张：19.5　　字　　数：342千字
版　　次：2012年8月第2版　　印　　次：2023年12月第18次印刷
京权图字：01-2007-3170
书　　号：ISBN 978-7-5086-3376-3 / F · 2648
定　　价：75.00元

第三篇·国家篇

在经济繁荣的漫漫长路上，有的国家扶摇直上，有的国家起起落落；在产业界奋力攀向生产巅峰、追求高品质的过程中，"国家"这不可缺席的一员，到底该扮演什么样的角色？而落入繁荣瓶颈的国家如何才能避免富裕后的贫瘠空洞，是本篇八国案例带给我们的思考。

第四篇 · 应用篇

今日的世界需要的是大政治家、
大企业家，
而不是大管家；
经济要成功，
先决条件是“做”与“不做”的选择，
而这种选择权最后还是操控在每个国家和企业的手中。

THE COMPETITIVE ADVANTAGE OF NATIONS

第三篇 国家篇

THE COMPETITIVE ADVANTAGE OF NATIONS

在经济繁荣的漫漫长路上，有的国家扶摇直上，有的国家起起落落；在产业界奋力攀向生产巅峰、追求高品质的过程中，“国家”这不可缺席的一员，到底该扮演什么样的角色？而落入繁荣瓶颈的国家如何才能避免富裕后的贫瘠空洞，是本篇八国案例带给我们的思考。

09 衰落的大国

迈克尔 · 波特 许多政府的振兴方案最后都以失败收场，因为它们并未对症下药，而且没有考虑到钻石体系内各关键要素的特点。

当历史进入 20 世纪 70 年代与 80 年代，竞争优势筹码不断提升的日本、意大利与韩国对世界上原本领先的国家造成了莫大的威胁，最明显的例子是英国经济的萧条。英国的国力从多年前就开始下滑，许多长期以来持有竞争优势的产业在此期间快速消逝，这个结果也导致英国的生活水平大幅落后于其他发达国家。

美国的经济也是在 20 世纪 70 年代末期遭遇到了数十年来的首度挑战，结果也丧失了许多产业的竞争优势。美国经济衰退的原因之一固然是第二次世界大战所创造出的得天独厚的时空环境不再、其他发达国家纷纷奋起直追，但是其一度在全球先进产业中快速增长的企业数量开始减少，更加速了它们所拥有的竞争优势的不断退化。总的说来，这一期间的美国，无论产业的净投资率、生产力的发展速度、国民收入提高的程度等，都是本书研究各国中最低的。从很多角度来看，这一时期的美国，已经成为竞争优势环境条件最差的国家。

这一章将英、美两国并在一起研究。这两个国家曾经各自拥有国际上最具竞争力的产业，但这些产业的竞争优势却同样在冷战期间走了下坡路。因此，要研究国家是如何取得竞争优势，又如何丧失这些竞争优势，英、美两国是绝佳的研究案例。

本章首先讨论英国的情况，接着再探讨美国的发展经验，最后则对前面讨论过的 8 个国家进行综合讨论，以形成国家竞争优势理论的实证基础。

英国：曾经的日不落帝国

早在第二次世界大战前，英国产业的竞争能力就已经出现问题了。英国是 19 世纪的工业超级强国，但是整个 20 世纪却一直处于下滑的颓势。这种趋势一直到最近才出现转机。战后期间的英国一直遭到高物价与高失业率的双重折磨。如表 7–1 所示，英国在国民生产力与国民收入的增长速度上，大致与美国相近——同样是本书所研究的国家中最低的。不同的是，英国原来的领先程度并不如美国，因此，当其他国家的竞争优势开始展开时，英国只能眼睁睁地看着其他国家一个接一个超前而去。

尽管国力衰退，英国本身仍在某些产业领域维持着强大的竞争优势，并且享有过去所积累的财富，这也是英国最引人注目的地方。但它一方面拥有傲人的财富与某些产业领域的竞争优势，同时又出现许多核心工业一蹶不振的悲惨状态。

许多学者专家都研究过英国经济下滑的问题，当中也有不少重要的论述。[1] 遗憾的是，这些研究往往缺少一个总体性、整合性的观点，也因此无法解释为什么英国的产业集群会同时存在大好大坏的矛盾现象。根据作者的竞争优势理论，这种成功与失败同时存在的现象不但很合理，也充分说明了今日英国的竞争优势事实上不同于其他国家，也不同于往昔的英国。

在讨论英国时，另一个不可忽略的现象是，今天的英国正在努力转变中。本章所处理的重点集中在战后英国产业的成功与失败模式，以及造成英国产业蹒跚、无法发展的因素上。至于英国近年来比较突出的改变，作者将在第 13 章一并讨论。

国家竞争优势形态——产业数多

表 9–1 是 1985 年英国在全球出口占有比例上前五十大出口产业的名单。由于英国企业在制造业与服务业都有海外投资活动，所以英国产业的国际市场地位，很难从单纯的进出口数据看出。然而，对想大概了解英国当代产业的读者而言，表 9–1 算是相当完整的。根据表 9–1 可知，在 1985 年时，英国的产业

竞争优势主要表现在各式消费品产业以及钻石和铂金等贵金属交易为代表的贸易产业，此外，化工、发动机、纺织品等种类很广、分布也很零散的产业，也都具有相当强的竞争优势。英国前五十大出口产业的出口额占全国出口总额的17.9%（扣除商业交易，则是17%），这个数字是本书所研究的国家中最低的。这反映了三件事：第一是英国经济的广度和多元化；第二是英国企业的专业化；第三是英国油品输出的重要性（这些油品包括汽油、燃料油、机油、航空汽油等，它们1985年在英国出口总量中所占的比例高达19.25%）。[2]

表 9–1　依照全球出口总额所占比例，列出英国前五十大产业（1985 年）

产业类别	占全球出口总额的比例（%）	出口值（千美元）	进口值（千美元）	占英国出口总额的比例（%）
威士忌	77.7	1 294 923	9 993	1.28
轻型飞机（2~15 吨）	56.5	615 942	67 163	0.61
飞机喷气式发动机	44.5	922 434	550 747	0.91
生铁或铸铁屑	44.0	29 757	–	0.03
雕刻品、古董	39.8	479 984	293 430	0.47
已分级、经过简单加工的裸钻	37.1	1 471 103	1 209 695	1.45
手绘画作	31.3	513 459	480 170	0.51
羊毛、细绒毛织布	28.4	130 385	23 598	0.13
高碳块钢、钢板	27.0	174 727	27 599	0.17
电影	24.9	49 973	19 149	0.05
未加工的铂金	23.5	273 581	62 350	0.27
复印机	22.6	159 698	74 961	0.16
胺化合物	22.2	280 104	119 207	0.28
真空玻璃瓶	21.6	4 477	131	0.00
粗陶家用制品	21.2	123 709	18 703	0.12
纺织再生纤维	21.2	99 814	34 242	0.10
醋胺化合物	20.6	249 366	110 023	0.25
养殖	19.4	285 065	137 919	0.28
飞机零件	19.1	1 912 422	858 464	1.89
书籍、刊物	18.5	609 928	338 993	0.60
烈酒和蒸馏酒	18.5	182 208	92 707	0.18
抗震剂	18.5	369 613	84 342	0.36
肥皂、亮光蜡和油质品	18.4	119 500	34 762	0.12
卷筒软片	18.1	318 230	276 774	0.31
贵金属制品	17.9	55 095	15 906	0.05
加工后的镍合金	17.8	102 488	61 390	0.10
多元酸和衍生物	17.4	331 110	60 641	0.33

（续）

产业类别	占全球出口总额的比例（%）	出口值（千美元）	进口值（千美元）	占英国出口总额的比例（%）
飞机发动机、马达、零件	17.1	1 010 906	730 433	1.00
香烟	16.7	541 417	98 558	0.53
牵引机	16.6	573 576	190 964	0.57
苹果汁、甜酒	16.6	6 538	4 024	0.01
经过梳理的羊毛织布	16.5	109 924	31 208	0.11
大麦	16.4	414 202	32 818	0.41
针织羊毛衫	16.4	247 858	88 949	0.24
排版、装订机械及零件	16.1	328 878	273 553	0.32
杀虫剂	16.1	208 179	26 257	0.21
童书、地图、地球仪	15.9	20 862	16 209	0.02
含抗生素药剂	15.9	213 860	46 236	0.21
聚合丙烯	15.4	206 248	73 393	0.14
除草剂	15.4	144 736	91 662	0.20
家用瓷器	15.3	109 214	27 658	0.11
数位式中央处理器	15.2	775 895	1 016 452	0.77
石油焦	15.2	170 058	40 441	0.17
未加工的铂金、合金	15.1	142 275	28 178	0.14
羊毛、兽毛	15.1	130 886	178 960	0.13
非巧克力类的糖果	15.1	131 629	56 210	0.13
放射性元素	15.1	471 301	426 915	0.47
其他铁、钢屑	14.5	411 429	12 738	0.41
单酸和衍生物	14.5	328 590	226 470	0.32
卡片和印刷品	14.5	251 861	138 210	0.25
合计				17.88

注：进口值低于 1985 年总贸易值的 0.3%者，不列出其进口数据。

英国竞争优势的轮廓，还可以从表 9–2、表 9–3，及附录II的表II–17 的统计资料中看出。根据这 3 张图表，英国具国际市场竞争优势的产业主要集中在消费型产品上面，其中又包含酒精饮料、饼干、糕点等食品产业，香烟、化妆品、香水等个人用品产业，以及牙膏、香皂、清洁剂等家庭用品产业。与消费者有关的产业还包括陶器、瓷器、地毯等家庭装饰品产业集群，而英国在与消费品相关的零售产业地位活跃。此外，英国另一个重要的产业集群是财务管理领域的服务业，这里面包含保险业、拍卖业、金融业、商品管理业、国际法律事务业以及贸易业，如Jardines、英之杰、联合利华等著名企业都是个中翘楚。[3] 其他在出口上占有较高比例的是化工工业集群，其中最出名的就是油漆产业，ICI、Courtaulds等都是这个领域的世界级企业。

英国其他重要产业集群还包括：制药、休闲与娱乐（如电影、唱片、职业球赛、古币与其他收藏品）、出版与其他信息类产品、飞机、国防工业、马达与发动机、纺织（主要是纤维产业）。其他优势强度较小的产业则有无线电收发设备、雷达器材、发电机、玻璃与废五金等。至于英国在半导体与电脑产业上的表现，主要依赖美国企业在当地的投资。

与前述产业比较，英国缺乏竞争优势的产业包括林业、纺织成衣业、办公设备、电信器材，以及如手表等消费型电子产品业。另外，英国在机械产业的竞争力也很差，在本书研究的国家中居第六位，低于意大利、瑞士与其他3个工业强国。

表9–2显示，英国重要出口产业分布非常广泛，在各国当中，英国具有竞争力的产业数仅次于德国与日本，居第三位。以产业性质来看，英国产业所代表的经济力也非常分散，这种现象从它提供的为数众多的产品与服务上就可见一斑。这一类产业我们通通归类到综合商业类产业集群。

失败大于成功 然而，在琳琅满目的英国产业中，能够具有绝对竞争地位的产业却寥寥无几。英国产业很少能像美国、日本、德国一样拥有极高的市场占有率。此外，英国的产业集群也很单薄，它们当中很少能具备强而有力的专业元件与相关机械产业的搭配。在垂直整合方面，英国产业集群的表现更远不及意大利、瑞士与瑞典。

另外，英国经济发展的变化与走向，可以从1978~1985年间英国产业在全球出口比重的消长变化中看出（见表9–4）。这时，英国失去竞争优势的产业远比新添的要多，更糟糕的是，英国失去优势的产业往往也是攸关国家竞争力的产业。在这7年中，英国在化工、医疗保健、电脑等产业的表现较佳，不过这3项也是英国既有的强势产业。[4]其他新添竞争优势的领域是石油化工相关产业与未加工金属产业。相较之下，其他多数产业集群与许多精密产业则处于净亏损状态，像运输产业的亏损就很惨重。其他受到重大挫败的产业包括：机械产业（有5项增长，26项负增长），专业元件产业（10项增长，37项负增长），以及支持其他产业的综合商业类（6项增长，13项负增长）。这些消长说明英国在经济升级上的力不从心、产业集群逐渐萎缩、有竞争力的产业不断窄化等事实。

表 9–2 英国具有国际竞争力的产业集群（1985 年）

	原料/金属		林业	石油/化工
初级商品	**铁与钢** **高碳钢块、厚板**# 铁、钢粉#• 高碳钢条# 高碳钢中厚度板#• *各种形状热轧钢等* 不锈钢片• 未加工的铁、钢铸件 洋铁板、片 **铁与钢加工品** 铁、钢管家具 铁、钢结构零件 高碳钢丝#• 铸铁管、水管# 铁、钢链与零件 钢制储槽等 铁、钢火车轨道	**非亚铁类金属** *其他天然矿* #• 氧化锌、氧化铁、氧化铅 *未加工的铜合金* # *已加工的镍合金* # **金属制品** 铜条、线等 铜箔、铜粉与家具# 铝结构、零件 铝储槽#• 其他矿产制品# **屑** *其他铁和钢屑*# **生铁或铸铁屑**• 铜渣与屑 其他非亚铁类金属屑#•		**原材料** 焦煤、蒸馏炭• *原油* **• *汽车、飞机燃油* • 煤油 液化丙烷、丁烷• *石油焦* 石油冻、沥青焦炭# **有机化工品** 丙烯碳氢化合物• 碳氢化合物的卤素衍生物 丙烯乙醇与衍生物 *单酸与衍生物* *多酸与衍生物* 含氧酸与衍生物 *胺化合物*
机械	其他矿场机械# 碎矿机械 碾压机零件、滚筒 工业用电熔炉		纸浆制造机械与零件#	离心泵 液体用轮转式与其他泵、零件# 气压机等 气体、液体过滤器
专业元件	*放射性元素等* *其他放射性及有关原料*#			
服务				*加油站* *

（续）

初级商品	*胺氧化合物* *醋胺化合物* *其他氮化合物*# 杂环族化合物 其他各种化工产品# **无机化工品** 固态氢氧化钠 无机酸的金属化合物 其他无机化工品等# 亚硫酸盐、磷酸盐	**塑胶** 多醋胺 *聚合丙烯等* *塑胶原料*	**半导体／电脑** *数字中央处理器*• *办公设备、自动资料处理机零件、配件*
机械	*泵、压缩机零件* *发电机、离心机零件等*#		定制软件*** 信息***
专业元件			
服务			

(续)

初级商品	综合商业		交通运输	
	贸易货物	仪器	车辆设备	
	已加工的锡合金#	光学仪器	钢制集装箱	
	未加工、部分加工的轧银#	计量器与计算机组件	船上起重机具	
	未加工、部分加工的铂金合金#	测量仪器		
	未加工的锡合金•	气体、液体控制仪器	发动机	
	未加工的铂金合金	*测量、控制仪器*#	*活塞发动机*	
	裸钻、简单加工钻石	玻璃制品#	**飞机喷气式发动机**	
	珍贵玉石、准玉石		非置于船体外的船舶活塞发动机	
机械	特殊工业用机械#	工具的刀片、尖头、活栓等	绞孔器等金属加工机器	
	非电动手工工具#	活塞环与非电动机器的零件#	金属加工机床#	
	喷洒机械	风扇、风箱等零件		
专业元件	*玻璃**		雷达器材等	润滑油
	非镶嵌的偏光片#		其他橡胶制品#	润滑油（高石油成分）等
			合成橡胶等	其他润滑剂#
			其他橡胶制材料#	
服务	*专卖店**	贸易*	机场转运站***	
	*广告**	*再保险**	航空公司***	
	工程/建筑*	会计*		
	建筑*	管理咨询*		
	合约研究*	商业银行*		
	工业洗衣/制服供应*	*产业/投资银行**		
	*公共关系**	*理财**		
	安保服务*	租赁*		
	大楼清洁维护服务*	法律服务*		

(续)

初级商品		**发电与配电系统**	**办公设备**	
	车辆	**发电**	**配电**	
	专业用途车辆 *叉车等* *轮动式牵引机* 自行车、轮椅# 拖船、专业用途船舶# 其他土木工程设备等# 自动推进铲土机、挖土机	*蒸汽锅炉等*• 蒸汽锅炉辅助设备# 蒸汽发动机、轮机 发电机、轮转式换流机和零件 *交流发电机* *配备活塞发动机的发电机组* 风、水力等发动机•	液体绝缘转换器 绝缘电线、电缆 不导电设备 *其他电动机械*#• 主电池、备用电池	*办公用品*# *复印机*# *印刷书刊* *卡片与印刷品*#
机械				*其他排版、装订机械和零件*#
专业元件	*抗震剂* 石棉制品、摩擦材料	未经硬化（硫化）处理的橡皮管		*其他颜料、印刷油墨*#
	零件	汽车用新轮胎 公共汽车或卡车新轮胎		
	活塞发动机零件 *叉车零件*# 起重、搬运、装卸设备零件# 汽车底盘 车辆车身、零件、配件# *飞机零件* *喷气式发动机、马达及零件*# 火车车厢零件			
服务				

（续）

初级商品	**电子通信** 电视、广播电波发射机	**国防** 炸药、烟火制品 作战武器、弹药
机械		
专业元件		
服务		

(续)

初级商品	**食品／饮料** **基本食品** _养殖_# 带骨牛肉 _新鲜、冷藏、冷冻羊肉_ 冷藏的新鲜鱼类（不包含鱼片）• _未研磨的大麦粒_ 早餐谷类、面食# _麦芽（含面粉）_ **加工食品** 非巧克力的糖果 巧克力及其制品*	面包和其他糕饼店制品# 面食、饼干、蛋糕** 奶粉 果酱*** 葵花油、芝麻油# **饮料** _烈酒与蒸馏酒_ # **威士忌** 汽水* 茶*** _苹果汁、甜酒_ #	**住宅／家居** **包装产品** 肥皂、亮光蜡与油质品# 洗洁剂等 **室内陈设品** _羊毛或细绒毛编制地毯_ 瓷制家庭器皿 _粗陶家庭器皿_ 金属灯具、家具 **其他** 餐具（刀、叉、匙等）	**家用电器** _干衣机_#
机械	非家庭用食品加工机械			
专业元件	杀虫剂 杀霉菌剂、消毒剂# 除草剂 真空玻璃瓶#		隔热砖# 耐高温砖等 油漆、颜色涂料 釉料、干燥粉、锡粉 耐高温建筑产品#	
服务				

(续)

初级商品	**纺织/服装**	
	纺织品	**服装**
	兽皮、毛皮#•	女式外套、夹克#
	其他生毛皮#	合成纤维制的女式服装
	生貂皮•	*羊毛针织衫*
	皮革#	*合成纤维针织服装*
	皮草	
	机械织布	**配件**
	针织品#	人造毛皮制品#
机械	纺纱、抽丝机械零件	
专业元件	**染料**	
	合成有机染料	其他合成纤维#
	合成有机亮光染料#	上等羊毛
		非精织的合成多醋胺纱
	纤维与纱	**羊毛、细绒毛织布**
	纺纱再生纤维#	*经过梳理的羊毛织布#*
	合成纤维废料#	其他纺织纱#
	纤维质衍生物	*其他羊毛、绒毛#*
	其他羊毛绒毛纱#	
服务		

（续）

初级商品	**医疗保健** **药品** 维生素原及维生素• *抗生素* 激素• *含抗生素药剂* *含激素药剂*# *药用产品*#** **医疗设备** 医疗仪器	**个人用品** 雪茄与其他烟草制品#• *香烟* *混合香料* *香水、化妆品* *贵金属制品*#	**娱乐/休闲** *卷筒胶卷* *照相感光布* **电影** *室内游乐设备* *录音磁盘、磁带* 动物园动物、宠物 报纸、期刊• *童书、地图、地球仪等*# **普通邮件**	 *农业、园艺、林业用手工工具*# 游艇、运动类船舶 马具、皮革制品# **拍卖** **手绘画作等** **雕刻品、古董**# 收藏钱币
机械				
专业元件				
服务	保健***	中学与大学教育***	**拍卖业***** 电视节目*** 旅馆*	

说　明：

细体字：占全球出口额5.8%或以上，但低于11.6%者

斜体字：占全球出口额11.6%或以上，但低于23.2%者

黑体字：占全球出口额23.2%或以上者

•　在1978年低于出口盈亏点

#　不列入计算的差额

##　基于在产业环节的显著出口值而列入

*　因海外直接投资而列入

**　因海外直接投资予以升级

***　基于该国所作的研究而列入

表 9–3　在广义的产业集群下，英国具竞争力产业的百分比

产业	占全国出口额的百分比	占产业集群全球出口额的百分比
原料/金属	4.0 (–1.6)	3.3 (–0.4)
林业	0.1 (–0.1)	0.7 (–0.1)
石油/化工	24.8 (15.0)	6.9 (3.6)
半导体/电脑	3.5 (2.4)	6.3 (–0.6)
上游产业	32.4 (15.7)	5.5 (2.1)
综合商业	6.3 (–2.4)	6.1 (–2.1)
交通运输	12.1 (–5.3)	4.6 (–1.9)
发电与配电系统	2.0 (–0.5)	7.2 (–0.8)
办公设备	1.6 (–0.2)	8.3 (–0.7)
电子通信	0.3 (–0.1)	3.9 (–2.2)
国防	0.6 (–0.1)	0.3 (–2.7)
产业功能和支持性功能	22.8 (–8.6)	5.4 (–1.9)
食品/饮料	4.1 (–1.2)	2.5 (–0.0)
纺织/服装	2.6 (–1.7)	2.6 (–1.1)
住宅/家居	1.3 (–1.4)	4.2 (–1.7)
医疗保健	2.1 (0.1)	8.8 (–1.3)
个人用品	1.2 (–2.9)	2.4 (–4.7)
娱乐休闲	3.3 (–0.6)	6.0 (–1.9)
最终消费商品和服务	14.7 (–7.7)	3.4 (–1.0)

注：括号内数字是 1978 年和 1985 年之间的变化，以有竞争力产业的出口情形为主，并非全部产业的表现。

▇ 与国家的国际竞争地位相关的广义产业部门。（图中以阴影框标示：石油/化工、医疗保健）

生产要素——工业技术

除了已告枯竭的煤矿与新发现的北海油田外，英国的天然资源是相当贫乏的。对英国的经济与出口表现而言，北海石油与天然气是笔意外之财（1985 年时，英国石油出口为 167 亿美元）；北海石油也让英国在化工产业与一些化工产品上有所表现。然而，撇开这些有形的利益，北海石油对英国经济的发展是弊大于利，因为它误导英国政府的产业政策，也延缓经济复苏的契机。

大英帝国的余威　除了石油外，英国的另一项重要生产要素是充沛的资本与有利的地理位置。几百年来的投资与适中的地理位置，使伦敦成为一个极富吸引力的都市。在伦敦，金融服务业、拍卖业与机场服务业等服务产业云集。不过，与其他国家相比，一度辉煌领先的英国基础设施，如今已成为不利于产业发展的绊脚石。在各项基础设施中，电信服务、港口、铁路等公共设施，都亟待重新投资。

另一方面，英国也是最早实现工业化的国家，并培养出了当时技术能力最强、识字率最高的劳动力。由于灿烂的历史余荫加上殖民地的推广，英语也是世界性的商业语言。更重要的是直到 19 世纪末，英国产业能够不断发展，所依靠的就是这个国家不断开发工业技术的结果。

在本书的研究中，许多产业的最早发明者几乎都是英国人。这种现象可能是因为英国的大学教育发展最早，培养出了相当多的一流学生，这些人才富有创造力与独立思考的能力。有趣的是，将这些发明应用于工业上的，是从未受过大学教育但是经验丰富的英国企业家，从而发挥了它们重要的贡献。

直到今天，英国在科学研究方面的实力依然很强，但是也有越来越多的优秀人才，转往能提供更佳环境条件的其他国家发展。反过来说，英国的化工与制药产业实力强劲，原因之一就是它们依赖大量的基础科学研究，许多外国企业也因为这个理由而将研究实验室设在英国。由于英国经济衰退、生活水平无法提升，相对造成英国的薪资与高级人力成本低于其他先进国家，这种人力成本优势也有助于一些需要专业人才的英国产业，例如咨询服务业、出版业、广告业、制药业等，另外，国外电脑产业也渐渐主动在英国投资发展。

表 9–4　1978~1985 年英国在全球出口总额所占比例增减 15% 或以上具竞争力的产业情况 *

	原料／金属			林业			石油／化工			半导体／电脑			上游产业		
	具竞争力产业的总数	比例增加的产业数	比例减少的产业数	具竞争力产业的总数	比例增加的产业数	比例减少的产业数	具竞争力产业的总数	比例增加的产业数	比例减少的产业数	具竞争力产业的总数	比例增加的产业数	比例减少的产业数	具竞争力产业的总数	比例增加的产业数	比例减少的产业数
初级商品	29	11	22	0	0	1	26	12	17	2	2	4	57	25	44
机械	4	0	1	1	0	0	6	2	2	0	0	0	11	2	3
专业元件	2	1	1	1	0	0	0	0	0	0	0	0	3	1	1
合计	35	12	24	2	0	1	32	14	19	2	2	4	71	28	48

	综合商业			交通运输			发电与配电系统			办公设备			电子通信			国防			产业功能和支持性功能		
	具竞争力产业的总数	比例增加的产业数	比例减少的产业数	具竞争力产业的总数	比例增加的产业数	比例减少的产业数	具竞争力产业的总数	比例增加的产业数	比例减少的产业数	具竞争力产业的总数	比例增加的产业数	比例减少的产业数	具竞争力产业的总数	比例增加的产业数	比例减少的产业数	具竞争力产业的总数	比例增加的产业数	比例减少的产业数	具竞争力产业的总数	比例增加的产业数	比例减少的产业数
初级商品	13	4	7	13	1	15	12	3	8	4	2	3	1	0	1	2	0	1	45	10	35
机械	7	1	4	2	0	5	0	0	0	1	1	0	0	0	0	0	0	0	10	2	9
专业元件	2	1	2	19	1	16	0	0	0	1	0	0	0	0	0	0	0	0	22	2	18
合计	22	6	13	34	2	36	12	3	8	6	3	3	1	0	1	2	0	1	77	14	62

	食品／饮料			纺织／服装			住宅／家居			医疗保健			个人用品			娱乐／休闲			最终消费商品和服务		
	具竞争力产业的总数	比例增加的产业数	比例减少的产业数	具竞争力产业的总数	比例增加的产业数	比例减少的产业数	具竞争力产业的总数	比例增加的产业数	比例减少的产业数	具竞争力产业的总数	比例增加的产业数	比例减少的产业数	具竞争力产业的总数	比例增加的产业数	比例减少的产业数	具竞争力产业的总数	比例增加的产业数	比例减少的产业数	具竞争力产业的总数	比例增加的产业数	比例减少的产业数
初级商品	15	5	9	12	2	11	8	1	12	7	2	4	5	0	2	15	2	11	62	12	49
机械	1	0	6	1	0	7	0	0	0	0	0	0	0	0	0	0	0	0	2	0	13
专业元件	4	4	2	13	2	12	5	1	4	0	0	0	0	0	0	0	0	0	22	7	18
合计	20	9	17	26	4	30	13	2	16	7	2	4	5	0	2	15	2	11	86	19	80

* 在 1978 年或 1985 年超过出口盈亏点的产业，其中包含在 1978 年具竞争力但在 1985 年跌至出口盈亏点以下，或在 1985 年首度出现超过出口盈亏点的显著占有率者。

生产要素的创造机制：后天失调

造成英国经济走下坡路的原因，事实上不在于生产要素的匮乏，而是它的生产要素创造机制有问题。生产要素创造机制的不良发展，不但造成英国经济发展的重大障碍，更使得英国产业无法持续既有的竞争优势。

大好大坏的教育 在本书研究的各个国家当中，英国的教育体系相对落后许多。英国学生接受大学教育的比例最低，而高等教育培养出来的社会精英也偏重在人文社会或理论科学领域，应用科学方面则较弱。许多优秀的英国人也不喜欢接触工程等实务性职业。[5]这种发展的结果是，在所有先进国家中，英国大学的工程技术科系学生比例最低，知名大学的工程科系也偏重理论与知识性的讨论。

比起大学教育，英国的一般教育问题更严重。与许多国家比起来，英国基础教育的师资良莠不齐，数学与自然科学的训练时数太少，而且退学人数多。撒切尔夫人执政时的教育改革，主要着重普及而非鼓励竞争。日渐下降的教育水平必然影响到英国儿童的素质与表现。[6]另外，英国教育的发展趋势也显示该国不鼓励个人竞争，结果使得英国人更不重视实质成就。英国年轻人一旦完成中学教育，可供选择的出路很有限，原因是英国的职业学校名声并不好，也没有像德国那种完备的学徒制度，而政府的就业辅导中心更无法与产业界的真正需求衔接。

英国教育体系的偏差，造成人力资源上的极大差距。一方面，英国在专业的服务业、顾问业、软件业、出版业等领域储存了充沛而杰出的人才（这些一流人才所受的训练精良而且薪资低），英国大学也不断培养出卓越的思想家与科学家。另一方面，许多英国产业正面临严重的劳动竞争力问题，和许多发达国家相比，英国工人无论在教育程度还是技术水平上都略逊一筹，受过大学或专科教育的经理人也最少，制造业更是大量缺乏受过专业培训的经理人。而高层经理人当中，有技术背景出身的更是凤毛麟角。

尽管教育体系问题重要，大多数英国企业却仍未加强内部培训。英国产业的教育培训投资不到营业额的1%（1980年时是0.15%）。这个数字与同年度日本的3%、德国的2%相比，优劣一目了然。[7]原本就缺乏良好教育的人力资源竞争力因此就更加落后了。英国经济想要振兴，提升人力资源的素质已经是主要的问题之一。后文将会介绍到美国也面临相同的问题。

研发投资仍嫌不足 英国政府在研发上的投资并不小气。问题是这些投资主要都用到基础科学与国防科技上面。以 1987 年为例，英国政府将 50%的研发经费投资到国防领域，而德国只有 12%，日本只有 5%，法国也不过 34%。[8] 根据美国的经验，国防领域的研发投资，事实上剥夺了产业界的利益，英国也因此丧失许多产品商品化的机会。另外，由于政府预算不断紧缩，研发工作也遭遇到极大的压力。

在化工、制药等产业，英国企业以积极投资研发而出名。这些领域的企业往往与大学相关研究所保持密切联系。然而，其他大多数的产业中，英国企业在研发上的投资远不及它们的国外竞争者。既有的研发活动也是零零落落缺乏系统性。[9] 总的说来，以 1986 年为准，英国民营企业的研发支出只占国内生产总值的 1.19%，这个数字低于日本的 2.19%，德国的 1.6%，以及瑞士的 1.71%。[10] 同年度英国非国防性研发经费占国内生产总值的 1.8%，同样低于日本的 2.8%、德国的 2.6%，以及其他发达国家的表现。[11] 对研发工作的不热衷，已经使得许多英国产业逐渐丧失技术方面的领先地位，在发展先进电子、新材料、高级制造技术方面，英国的步调更是日趋缓慢。

不利因素的转换：成为创新的领导者

对英国而言，不利因素的转换一度是经济发展与发展的主要动力。与其他国家相比，英国是个面积较小的岛国，原材料主要依赖进口，这种情形刺激英国很早就成为重要的贸易国家。由企业建立的缜密流畅的商品贸易体系涵盖了金融、船务、保险等相关产业。随后，经由英国科学家与工程师在发明与工艺流程上的努力，进口原料又被制造成当时最新、最高级的产品。

随着英国经济的持续发展，工资上涨的压力又带动产业创新的过程，也使得许多早年的英国产业稳坐创新领导者的宝座。英国不但是许多自动化形式的先驱者，也是最早发展各种形态机械产业的国家。

然而，第二次世界大战前后，英国产业却呈反向发展。北海的石油与天然气的发现，减轻了产业发展的压力。与德国、瑞士、意大利、瑞典等发达国家比较，英国的工资较低，这又减缓了企业自动化与创新的意愿。此外，工会顽强抗拒改变的态度也钝化了变革的可能性。随着时间一天天过去，英国的制造业开始降级，向价格竞争、低质量产品、简单制程等领域发展。当英国企业不再努力转换它们所面对的不利因素时，唯一能做的就是大力收割既有的市场成果。[12]

需求条件——要求不高的原殖民地市场

就消费性与工业性产品需求而言，英国曾经是全球要求最高的国家。在消费产品部门，由于英国身为最老牌的工业化国家、教育程度高、工资不断提升以及快速积累财富等因素，英国成为了许多高级产品与高级服务的领先市场。在大英帝国的国威下，强调高品质与奢华的英国式品位扩散到曾经的殖民地国家中。另外，派驻各殖民地的英国使节除了宣扬英国品位之外，同时也努力地将海外高级产品引进富裕的祖国。

在工业产品部门，英国有了领先全球的产业，所以对国内供应商或相关服务的要求也就相对地提高。全盛时期的英国与美国一样，由于具有竞争优势的产业分布极广，使得综合商业类产业集群也表现出强势，迄今不衰。贸易频繁的结果也刺激了保险、法律、银行等贸易相关产业的需求。英国跨国企业的海外表现，一再使得英国产品成为国际市场中的赢家。

影响深远的生活品位 时至今日，英国仍具有国际竞争优势的产业主要是在奢侈品、休闲、娱乐与财富等相关领域，这些产业的表现正是大英帝国的余威所在。英国能够持续保有这些产业的竞争优势，主要是基于下面几项理由。第一，这些产业中当初大都有抢先进入优势的效应。像烟草业、陶瓷业、含酒精饮料、毛织品、盥洗用品产业等，英国长期建立的国际品牌知名度与营销网络，是很难被打破的。第二，英国在一些不强调技术变革的产业中，是以传统生产方式吸引顾客，而不必靠价格竞争。第三，在英国国内（尤其是伦敦地区）还保有奢侈高级产品的消费市场，加上当地剧院、博物馆与长期积累财富所形成的生活品位，吸引外国游客前来消费。有钱的外国游客不但在伦敦大肆采购，往往也将这些产品转化成国外市场的需求。

英国在服务业上强大的实力，尤其可以反映出这个国家的历史余荫与时代的需求趋势。由于英国在商业服务领域拥有充沛与训练有素的人力，语言的便利及抢先发展的优势，使得它的会计、咨询顾问、工程等产业维持着稳固的地位。另外像很早就奠下基础的高级消费品，伦敦地区的高级商品市场需求，同样也是英国的零售业发展的重要条件。即使在国际市场中，英国零售业翘楚如巴宝莉、Laura Ashley 与雅格诗丹，丝毫未因国家变弱而逊色。

英国在服务业以外的其他成功产业，基本上得益于这个国家特有的高标准需求或源于需求显著的产业环节。比如，英国人在糖的平均消耗量上全球居冠，这种需求也长期刺激糖果糕饼业的发展。英国人下午茶的嗜好又导致蛋糕、饼干业特别发达。英国人热衷园艺，它的园艺用品因此在国际市场上占有重要地位。另外，与法国、意大利、德国相反，英国人不爱烹饪，这又使该国冷冻、加工食品得以畅销。

退而求其次的消费形态 无论如何，英国企业很难摆脱国内需求条件日益恶化、不利因素无法转换的影响。英国的生活水平日渐低落，这已经使得英国人的一般消费需求大幅落后于其他发达国家。有些观察家认为，与其他发达国家相比，英国人购物时比较注意产品的价格而非它的质量。英国企业的竞争重点也逐渐放在利润较低、和发展中国家竞争的市场环节上。这种恶性循环对英国竞争优势所造成的伤害，将在第 10 章作更进一步的分析。

与许多国家的消费者相比，今日的英国大众已经不再是主动挑剔型的客户了。他们很容易向质量较差或水平低落的服务妥协，会出现这种现象可能与战后的艰苦生活有关。英国应对战时需要的配给制度一直持续到 20 世纪 50 年代，流行的生活必需品也谈不上讲究，一切以实用优先。这种态度事实上也延伸到工业领域。有些英国企业并不在意有瑕疵的产品，同时也能容忍质量不佳的服务。英国人的谈话虽然以批评刻薄出名，但问题是光动嘴皮子并不能令经济发展。另一个造成英国产业无法形成高标准需求的原因是劳动力与经理人的专业水平不够。

影响英国国内市场需求的另一个因素是，几十年来不断扩展的国有事业与法令规范。以英国的医疗保健服务为例，它已经是一个资源分配不均但又官僚气十足的制度，极端缺乏现代技术与流程。其他如航空公司、铁路、电信等重要国有产业，不但经费受到限制，本身也不是称职、主动的挑剔型客户与供应商。近年来，英国政府大力推动民营化，期待解决这些问题，但是，民营化本身却因为做法粗糙，结果又引出了一些新的问题。这部分将在后面讨论到。

和发展中国家的负面性互动 英国在需求条件上的问题还包括海外市场对英国产品的需求态度。传统上，海外市场对英国产品的需求也不高，原因是直到几十年前，许多英国企业的出口对象主要是原殖民属地，这些发展中国家通常对消费型产品与工业用产品的挑剔程度不高。英国产品能够顺利打入这些市场，不单只因为政治、经济因素，也与传统习惯有关。直到今天，英国在进出口贸易的平衡上，依赖发展中国家的程度仍远高过德国、瑞典、意大利等发达国家。这些海外市场不但在需求表现上比较差，采购英国高级产品的能力也不及英国本身。当其他发达国家积极进行彼此间的贸易与竞争时，英国却把贸易主力放在发展中国家，这确实造成相当不利的影响。

此外，英国在产业集群上的薄弱表现，同样也影响着这个国家的需求条件。当一些英国产业的竞争力越来越差时，它们本身就成为其他产业的二流客户。这种恶性循环还在持续中，结果英国的竞争优势仅靠往日光荣的残余价值来维系着。以机械产业为例，由于英国的机械企业在工艺流程上大幅落后于其他发达国家，又不愿意投资兴建新厂房、引进新设备，结果造成机床、起重机等机械设备产业的没落。

相关产业与支持性产业

英国的产业集群曾经一度活力十足，风光之时，一个产业可以衍生出许多新产业。英国的服务业也借由工业产品的表现而走入国际市场并形成双向的良性循环。全盛时期的英国，跨国企业先到国外打下桥头堡，同时摇身变为海外的忠实客户影响国内。因为这种发展历程，英国金融服务与贸易等相关产业集群通常拥有高度自我强化的能力。

然而，今天的英国产业集群逐渐松弛，只有极少数产业仍能维持既有的竞争优势。由国外进口元件与机械设备，已经是绝大多数英国企业的常态。以汽车业为例，英国如今仍保有竞争优势的是捷豹、劳斯莱斯等豪华小型车产业环节，其他车种与零配件产业都不行了。这种现象在电器用品与消费型电子产品等耐用消费品方面，更是有过之而无不及。

英国企业仍能维持竞争优势的领域，主要是因为相关与支持性产业的表现。比如说，英国的消费型产品与服务业能持续成长，主要是有强大的零售业强迫它们不断创新，例如玛莎公司长期以来一向扮演带动英国食品与服饰业发展的力量。另外，英国是最早允许电视播放广告的国家之一，许多英国广告公司的广告创意，甚至比美国企业还强，高居世界第一。英国企业正是利用这种有利的环境，发展它们现代化的市场营销技术。

讨论英国相关产业的表现，另一个不可忽略的条件是伦敦。伦敦事实上是英国最强的产业集群的化身，英国的金融服务业，如贸易、投资管理、保险、大部分银行产业等的竞争优势举世无双，而这些产业通通集中在伦敦。随即而来的则是数不清的信息与电信服务事业，如路透社、金融新闻与出版事业、财务印刷品、法律服务、金融广告与公共关系等相关产业。这个产业集群的异常活力，也吸引了全球企业来到伦敦设立分公司，结果使伦敦成为实至名归的欧洲金融中心。

企业战略、企业结构、同业竞争——逃避商业与避免竞争

英国企业文化的特色之一是管理层排斥创新与变革。英国人对传统的偏执、对责任的定义过于狭隘、高度重视形式与程序等特质，造成产业界里充斥着“尚未完成”（not done）的说辞。

伴随着这种管理文化的是“僵化的劳资关系”。英国的劳资之间存在着近于阶级斗争的气氛，导致双方的关系几乎没有交集。英国的工会势力强大，有权借谈判限制资方的要求，这妨碍到企业的创新与生产力的发展。在同一家工厂或同一部门里，有好几个不同派系的工会同时存在的情形也很普遍。因为存在混乱且复杂的劳资关系，改革行动自然遥遥无期。

英国一个公开而普遍的现象是优秀人才不愿意进入工业界服务。英国的社会大众先入为主地认定，撇开极少数还算高尚的行业外，其他行业都是“商业”。但是他们却很少意识到，英国产业的成功史，正是因这些“商业”而获得的。英国顶尖的大学毕业生如果要进产业界服务，通常会选择化工、制药等高度研究导向的产业领域，要不然就往出版、电影、电视等讲求创意或能发展社交关系的产业跑，或是可以与工厂作业保持距离的法律与会计师事务所。近年来，英国的一流人才更涌入财务、管理顾问、广告、软件等服务产业。他们卓越的头脑使英国在这些领域中无往不利。

奇差的资本市场结构 在热门行业以外的其他产业中，无论经理人还是员工，工作意愿普遍长期低落。忘情工作、立志赚大钱的想法，往往会引来别人不屑的眼光。严格的个人所得税也抑制了民众投资致富的想法。在世界各国中，英国是极少数对资产所得课税的国家，相对也打击了民众长期投资的想法。低落的工作意愿还带来另一个问题，就是英国员工的离职率很高。根据 1983 年的统

计，英国产业的员工离职率高达 12%，这个数字也是所有发达国家中最高的。[13]

英国资本市场的结构，同样不鼓励企业设定持续投资与创新目标。英、美两国在资本市场的结构上很类似。英国的法人投资者虽然握有决定企业走向的权力，但是与德国、日本、瑞士明显不同的是，这些法人投资者很少把企业看成永久性资产，英国银行也不会同时扮演企业投资人与债权人的双重角色。这些因素使得英国的资本市场和美国的如出一辙。由于大股东只关心企业股票的市场价位与股利表现，公司股票自然在股市中交易频繁。经理人牵挂企业的账面价值，自然朝接管、并购与杀鸡取卵等经营方向发展。被转手的企业虽然有精简设备、降低成本等好处，但是债权人通常仍无意做后续投资。在本书所研究的各个国家当中，战后英国产业的固定资产投资净值比例是最低的，紧随其后的就是美国了。

避免竞争的绅士作风 即使在国内市场竞争上，英国企业仍然标榜“绅士作风”。传统上，英国企业的发展目标是自我满足而非出类拔萃。英国企业既没有美国的利润导向诱因，也缺乏日本的市场占有率意识，所以同业之间多合并而少竞争的现象不但理所当然，而且也被视为必要的做法。以汽车产业为例，先有奥斯汀与莫里斯两家企业合并为英国汽车公司；随后又与利兰合并，改名为英国利兰公司。原本就已缺乏活力的市场，由于这一连串的并购更显萎缩。

英国这种避免竞争的态度，是由社会价值与教育体系相互强化而形成的。英国企业拘泥于形式与协议的传统，常使它们因犹豫不决而错失良机，而这一切都要归咎于英国人非常鄙视竞争。

避免竞争的态度使英国产业一再受害。追溯产业历史，英国企业发展的一贯模式是，当产业形成竞争优势时，企业就禁止新设备出口或试图维持英国垄断的路子，其他国家的企业因为市场与技术来源中断，只好被迫自行发展或另辟生路。以纺织业为例，目前执世界牛耳的瑞士与德国纺织业，都是因为英国禁止纺织机械出口的刺激而奋起的。

由于缺乏强有力的竞争者与客户，英国企业就在舒适的市场优势下，不知不觉地萎缩。不过，英国产业不曾遭遇一夕变天的骤变，原因是英国企业往往占有抢先发展与客户忠诚度的优势。事实上，在高级消费产品以外的领域，英国产业正逐渐走向低价位的产业环节及客户。另外，英国企业吝于投资，虽然一时之间带来看似亮丽的财务报表，但是竞争优势的支撑力量也在这一时的愉悦里崩溃。

新企业很难出现 英国新企业的形成速度太慢，也限制了产业的竞争。对英国产业而言，影响企业发展的一些负面因素，同时也在腐蚀企业家的心志。出身上流社会或有心挤入这个阶层的英国人认为，创立企业、努力致富是件庸俗的事。英国人害怕失败的态度，也使得新企业很难出现。许多英国产业与企业往往是由非本行的“局外人”发展出来的，更多企业家是社会中下阶层出身的。其他像比弗布鲁克爵士、麦格雷戈乃至于近年来大出风头的媒体大王默多克、马克斯韦尔、萨奇兄弟等，大多来自其他国家，而且无视英国社会的传统价值或态度。这些企业家的行为虽然会招致负面的评价，但是他们敢不按牌理出牌的经营方式，也为暮气沉沉的英国产业注入了一剂强心针。然而遗憾的是，许多英国企业家一旦事业有成，接下来的动作便是积极打入上流社会，而逐渐与产业疏离。

政府角色——老是做错事

对于经济发展，英国政府传统上采取自由放任的态度。然而过去几十年间，英国产业内部缺乏竞争压力，市场调节机能也有其难以突破之处，英国政府因此逐渐以控制需求、操纵利率来影响通货膨胀率与汇率。这种情形显示，英国的产业政策是总体经济导向，而非个体经济走向。此外，英国的产业政策是由财政部管理，如何建立产业的竞争优势并不是它所关心的主要问题。当北海石油与天然气资源被发现之后，英国政府虽然不再需要贬值英镑来重振产业竞争力，但也因此错过了时机，未能善用政策的阵痛效应导正产业的发展方向。更糟糕的是，由于产业竞争力日渐衰退，国内又有长期性的失业率，英国政府被迫一再紧缩它对教育、基础设施以及其他生产要素领域的投资，这又使得英国经济的慢性病更加恶化。

当政府有意协助产业时，它们的力气往往用错地方而且难以持续。政府惯用直接干预、补贴、合并企业及保护等行动，结果这只会破坏既有的产业竞争形态。比如说，当威尔斯在 1960 年进行工业重组时，它是朝着鼓励英国企业相互合并以形成世界级竞争者的方向发展。结果钢铁、汽车、机床与电脑等产业的合并动作，通通以失败收场。这证明当产业处于走下坡路的困境时，如果仅依赖少数政府官员动脑筋以找出解决之道，结果极可能酿成另一场灾难。英国政府为了提高产业竞争力，也尝试选择一些重点科技，并以补贴方式鼓励企业发展这些技术，但是绝大多数的重点科技都失败了。事实上，如果国家竞争优势的关键要素尚未成型，这些重点科技即使研发成功，也将缺乏进一步商品化的能力。英国地方政府在产业政策上也犯了和英国政府一样的毛病，它们往往无视当地是否有钻石体系关键要素的配合，一味以补贴方式吸引企业到萧条的地区投资，结果只是昙花一现，几乎没有企业能够长期生存下来。

摇摆的政体　猛药通常来自新政府。在撒切尔夫人上台扭转英国经济趋势以前，英国的保守党政府往往因为劳动者的顽抗而无法对产业有所作为。立场倾向工会的工党政府，则将产业活动变得越来越没有弹性。工党政府发起的一波波民营企业国有化的行动，不但伤害到企业彼此间的竞争与活力，甚至波及它们的上下游与相关产业。更严重的是，保守党与工党在政策上的南辕北辙，连带使得英国企业根本不敢作长期的努力与投资。假如明天的税会更重，甚至企业可能被征收为国有企业时，谁还敢多作投资？

事实上，像服务业等一些英国政府管得少的产业，反而能够蓬勃发展。英国一些服务产业因为政府法令规范不多，发展空间就比其他国家大，第 6 章介绍过的拍卖业正是一个鲜活的例子，这种情形也出现在英国的贸易和保险等产业中。处于这些产业中的英国企业，通常也是全球创新表现最佳的竞争者。

回顾与展望——开始强调竞争力

几十年来，英国产业一直缺乏动力，提升竞争优势的能力也不足，英国的日趋没落也是因为钻石体系的各个部分都往反向运动所致。根据作者的判断，英国最大的弱点在于它的人力资源素质不佳、工作意愿低落、产业缺乏竞争、需求条件不升反降。

英国的情况说明了钻石体系关键要素逆向强化的后果。一个没有竞争力的产业拉下另一个产业，形成骨牌效应。竞争力的丧失又导致生活水平的降低，以及消费者不再有要求精致的高级产品的需求。政府因为国库空虚，又被迫削减创造生产要素与社会服务的投资，连带打击到更多的产业。英国的例子也显示，当一国的经济走下坡路时，要把它拉回来绝不是件容易的事。事实上，在缺乏重大刺激的情况下，英国人对扭转颓势的意愿也不积极。战争胜利带来的信心、残余的市场地位，加上客户对品牌与产品的忠诚，一再减轻了英国人迫切改革的心理压力。

今天的英国，能保有竞争优势的产业主要偏重在以基础科学为主的产业、英国能提供一流人才但薪资相对较低廉的产业、曾经辉煌一时具有抢先进入优势的产业（包括金融、贸易及艺术等领域），以及满足特殊、高级需求的产业。这些提供奢侈品、高级服务、金融、信息乃至一般商业服务的产业，大多集中在伦敦，也展现了地理位置集中可增加优势的特色。然而，英国的问题是，单靠伦敦无法创造出满足英国人需要的高薪工作机会，而伦敦与其他地区的城乡差距也越来越大了。

撒切尔政府力挽狂澜　由于不同的政治领导人上台，一些影响英国经济的重要因素开始出现变化。撒切尔政府的施政重点是教育改革，也促使越来越多的英国企业愿意在员工培训上投资。英国人对工作的态度、每周工作时数与薪资也都开始提升，工作意愿也因为减税与高所得而增强。由于撒切尔政府立法限制工会权限，英国的劳资关系开始改善，也使企业愿意重整结构，进而刺激并提高了生产力。另一方面，在繁荣的伦敦与东南地区，消费者的需求不但越来越高级，甚至已达到挑剔的程度，再加上一流零售业者的推波助澜，新式消费型产品也正处于不断发展中。另外，经过多年的管制后，英镑汇率终于在1979年取消管制，恢复市场机能，这为英国企业带来更多竞争资本的压力。

经历过整个20世纪70年代与80年代初期的经济萧条后，大多数英国企业终于认清竞争力是不进则退的。而一阵接管旋风也刺激了一成不变的企业体发展更积极的管理制度。国有企业民营化的趋势，又为电信和电气等产业带来更激烈的竞争。自由化的政策也对金融服务业有利，更添加了英国的竞争优势。英国民众对竞争的态度也在转变，愿意主动参与竞争，竞争的风气为产业带来复苏的新气象。

英国的企业家精神也开始盛行，撒切尔政府更是不遗余力地赞扬企业家的表现。英国发展中的风险性资本市场，运作实效更居全欧之冠。另外，地方政府鼓励外国企业在不景气地区设置装配工厂，增加了就业机会。近年来的英国经验说明，改革风潮可以引发一连串有活力的政策，进而牵动整个经济体。

依然是长夜漫漫　然而，英国要达到国民生活水平持续提高的境界，还有很长的一段路要走。英国在技术领域的人力资源大幅落后于其他发达国家，生产要素的创造活动也嫌不足，绝大多数的外商投资只是看重英国的低工资，这种投资形态对经济发展实际上是一种限制。而一些刚刚由国有转民营的企业，仍然习惯躲在法规的保护伞下，继续坐享垄断的特权。英国对消费型产品的需求虽已提升，但工业性产品的需求还是处于不利状态。投资人、企业和普通的目标也并非放在创新与长期成功上。此外，英国产业的投资速度还不够快，竞争形态也很生涩，要求政府补贴与保护的声浪仍然很高。不可忽略的是，因改革而激发的生产力提高可能只是暂时效应，并不能保证持续的表现。有关这部分，作者将在第 13 章作更多的讨论。

美国：乱流四起

美国的许多产业是在 20 世纪 60 年代末开始丧失它们的竞争优势的，1971 年是美国进入 20 世纪以来，进出口贸易首次出现赤字的一年。这种现象直到 70 年代末，美元贬值仍无法遏止颓势。数十年来持续上涨的工资，也在 1973 年开始走平而后下跌，长期且稳健提升的生产力也出现了疲态。假如把战后视为一个阶段，美国是本部分 8 国家中，在这段期间生产力发展和国民收入增加速度表现最差的；另外，工业投资净值的比例也一样表现不良（见表 7–1）。[14]

然而，美国产业的国家竞争优势，却是研究经济正逆双向同步发展的绝佳案例。美国产业的平均生产力如果不是全球最高至少也是第一流的。在电脑、套装软件、生物科技等既新又重要的产业中，美国也保持着最强大的竞争优势。美国还拥有强大的日用品产业，并在服务业居主导地位。

在国际市场中的消费性与商业性服务产业，除了货运和旅游（因为美国人出国旅游仍较外国人到美旅游为多）两个产业外，美国企业继续扮演着产业龙头或领先的角色。随着服务业的国际化，美国的服务业也成为国际市场上表现最突出的领域。由于美国服务业部门的生产力比其他国家高，又占美国国内生产总值很大的比重，美国的平均生产力反而高过日本。同样道理，美国在农业与相关产业方面，也一贯占据着举足轻重的地位。

由于美国国家竞争优势形态特殊，进出口贸易数字事实上只能呈现出美国部分的竞争实力。例如，在服务业与日用品等美国实力强劲的领域中，美国很早就展开海外投资，因此这些产业的实力事实上并不是单表现在出口方面。同样，许多美国制造业企业从第二次世界大战后就开始在海外设厂，如果只是看外销数字，也会低估美国产业在国际市场上的力量。

然而整体而言，美国产业出现逆流也是不争的事实，像在汽车、卡车、机床、半导体、消费型电子等许多精密制造业中，美国的竞争优势的确是在大幅衰退中，美国经济发展的步调也显得步履蹒跚。

国家竞争优势形态——天然资源产业比重高

表 9–5 是 1985 年美国前五十大出口产业的全球表现。对自认为是发达工业大国的美国人而言，这张表确实令他们大吃一惊。例如,在美国前 25 大出口产业中，天然资源为主的产业占了 15 项（50 项产业中，天然资源产业共占 22 项)。[15] 表 9–6 则比较美国、德国、日本三大工业国家在天然资源产业的出口表现。其中，美国天然资源产业的出口占总出口的 24.2%，远高于德国和日本。假如排除天然资源产业，拥有 6 100 万人口的德国的全球出口比重，事实上与 2.4 亿人口的美国相当，日本的表现甚至更佳。

由于美国的出口产业相当依赖天然生产要素，美国贸易对生产成本因素和美元价位就特别敏感。[16] 在 1978~1985 年间，受到美元升值的影响，美国天然资源产业的出口率由 28%降到 24%。美元在近年来持续贬值，天然资源产业频频创下出口佳绩，但是由这些产业所构筑的竞争优势基本上是不可靠的。

前五十大出口产业中，除了占有颇高比重的天然资源产业外，美国在国防、飞机、电脑、空调设备、电子医疗设备等领域，依然保持着强劲的实力。虽然前五十大出口产业中仅有香烟产业为消费型产业，但事实上美国在消费型产品上的竞争实力是被低估了，因为美国许多消费型产业企业早已在海外投资生产了。

读者可以从表 9–7 看出 1985 年时美国具竞争力的产业轮廓，有关这些产业的摘要数据则在表 9–8、附录II的II–19 中。一般说来，该年度美国在林业与农业相关产业的实力最强（美国的食品饮料产业集群的出口和实力也领先于其他国家)。在农业方面，美国在农产品、专业元件、机械设备和以贸易为主的服务业方面都很强势。然而，美国企业持续赴海外生产制造的趋势，将限制未来美国农产品的出口。另外，美国也在国防、航空与相关产业方面拥有不容挑战的地位。表 9–8 的阴影部分表现出政府支出与美国在国防、运输（飞机）和电脑等产业的地位有密切的关联性。

美国在医疗保健相关产品方面，不但竞争力强而且竞争优势还在持续增加中，美国另一个世界级的产业集群则是电脑与软件产业（然而半导体产业的地位正在衰退中）。美国其他具有强劲实力的产业集群还包括休闲娱乐产业（除消费型电子外，其他都处于超强状态）、日用品（包含食品与非食品类）、消费者服务，以及金融服务、管理顾问与会计等商业性服务产业。至于美国经济的深度和广度，则可从综合商业类的产品（尤其是服务业）实力看出。另外，美国在化学工业上也很强劲，不过除了塑胶产业外，其他都称不上最强。

能维持竞争优势的美国产业，受政府政策影响颇大，例如航空、国防、电脑、农业与许多种服务业在其他国家往往是靠政府补贴或保护的方式发展，这也使得美国在这些领域的国际市场上大展优势，而这些产业的贸易争议将逐步升高也是可以预见的。

表 9–5　依照全球出口总额所占比例列出美国前五十大产业（1985 年）

产业类别	占全球出口总额的比例（%）	出口值（千美元）	进口值（千美元）	占美国出口总额的比例（%）
棉子油物	82.4	124 770	3 047	0.06
照相胶卷	81.9	885 712	630 695	0.42
石油焦	80.3	760 981	19 522	0.36
商用民航机和直升机 *	79.4	8 823 833	1 806 783	4.14
锯材原木、单板原木	75.8	1 170 516	17 408	0.55
其他肥料产品	69.6	1 272 439	992	0.60
甜菜渣、蔗渣	69.5	549 301	7 585	0.26
玉米	69.5	5 335 039	20 588	2.50
飞机内燃活塞发动机和零件	67.4	383 483	9 766	0.18
黄豆	67.1	3 749 941	976	1.76
未研磨的粟	65.8	769 266	13	0.36
煤、褐炭、泥炭	64.4	4 399 776	135 986	2.06
类比式、混合式资料处理机、储存装置	64.3	4 323 864	4 116 526	2.03
新鲜鱼类	63.5	664 102	631 303	0.31
飞机涡轮发动机	62.8	1 229 403	1 254 813	0.58
作战武器、弹药	62.7	2 888 887	203 863	1.36
羊脂	60.3	554 747	–	0.26
测量、绘图仪器零件	60.0	104 473	23 586	0.05
氮–磷酸盐肥料	57.3	649 698	30 129	0.30
放射性原料	57.1	980 118	1 399 330	0.46
飞机零件	56.6	5 674 001	1 793 513	2.66

（续）

产业类别	占全球出口总额的比例（%）	出口值（千美元）	进口值（千美元）	占美国出口总额的比例（%）
乳浆	54.2	199 938	–	0.09
战舰与船	53.1	278 283	–	0.13
黏土	52.4	310 053	3 246	0.15
花生（蔬菜用）	51.3	209 987	463	0.10
压电晶体	50.7	3 019 250	1 100 923	1.42
测量、绘图仪器	48.4	600 200	177 534	0.28
纺纱用再生纤维	48.0	226 088	2 018	0.11
打字机、支票机	47.8	167 562	375 209	0.08
烟丝	47.7	129 913	177 163	0.06
黄铁矿	47.2	240 557	556 954	0.11
电子医疗设备	46.6	865 609	524 326	0.41
溶解性化工木质纸浆	45.3	299 445	62 012	0.14
生皮革（牛、马）	45.3	1 021 116	30 670	0.48
环式乙醇	44.5	154 502	22 238	0.07
配醣、血清、腺	44.5	505 183	201 777	0.24
木底鞋、软木底鞋	44.4	80 675	173 548	0.04
可食用动物内脏	43.1	298 577	7 063	0.14
碾压机	42.5	77 911	11 642	0.04
压路机/土木工程设备	42.2	4 091 920	1 937 088	1.91
药剂之外的其他药品	41.8	806 956	52 058	0.38
飞机发动机和马达零件	41.6	2 451 731	1 202 089	1.15
分轨用牵引机	40.5	230 718	69 695	0.11
除霉菌剂、消毒剂	40.3	788 551	116 851	0.37
牛皮纸衬	40.3	481 920	–	0.23
棒状聚乙烯	39.9	647 607	151 409	0.30
棒状聚氯乙烯	39.1	262 736	98 344	0.12
人造毛皮产品	38.9	8 697	–	0.00
车辆底盘	37.7	386 818	968 789	0.18
办公设备、自动资料处理机零件	37.1	7 816 542	5 326 652	3.70
合计				33.80

* 据估计商用民航机占这类产业约55亿美元的出口额。

注：进口值低于1985年总贸易值的0.3%者，不列出其进口数据。

表 9–6　依赖天然资源产业的出口表现（1985 年）

	占全国出口额的比例			该国占全球出口额的比例			占全球出口总额的比例
	美国	德国	日本	美国	德国	日本	
依赖天然资源的产业	24.2%	12.4%	2.7%	8.3%	3.7%	0.8%	36.7%
不依赖天然资源的产业	75.8%	87.6%	97.3%	15.1%	14.9%	16.1%	63.3%
合计	100%	100%	100%	12.6%	10.8%	10.4%	100%

注：依赖天然资源的产业是指，涉及农产品、矿产或其他简单加工且未经包装、没有品牌的天然或栽种的产品。作者也应用了依天然资源依赖程度所定的SITC产业分类表。

资料来源：作者的评估。

反过来说，美国缺乏竞争优势的产业包括运输相关产品与服务产业、多项机械产业、各种耐用消费品、成衣与相关产品、钢铁与其他材料，以及电信器材设备（大型交换机、光纤等领域除外）。

在 1971~1985 年间，美国竞争优势的最大改变是，钢铁、汽车、机床、消费型电子及办公设备等令人注目的产业的竞争优势一个个地消失了。美国企业在竞争优势上的衰退也有骨牌效应，这些情形已在许多例子中清楚说明。美国产业的衰退是一个事实，美元在 20 世纪 80 年代初期的上涨并没有对美国产业产生太大的帮助，而 70 年代美元持续贬值也无法使产业恢复到 60 年代最辉煌灿烂的光景。[17] 美国竞争地位的衰退，早在美元升值前很多年就已开始了。美国企业在逐渐褪色的产业中，丧失了它们在产品与工艺流程上的领先地位。

在本书所研究的国家当中，美国曾经是精密产业的超强高手，如今却大幅丧失这些领域的竞争优势。这一切究竟是怎么发生的？为什么持续发展的美国经济突然脚步零乱、不进反退？要回答这些问题，还是要从支撑美国发展竞争优势的各项关键要素的表现探讨起。从这些关键要素的变化，我们将能了解为什么有些美国产业能够持续发展，另一些产业却问题丛生。

生产要素——减速的前进步调

在本书所研究的国家当中，美国一直是个天然资源相当充沛的国家。美国的铝矿与铜矿等产业会没落，主要原因是矿藏量递减、电力成本过高，以及外国发现了更新、成本更低的矿藏等因素。然而，虽然其他国家的农林产品生产量也在增长，但美国却凭借改善生产技术与提升生产率，维持了强大的竞争实力。

表 9–7　美国具有国际竞争力的产业集群（1985 年）

初级商品	原料/金属	林业
	金属加工工具	**木材制品**
	工具用刀片、可更换刀头 铜、铝缆线# *钢、铆钉、螺帽*#•	*纸浆材、木屑* **锯材原木、单板原木** 加工木材#•
	非亚铁类金属	**纸浆**
	黏土 铜合金# 加工过的锡合金# *轧银*#	*废纸、木质纸浆*# *溶解性化学木质纸浆*
	其他金属与废料	**纸**
	*铝** *铝、铌矿等* 含金属的非亚铁类废料• 铜废料（渣）与屑 *其他非亚铁类金属屑*# 贵金属矿砂、废料	*牛皮衬纸* 塑胶涂塑纸
机械	*碾压机*# 工业用电熔炉 矿工机械#•	
专业元件	耐高温砖等# *黄铁矿*#	
服务	采矿*	

（续）

初级商品	石油/化工		半导体／电脑
	原料	无机化工品	
	煤、褐炭与泥炭#	无机酸等	**类比式、混合式、数字式存储装置**#
	石焦油	亚硫酸盐、磷酸盐•	
	*原油**	*其他无机化工品等*#	*数字电脑*
			数字中央处理机
	有机化工品	塑胶	*办公设备、自动资料处理机*
	其他环式碳氢化合物#	*多醇酸板*#	*零件、配件*
	纯化工二甲苯	**棒状聚乙烯**# **	*其他电子管*
	卤素碳氢化合物衍生物	*聚丙烯*# **	**压电晶体**#
	环式乙醇等#	*塑胶材树料*	印刷电路板与零件#•
	单酸与衍生物	*工程塑胶*	*微电脑**
	多酸与衍生物	*多醋胺板*#•	
	胺化合物	*聚苯乙烯棒*#•	
	醚、环氧基树脂、乙缩醛	*棒状聚氯乙烯*#•	
	无机酯、其他有机化工品#		
	氮化合物#		
	其他化工产品#		
机械	*油田设备****	半导体制造设备***	
专业元件			
服务	*油田服务****		*定制软件****
	加油站*		*网络服务****
			*信息处理****
			资讯***

(续)

初级商品	综合商业 设备 **电梯、升降梯****# *空调机械* *其他电力机械（交通控制设备、安全装置等）* *液体式轮转泵和其他形式泵* *气体、液体过滤器*	*灯泡** 仪器 *测量、绘图仪器* **测量绘图等仪器零件**# *气体、液体控制仪器* *测量、控制仪器*#	交通运输 发动机 *活塞发动机* **飞机内燃机活塞发动机和零件**# **飞机燃油轮机发动机** 非装置于船体外的船舶活塞发动机	车辆与设备 专业用途车辆 *汽车** **直升机和民航机**# 铁路车厢与相关设备#** **分轨牵引机**** **压路机与土木工程设备**#** *汽车底盘* 拖船、浮体#*
机械	特殊工业用机械# 喷洒机械	售货、称重机器#	*煤气熔接机*#	
专业元件	*未经硬化处理的橡胶产品* *非电动手工工具零件*# *非镶嵌的偏光片*#		合成橡胶 *石棉、摩擦材料* 雷达器材 *抗震剂* 轮胎*	零件 *活塞发动机零件* 飞机发动机与马达零件# **飞机零件** 叉车零件# *汽车车身、零件、配件*# 铁路车厢与相关设备零件
服务	**会计*** *广告** **管理咨询*** *法律服务** *工程/建筑** *建筑** 合约研究* *临时工** 大楼清洁维护* 安保服务* *工业洗衣/服装供应** 工业清洁服务*	*商业银行*# *产业/投资银行** *理财** *消费金融** *设备租赁** *信用** *废弃物处理** *员工培训** *签账/信用卡** 便利商店* *公共关系**	航运公司*** 航空公司***	

（续）

初级商品	发电与配电系统 **发电** 蒸汽锅炉与预备厂# 蒸汽发动机、涡轮机• 核子反应炉、零件 **配电** 绝缘设备	办公设备 **大量高速图片复印机***** *非电动打字机、支票机#* •	电子通信 电视、广播电波发射机	国防 作战武器、弹药 *军机**** *军用电子**** **战舰#**
机械				
专业元件	放射性等原料#•			
服务			*卫星发射****	

(续)

初级商品	**食品/饮料**			**住宅/家居**
	基本食品 *肉牛*# 养殖#• 新鲜鱼类# 家禽 *熏鱼、咸鱼、鱼干*#• *糙米* *精米* 面粉（小麦） 其他谷物面粉 **黄豆** 脱水豆类蔬菜	新鲜或脱水柳橙 *柠檬、葡萄柚* **葡萄干**# 可食用坚果 **花生（蔬菜用）** *可食用的动物内脏* **食用油** **羊脂** 黄豆油 **棉子油** 葵花子油	**加工食品** *冷冻食品** **乳浆**# 早餐谷类、面食# 调制的食品 晒干的肉类动物内脏# *马黛茶*# **饮料** **调味碳酸饮料***	肥皂、亮光腊#**
机械	耕种机械 *联合收割机* *收割机械零件* 非家用食物调理机械	非家用冷藏设备 非家庭用冷藏设备零件	除草机、收割机等机械#	
专业元件	金属罐*** **甜菜渣、蔗渣等** 干草、饲料# *种子*** *小麦* 玉米	**未研磨的粟** 油渣饼与其他渣滓 **农化产品** **其他肥料制品**# **氮–磷酸盐肥料**	天然磷酸钙（未磨碎） 杀虫剂 *除霉菌剂、消毒剂*#	
服务	**快餐*** 饮食服务/销售* **农产品贸易*****			

（续）

初级商品	纺织/服务 **纺织品** 特殊纺织品# _木底鞋_# _人造毛皮_#	医疗保健 **药品** _激素_ _配醣、血清、腺_ _含激素药剂_#**• _药剂以外的药品_# **医疗设备** _电子医疗设备_# 医疗仪器 _助听器_ _注射器_*** _隐形眼镜_*** _外科用家具等_#	个人用品 _雪茄烟、方头雪茄烟、烟草制品_#• **香烟****	娱乐/休闲 **电影摄影、放映机等*****• _显像化学药剂_#** **照相胶卷**#• _电影_ _报纸、期刊_** _手绘画作_ 录音磁带、录音带 _投币式点唱机_# 照相器材# _电灯、灯泡_#
机械	纺织机零件 _开钮孔机器_***			
专业元件	纺织润滑油#• _生皮革（牛、马）_ 其他生毛皮# **纤维与纱** _生棉（不包括棉绒）_ 未经梳理的不连续合成纤维 _纺纱用再生纤维_# 合成纤维的废料# _纺织品废料_ 纤维质衍生物 合成纤维纱#•		_烟丝_ 烟叶废料#• _烘干的弗吉尼亚式烟叶_	
服务		_保健_* _医院管理_*	_中学与大学教育_*** _研究所教育_***	_酒店与酒店管理_ _租车_* _电影制片_*** _电视节目制作_***

说　明：

细体字：占全球出口额 12.3% 或以上，但低于 24.6% 者
斜体字：占全球出口额 24.6% 或以上，但低于 49.2% 者
黑体字：占全球出口额 49.2% 或以上者

• 在 1978 年低于出口盈亏点
不列入计算的差额
基于在产业环节的显著出口值而列入

* 因海外直接投资而列入
** 因海外直接投资予以升级
*** 根据该国所作的研究列入

表9-8 在广义的产业集群下，美国具竞争力产业的百分比

产业集群	占全国出口额的百分比	占产业集群全球出口额的百分比
原料/金属	1.5 (−0.6)	2.6 (−0.3)
林业	1.3 (−0.3)	5.9 (−0.7)
石油/化工	6.3 (1.8)	4.1 (0.6)
半导体/电脑（阴影）	8.8 (4.5)	20.5 (−8.9)
综合商业	9.4 (2.0)	8.2 (3.2)
交通运输（阴影）	18.4 (0.5)	13.4 (−1.1)
发电与配电系统	0.8 (0.2)	3.8 (1.7)
办公设备	0.1 (−0.0)	7.3 (−0.0)
电子通信	0.2 (0.2)	6.2 (−0.2)
国防（阴影）	1.5 (0.1)	55.0 (0.1)
食品/饮料	0.8 (−5.0)	2.1 (−2.1)
纺织/服装	2.2 (−0.5)	3.7 (−0.5)
住宅/家居	0.0 (−0.1)	0.3 (−0.3)
医疗保健	2.4 (0.8)	19.2 (4.2)
个人用品	0.8 (−1.0)	6.4 (−2.9)
娱乐/休闲	1.3 (−0.1)	5.7 (−1.0)
上游产业	17.9 (5.4)	5.7 (0.7)
产业功能和支持性功能	30.4 (2.9)	14.5 (0.2)
最终消费商品和服务	17.5 (−5.6)	7.9 (−1.4)

注：括号内数字是1978年和1985年之间的变化，以有竞争力产业的出口情形为主，并非全部产业的表现。

（阴影）与国家的国际竞争地位相关的广义产业部门。

美国在科学研究（尤其是基础科学）方面的实力也是无与伦比的。有了这方面的坚实基础，美国企业能在国防与航空产业以及医药与生物科技等产业大放异彩也不是偶然的。

然而，更多的美国产业却已失去了这种技术领先的优势。在这些领域中，美国企业引进新式制造技术、设备推陈出新、推出新产品与新款式的速度都太慢。而它的竞争对手（特别是日本）则在重要领域的新技术专利权上大有收获。以 1988 年为例，美国政府通过的专利项目当中，高达 47.1% 是由外国开发的，这也是历年来的最高纪录。在高级制造技术、新材料、重要的电子科技等领域，日本企业已经是技术领先者。美国在这些方面虽然仍有很好的基础研究，但是在将它们转换成产业竞争力的速度上却落后一大截。在技术复杂性不高、产品与制造变化较快的服务业和日用品产业，这种问题还不严重；但是汽车、机床、印刷机等产业，美国的业者却是惨况重重，因为这些产业需要长期持续投资研发，新产品、新制造的发展也相当耗时，过程当中更需要复杂的协调和严格的纪律。

教育质量低下 导致美国创新地位动摇的原因是全面性的，并且与整个钻石体系状况有关。首先，美国的创造生产要素表现大不如前。从 20 世纪 60 年代以来，美国在创造与提升生产要素上的投资比重就一直下降，同时期的其他国家则在积极发展中，这种情形在已有基础的产业表现上尤其明显。在创造生产要素方面，最严重的问题可能是美国人力资源的素质变差了。在各国当中，美国的教育支出占国内生产总值比重最高，但是教育制度却处于步履蹒跚的状态。

当然美国的第一流大学绝对不比其他国家差，研究生教育更吸引了无数的外国学生。然而，在这些一流的大学以外，美国教育却无处不是问题。美国大学的平均水平事实上是不如德国或瑞士的大学水平的。美国工程科系的学生相对也比其他国家少。

更严重的教育体系问题是，它连带降低了美国劳动力的平均水平。美国学校的要求标准低、纪律差，高中毕业生在数学、自然科学与语文等方面的能力，远不如其他发达国家。例如在美国设厂的日本企业就频频发现，一般日本高中生能理解的统计方法，对美国大学生而言有如天书。美国的教育学业年限短、学生辍学率高、学生花在家庭作业上的时间短，校方也不鼓励学生在功课上竞争。此外，美国也尚未找出既能满足弱势群体需要，又不影响教育水平的教育方法。美国教师的社会地位不高，收入也不及其他行业，教师素质的平均水平也在下降。一度是开发人力资源重要渠道的兵役活动，如今也逐渐丧失了影响力。

差劲的教育体系带来的后果是美国劳动力处于功能性文盲状态，许多经理人与劳动者因为底子不好而无法接受进一步的培训，生产率也很难持续提升。企业虽然开始增加内部培训活动，却无法改善大环境造成的劣势。更重要的是，美国企业的内部培训大幅落后于德、日两国。

研发投资不足 尽管美国大学的研究工作仍维持既有的优势，但是美国联邦政府的研发经费增长率却低于通货膨胀率。更糟的是，美国政府的研发活动长期偏重于国防相关领域。以 1988 年为例，国防科技的研发占总经费的 67%。而与 20 世纪 40~50 年代不同的是，当代的国防科技研发工作已经偏离核心技术领域，转入高度专业化的国防需求。在与国防无关的研发方面，美国投入的经费仅占国内生产总值的 1.9%，这个数字远低于日本的 2.8%，以及德国的 2.6%。即使加上国防研发经费，美国在国内生产总值中投入的研发比例，仍然低于日本、德国与瑞典。[18] 整个 70 年代是其他国家企业大幅增加研发经费的时期，而美国企业的表现同样略逊一筹。

第 3 章曾提过专业性生产要素对竞争优势的重要性，在这方面，美国同样面临重大的问题。美国并不缺乏有效率的生产要素创造机制，但是它们只创造出一流大学与大型研究机构等一般性生产要素，在能创造高级与专业性生产要素的机制上，美国事实上是很缺乏的。对国家竞争优势而言，一般性生产要素的创造机制只是充分条件，而非必要条件。美国缺乏良好的学徒制度与强大的职业教育体系，既没有如意大利家族世代在同一产业传承的传统，又缺少日本企业内部密集训练的风气。即使在专业研究机构与企业、大学合作研究计划方面，美国也不如其他国家。

与其他国家相比，美国的资本创造机制也处于落后的局面。美国的家庭储蓄率不但低而且还在下降，这已造成投资不断减少。20 世纪 80 年代，庞大的联邦政府预算赤字不但将有限的国民储蓄吸干，甚至必须向外大举借贷才能应对。1950~1980 年短短 30 年间，美国的利率由各国中最低一路攀升到最高状态。

欠缺刺激的年代 对美国产业而言，生产要素的不利部分事实上并未产生应有的刺激。与其他发达国家相比，美国的薪资增长相对较为缓慢，产业改善生产率的压力自然也低。与战后情况不同的是，今天的美国早就不是薪资最高的国家了。

在 70~80 年代，美国产业界涌入大量的劳动力，他们分别来自战后婴儿潮、就业女性与外来移民。由于劳动力供应充足，美国企业不像其他发达国家的同业必须为缺乏劳动力而向自动化或更高级的产业环节发展，企业培训工人在技术上发展的意愿也不高。这一时期的美国，庞大的人力填补了各种新的工作机会，但是经济实力不升反降；经济虽然增长，生产力却并未有相应的提高。[19]

这种缺乏压力的状态也弥漫至其他领域。由于对核心产业缺乏忠诚感，美国企业也少了强有力的国内竞争，当 80 年代美元升值时，美国许多企业不在创新上下工夫，反而以让出市场、卖掉公司、迁厂国外或寻求政府保护等方式来应对。而美元开始持续贬值时，美国企业更是如释重负，也把提高产品质量与生产力的责任抛在一旁。

由于人口分布变化的影响，美国有些领域出现了欠缺劳动力的现象。这种情形就产业发展而言，是有利而无害，毕竟，劳动力不足才是驱动产业发展的压力。美国人口老化现象也为产业界带来同样的效果。但是劳动力不足的效应还必须搭配生产要素的创造机制、事业目标、国内竞争等钻石体系其他部分的表现，才能为美国产业的竞争优势带来良好的成果。

需求条件——转机成了危机

美国在需求条件上的退步虽然不如生产要素那么显著，但同样伤害到它的竞争优势。今日的美国已不再是全球市场的领先指标。美国客户也不是全球标准最高、最挑剔的客户。[20] 对美国产业而言，因为由消费者与企业买主带来的压力大大降低，企业放慢了它们的创新步调，因而无法形成它们在国际竞争中的差异性。受到这一连串因素的影响，美国产业的发展显得步履踉跄。

由于美国人不再是最富裕的消费者，他们对产品品质的坚持也不如往昔，这种向次级产品与服务妥协的态度，正好与德国人和日本人相反。[21] 这项价值判断是研究人员多次与美国乃至外国企业主管求证得来的。在比较过洗发液、汽车等各类产品的消费者购买模式之后，所得的答案也是相同的。

不能正确反映市场需求　更严重的问题是，在许多产业中，由于美国的国内市场需求与国际市场需求脱节，企业受误导发展了不合时宜的战略。比如说，受到庞大的国内市场影响，美国企业一般倾向发展大规模生产、大量销售甚至用过即可抛弃的标准化产品。这种只求大量、重一致的观念，势必会在产品设计、质量与服务上打折扣。仔细观察，美国许多日用品、耐用消费品乃至于工业产品，都是这种生产观念下的产物。

从20世纪70年代起，日本打破了这种只求一致、丧失品位的规模生产概念。受到国内市场激烈竞争的影响，日本厂商向平价以及供应新款式、新功能的产品路线发展，在推出新产品的速度上更是美国产业望尘莫及的。随着这种多样性的需求，日本企业进而发展出具有弹性的制造系统，并进而开发出先进生产技术。

近年来，发达市场的需求趋势是高质量、客户特别定制、市场细分化与强调服务功能。美国持续过去的大量制造模式反而成了它的致命伤。要能在先进市场中竞争并取得领先地位，企业必须能够迅速回应新需求，德国的厨具业、意大利的小型汽车、日本的电子产品（如微波炉）等，都是因为抓住了这个趋势而成功的。

不懂得应变　需求市场结构的僵化是美国的另一个问题。当其他国家赶上潮流，应用大众传播媒体、连锁店与其他现代化市场营销技巧时，曾经在这些领域领先的美国却显得呆板而没有进步。例如，欧洲一些国家在食品与零售业的连锁店体系中花样已越来越多，而美国的零售业却依然停留于大批发或折扣商店等老模式。这种方式已无法了解消费者的喜好，无法提供有效的服务。根深蒂固的标准化观念，也使得零售业无法成为标准更高、更挑剔的下游客户。

另外，许多欧洲发达国家的工业安全、工厂环境、卫生与工作条件都在提高，美国企业在这些方面的表现明显落后。例如在丹麦、德国与瑞典，产业界充满了社会意识；日本因为地狭人稠、爱好自然，对环境的维护更是不遗余力。以大卡车产业为例，日本与瑞典是最先着手改善驾驶座的国家。在动力机械方面，日本与欧洲国家在设计产品时，也率先注意到人体工程学和平衡等新观念。

事实上，受到大环境变化的影响，今日的消费型产品讲求的是耐久性，而且从质量、可靠性到造型无不讲究。以照相机为例，美国企业擅长制造操作简单但相片质量不佳的傻瓜相机，至于更轻薄、更精致并加装电子零件的相机领域，美国毫无立足之地。美国向来以日用品见长，而今这项产业的危机也隐约可见。放眼国际，德国与瑞典对这类产品的需求不高，但是意大利、瑞士与英国已经开始短兵相接，而最大的威胁则是来自先进的大众传播媒体、勇于挑剔的国内客户、内部竞争激烈的日本。随着美国日用品产业逐渐并购成几家大厂，美国若想继续稳坐这个领域的领先宝座，可能性是越来越低了。

美国在工业产品的需求表现上也是问题重重。由于美国不再是全球制造业的王国，产业界的需求标准也正处于快速衰退中。以汽车业为例，当今全球最先进汽车零件与配件的客户是德国与日本，美国已经沾不上边了。如果一项美国产业失去竞争优势，它会马上拖累上下游与相关产业的表现，要说明这种现象的最佳例子是高级机械设备的需求。由于美国许多产业都已退出领先者的战场，如今美国产业对高级机械设备的引进速度不但落在德国、瑞典、日本后面，甚至不如意大利的某些产业。美国产业也不会是新材料的使用和创新专家，而日本企业早已成为精密陶瓷材料的领先者，德国也在塑胶材料上与美国一争高下。其他国家则借海外跨国企业的成功，努力提升它们国内工业的需求水平。

人力资源素质变差　美国在人力资源素质与技能上的低下，同样也连累了产业与企业的需求表现。一般而言，在教育水平与技术能力上，美国工人不如德国与日本的工人。以印刷机产业为例，德国印刷机工人通常必须受过三年学徒培训才能上岗，而大多数美国工人则是从经验中摸索。和工人的问题相同，美国企业的管理干部通常也缺乏技术上的培训，在这种情况下，美国企业想要发展最高级、最先进的需求只是缘木求鱼。在本书的研究过程中我们也发现，由于美国工人无法使用功能精密、操作复杂的先进机器，[22] 外国企业干脆特别为美国市场设计操作容易、功能简单的机型。

至于政府法规方面，它们对需求条件的影响则是功过参半。美国政府的自由化政策为运输、电信等产业带来竞争与创新的压力，这也使得它们的实力不断壮大。但是在医疗保健、社会福利和环境保护等领域，却有开倒车的现象，里根政府时代放宽汽车的油耗量标准即是一例。近年来，许多严格的工业法规大多是其他国家制定的，因为已早作应对，一旦美国市场跟进时，其他国家自然具有竞争上的优势。

另一个严重影响美国创新的因素是日渐增加的产品责任诉讼。进步的消费者保护制度的确具有督促产业提升产品质量的作用，但是美国的情形是矫枉过正、适得其反。美国企业因产品性能而吃官司的风险极高，赔偿的金额也很大，结果也导致美国企业不像其他发达国家一般，敢在创新与开发新产品上投资。

金融业与服务业当家　话说回来，美国的需求条件也并非一无是处。在美国的劳动力中，由于女性大量就业，美国市场特别重视便利。美国的富裕、工作时数少与多元丰富的大众文化，也使得休闲娱乐产业蓬勃发展。对后者而言，除了英国人能与美国一较高下之外，日本人直到最近才改变他们拼命工作的文化，其他高收入国家则因民情保守与传统限制，严重地影响到休闲娱乐业的发展。[23] 另外，世界各种语言当中，英语持续扮演着主导性的角色，这也对美国产业发展产生重要的帮助。

美国与英国一样，由于管制少以及国内的高标准需求，而能在金融服务业领域保持强大的实力。英、美两国基本上在高标准的金融服务业处于平分秋色的局面。英国人擅长的资产管理、新种类保险项目及企业改组服务等领域，美国人的表现也毫不逊色。[24] 美国以过去在制造业积累的庞大财富，加上历史、文化等条件，奠定了今天金融服务业的基础。直到今日，美国企业依然独霸全球的信用卡、消费金融与信用记录等产业，这主要靠国内对信用交易活动的需求与创新。然而，英、美两国以管理财富当家的发展趋势，事实上是经济衰退的重要征兆。这部分将在第 10 章中有更清楚的分析。

另外，美国的需求条件对许多服务业的发展也很有利。以商业服务为例，美国企业因为很早就开始将服务部门与制造部门分家，使得服务业领先其他国家许多（见第 6 章）。这项因素加上服务业的社会地位高、新企业成立便捷，以及服务性企业股票上市等，使得美国服务业的发展一直很成功。而提前饱和的美国市场，连带迫使美国服务业者展开向海外市场渗透的运作。

实力依旧的国防工业　国防市场也是美国继续维持高标准与先进需求的领域，这也造成相关产业与服务业的强大实力。一般而言，美国目前依然是特殊电子产品与军事规格半导体产业的领先者，但是随着产品的标准化趋势，这些优势也逐渐降低。另外，由于以色列的崛起，美国在传统武器上的实力已经大不如前。按照竞争优势理论分析，以色列因为有强大的国家安全威胁，举国上下对发展国防科技也有共识，在有些领域，以色列军方更是成为最精密、最高级的武器买主，这些因素都将使其成为国防产业中的重要竞争者。

值得注意的是，由于国防需求越来越专业化，这方面需求不可能转换成产业的竞争优势。许多美国企业正是因为美国国防市场的庞大需求，只专注有限的产业环节而无法打入更大的国际市场。以机床产业为例，美国企业大多致力于国防武器与航空设备用的大型数控机床，日本企业则是走中小型机床市场，而后者才是全球机床市场的心脏地带。同样，在碳纤维、精密陶瓷等先进材料领域，美国企业眼中只有国防武器与航空设备的需求，日本人则在一般性产业的应用领域取得丰硕的战果。要为美国需求条件的表现作出评价并不是一件容易的事。直到今日，美国在许多产业中仍然领导各地需求的走向，其中像慢跑鞋、休闲鞋、牛仔裤等都是如此。只是曾经在战后时期出现并使美国产业大放异彩的创新、发展动力，如今正快速消失。

相关产业与支持性产业——美国的盲点

美国具有竞争力的产业正一步步走上窄化的不归路，其中又以机械工业和专业元件产业的情况最为严重。只要一个产业出了问题，与它相关的其他产业也难逃厄运，钢铁业的表现就是最好的例子。当外国钢铁的质量已经迎头赶上、成本又比美国低廉时，许多美国企业仍然坚持用国货，保护的下场就是遭到淘汰的命运。同样的故事也一再发生在其他工业元件产业上面。由于美国的上游产业缺乏竞争力，它们不但对下游产业毫无帮助，甚至还成了下游产业创新的绊脚石。

同样，美国的产业集群虽然延伸很广，但是在协助企业发展竞争优势、加速创新的效率上，并不如其他国家。形成这种现象的原因是，产业集群内的企业往往是机会主义者，频频更换相关企业，以至于彼此无法同心协力、垂直整合以进行产品创新，也很少进行技术交换、分享市场情报等。

这些缺点在 20 世纪 60 年代并不显著，原因是当时的美国拥有领先的科技，而且在照顾新的产业环节、产品快速创新上，需求都不如今天这么迫切。但是随着竞争优势内涵的转变，美国企业短线作风的缺失也成了它的致命伤。当其他国家在加强产业上下游的关系时，美国企业的反应仍然迟钝，未见什么积极行动。

追溯问题的源头，可以归咎为美国还不清楚以国家为范畴的产业集群到底有多么重要。

美国企业对竞争的看法仍然偏窄，它们很少发展供应商体系、支持大学研究机构的专业性研究，或改善企业、产业所需要的人力资源素质。美国的行业协会对旗下成员的帮助，明显不如其他国家的协会。如果美国的行业协会能将它们的视野投注在国际上，必然能像其他国家一样，为产业提供更多的益处。

企业战略、企业结构、同业竞争——目光短视的企业

过去几十年间，美国企业的产业发展与创新速度不断地削弱，其中之一就是有技术背景的资深管理人不断地减少。德国、瑞典和日本的企业负责人通常是研究人员或工程师出身，很自然地，他们视发展最现代科技为唯一专业上的成就。而美国经理人大多缺乏技术背景，要他们了解改进产品与流程技术所能带来的利益十分困难，因此他们对于在改善技术上投资也就比较缺乏自信。

另外，美国的一流人才也不以产业为主要目标，他们大多投入法律、医疗、金融等领域，唯独遗漏了技术方面。肯进入产业界的人才往往也以日用品、娱乐、房地产、服务、电脑等吸引人的产业领域为主，这些领域很自然地成为美国的竞争优势所在。

美国企业也缺乏懂得现代化技术的工人，管理结构更是妨碍各部门间的团队合作，僵化的工作规定也是造成企业无法创新的障碍。

员工与管理层工作动机的改变，也是企业创新缓慢的原因之一。由于美国企业的内部培训不足、公司经常裁员，因此员工很难培养专业能力，很难和公司形成向心力。美国的富裕更导致人们工作意愿低落，很难将兴趣转移到其他领域。结果造成技术发展的停顿，企业内积累产品与制程的经验也明显不足。

短线的投资态度　在企业方面，美国公司的目标往往也妨碍到产业的发展。战后初期，美国资本市场提供大量低廉的资本，使得新企业与有潜力的领域有充分的发展机会。当时的低利率以及公开上市容易，加上数百万名退伍军人投入产业界，塑造出了产业乐观的气氛与源源不绝的创新。

但是到了20世纪70年代，美国企业的目标开始转变。当时美国的利率已经是所有发达国家中最高的，企业界自然无意投资。影响更大的是美国股票投资人的态度改变了。这一时期，由于股票交易利润是免税的，法人投资者持有的股票开始大量增加。问题是，其他国家的法人投资者往往将企业视为永久资产，而且认真执行他们的经营权，美国的法人投资者却将兴趣放在企业季报表的营业表现上，市场中因此出现大量高薪的投资顾问，他们带着投资人授予的尚方宝剑，评估甚至撤换表现不佳的企业总经理。经理人又将压力转嫁到项目

经理每年、每季的表现上。由于公司只着眼于短期的获利表现而缺乏长期的发展思考，每一季的损益表现就成了项目经理决策时的最大考虑因素。如此一来，再加上免税的推波助澜，美国证券市场上的股票交易量立刻大增。当企业短期经营不佳时，经理人马上会被处罚；而且企业需要不断制造利好消息，以满足投资人的兴趣。

即使后来美国政府课征证券所得税，也无法吸引投资人注意企业的长期表现，或改变他们只关心股利好坏而不愿意再投资的态度。在发达国家中，美国是极少数课征长期资产所得税的国家之一。1986 年的税制改革，更把长期资产所得税率提高到一般所得税率的程度，这种做法使得短线投资人只增不减。[25]

立即兑现收益的要求 影响美国投资人态度的另一个重要因素是上市公司的经营形态。投资人对企业经营的影响力很低，他们也很难成为董事会的成员，企业经营不善的唯一整顿方式就是接管或合并，因为这种做法能为法人投资者带来立即兑现的资本收益，结果这种做法大行其道。当企业改组时，短期间内它会因为处理多余资本、降低成本，或撤换表现不佳的管理班子等行动，而有很多利好消息，但是很快又回到短期经营所应有的压力循环中。美国企业与日本竞争者不同的地方在于，当它改组时，多余资本往往分给股东，而非增资经营。企业缺乏足够的资产，自然就无法也不愿意冒险或进行战略性的创新行动。

自私的经理人 第三个影响美国企业目标的重要因素是上市公司经理人的事业诱因。在大多数美国企业高层主管的收入中，红利部分来自企业的年度经营表现。美国企业的职业经理人因为流动频繁，所以他们通常会把公司的盈余转为红利，而不是在不确定的来年再投资。这也形成美国企业一再延误长期投资，但常有高额盈余与丰厚红利的现象。

在这些因素的交互影响下，美国企业的竞争优势也一再被损害。在本书所研究的各国当中，美国是以投资回报率评估投资机会最明显的国家，美国企业也常用杀鸡取卵的经营方式，而且一旦碰到外国竞争对手，它们往往是另辟蹊径而非正面迎战。[26] 在美国，除了一些愿意持续投资、发展竞争优势的项目外，一般企业莫不屈服于大环境的制约，这也加深了自己经营上的问题。在只挥霍而不投资的战略下，美国企业竞争力的衰退也是必然的。

毁灭生机的并购案 值得一提的是，由于并购与联盟最能使企业迅速成长、刺激股市表现、增加项目经理人的收入，所以美国企业也是并购、联盟频率最高的。[27]然而遗憾的是，每次并购过程中，重新投入新产品、新厂房、新技术等可以提升竞争优势的资本却明显不足，美国企业常常忽略了内部多元化发展的真正效益。

事实上，美国企业在并购活动中，更多关注的是与本业无关的领域。根据作者的研究显示，美国企业的并购案大多以失败收场，一些产业的龙头企业甚至因此而退出竞争舞台；[28]无数产业的竞争优势，也在一连串的企业买卖中元气大伤，第5章提到的美国医疗检测仪器产业就是一个典型的例子。并购除了带来声势浩大的幻觉外，对攸关竞争优势的创新活动毫无帮助。并购者对被并购的企业通常缺乏真正的关怀，也很少提供对方需要的技术。[29]并购提高了企业的账面价值，但因缺乏再投资而形成近乎败絮其中的虚胖。

竞争力衰退是影响美国产业的根本变化。美国的企业家精神正逐渐枯萎。几十年来，汽车、钢铁等产业供不应求的环境与寡头垄断的优势，导致企业不但排斥竞争，对创新的意愿也很低。

当第二次世界大战结束时，欧美国家出现大量的新企业，竞争的信念使得它们不断收获成功的果实。这些企业通常有一位白手起家、不畏艰难的企业家在把舵。随着时间的流逝，元老们的共同记忆逐渐模糊，大批职业经理人进驻接管，加上资本市场形态变化的推波助澜，企业的运营往往由发展转为防守，并失去了创新的兴趣。近年来，主要竞争者间的并购更强化了美国许多产业内部的垄断局面，里根政府大幅放宽《反托拉斯法》中有关企业并购的规定，更形成火上浇油之势。

在国际竞争问题上，美国企业的回应方式是最糟的。它们一贯的方式是并购、缩小防御范围、裁员与处理多余资产。在只顾眼前利润、不关心国内产业集群发展的自私心态下，它们或在海外生产，或由国外进口精密零件，所有的行动只为追求短期利润和维持市场地位。这些做法也许一时有利，对长期竞争优势却毫无帮助。直到今天，真正能对竞争优势有利的产业创新与发展动作仍未出现。

在竞争优势的恶性循环中，美国企业还学会奔向华盛顿向政府求援，并抱怨外国企业的倾销政策。美国虽然自称是自由贸易国家，近年来却逐渐转向保护主义，各式各样的市场秩序协议，将许多产业市场切割得七零八落。这种刻意限制竞争、客户权益一再受伤害的情形，充分表现在机床、汽车等产业中。

值得庆幸的是，美国迄今仍保有鼓励新企业发展的条件，这使得美国的经济危机不至于更严重。但是，如果不能有效地解决问题，新企业走上国际竞争舞台的机会却是微乎其微。

政府角色——对产业发展不积极

美国政府在基本政策上的摇摆态度，对国家竞争优势的影响很大，其中最重要的就是教育政策。美国政府虽然在教育问题上争论不休，但是却缺乏实际的执行力，教育水平自然就不可能提高，结果连家长和学生也都开始轻视教育的重要性。

其次，美国政府鼓励竞争的传统立场也动摇不已。随着放宽竞争者之间的合并，《反托拉斯法》事实上已名存实亡。政府的默许使得竞争者之间更肆无忌惮地结盟合作。当产业出现贸易难题时，政府能做的似乎只是竖起保护的旗帜与进行市场协定，产业的问题不减反增。

除了这些问题，20 世纪 80 年代积累的庞大预算赤字，更是产业的致命伤。预算赤字不但吸干了基础建设所需要的资本，也造成利率的不断攀升，连带拖累了企业的投资速度。同时，在政府征收长期资产所得税以广开税源的影响下，美国人的投资意愿空前低落，结果企业的投资情形就每况愈下了。

美国政府在自由化政策上比较积极。由于美国政府解散美国电话电报公司，确实提高了电信事业的服务效率和创新速度，其他受到自由化政策影响的产业（如卡车业），也同样出现更多的竞争活力。

遗憾的是，美国政府在其他领域的政策却与自由化政策相冲突，甚至抵消了自由化政策的正面意义。像里根政府时代大幅降低工业安全与环境标准的做法，就是一项开倒车的行为。传统上，美国企业因为严格且具前瞻性的标准，必须不断创新并向高级产品的环节发展。如今，这项优势拱手让人。

美国政府从战后以来一直没有把产业发展列为首要议题，这实在是一大隐忧。这段期间，美国政府过分重视社会与国家安全问题，产业需求反而成为次要的。例如，《贸易法案》并非着眼于协助其他国家发展，而是以地缘政治为理由，对某些国家实施禁运制裁，同时也影响了本国产品的出口。美国以产业大国的姿态发展它的产业政策，然而时至今日，这个假设已不可靠了。

回顾与展望——挥别美国梦

美国企业在各类产业中不断丧失竞争优势，最重要的症结在于它们缺乏活力。与其他国家相比较，缺乏竞争优势的美国产业，产品改善、创新的能力与速度明显不如其他国家；整个产业的发展速度在只考虑防守或维护既有利益的前提下，也是缓慢不前。

许多人谈到美国的竞争弱点时，往往以"科技商业化速度太慢"一语带过，好像美国只在技术领域出了问题而已。然而，科技商业化过慢本身就是许多问题的总结，并且涉及整个钻石体系的状态。生产要素的创造机制不足、国内需求的质量下降、缺乏具有竞争力的上游产业、缺乏长期经营的事业目标，乃至于竞争萎缩等，事实上都影响到科技商业化的速度。

买到公司却没买到技术　也有人认为，美国企业很早就到海外生产加工，进口产品中其实有相当大的比例是海外子公司的回销，因此，贸易统计数字并不能真正反映美国在全球制造业的地位。这意味着美国产业不是很健康，事实上，美国企业由海外子公司回销的大多是高级产品，选择在外国生产，也是基于当地的生产率和产品质量，而非生产成本因素。以施乐公司为例，它在美国市场的小型复印机完全由富士施乐这家日本子公司进口。施乐这么做，原因是美国本地无法设计生产这项产品，但是日本能。这种反客为主的现象也常见于其他企业。美国企业虽然有钱买下外国企业，但却无法影响外国企业的自主性，从这个角度看，美国品牌并不等同于美国在产品与制造上的实力。

更严重的是，越来越多外国企业，正以并购美国企业为踏入美国市场的手段。这些外国企业在提升美国相关产业的创新与生产力上影响并不显著，反而在进口营销上大有收获，这绝对不是什么好现象。在此并无呼吁美国限制外商投资的意思，只是想要强调：种种迹象显示，美国已不再是产品改良与创新的理想环境了。

撇开日本、韩国、瑞典与瑞士不谈，美国的失业率比德国、英国低。美国产业一直在创造新的工作机会，以吸收战后婴儿潮与女性劳动力。美国市场对服务活动的需求，也促使美国服务业异常壮大。问题是，充沛的劳动力相对降低了企业自动化和提高员工技能的压力，也造成了工资不增反减的情形。美国产业长期以来持续发展的生产力，也渐渐显露出疲态。

美国产业的病态还可以从 1978~1985 年间美国产业全球出口比重的消长看

出。在表 9–9 中，美国产业的整体出口表现并不如某些产业来得亮眼。在个别产业部门中，原本就有竞争优势的医疗保健与化工产业，依然是最强劲的。在先进产业领域中，美国也有数项是在进步中；但是最主要的出口增长还是来自于天然资源产业。反过来说，在负增长的领域中，先进产业事实上是亏损最惨重的部门，其中又以运输、食品加工（尤其是食品加工机械）以及半导体与电脑产业最为明显。另外像机械产业中，负增长的项目几乎是增长项目的两倍。不论在任何国家、这种情形都是产业发展出了问题的危险信号。而今美国产业的全球市场占有情形，已不如德国、日本了。

美国仍大有可为 美国并不会重蹈英国的覆辙，也不太可能因此就丧失强国的地位，美国的面积、天然资源与产业涵盖层面的广泛程度，都是它在竞争力上的保障。事实上，在有些产业中，竞争优势的关键要素仍在积极地运作中，美国的企业更在国际市场上占有举足轻重的地位。如果与某些国家相比，美国产业在市场上的流失情形还不算太严重，美国新企业的发展也依然顺畅有力。

值得注意的是，美国在持续提升生活水平的能力上遭遇到了危机。美国的经济重心很明显地在转移中，创造生产要素的机制也出了问题，贫富差距正逐渐拉大，萎缩的竞争与投资不足更伤害到创新与发展的速度。能在国际上稳坐一席之地的产业，多半是以科学为基础的领域，休闲娱乐以及依赖天然资源的领域。美元快速贬值并没有真正解决产业的问题，反而使情况更加恶化。

近年来，美国的生产率曾一度有爆发式的增长，但是后继无力的情况却令人怀疑这种昙花一现的现象，是许多产业改组或缩小经营范围造成的。美国产业投资率长期偏低，即使美元贬值，许多精密工业仍有竞争压力，这又令人不得不质疑美国产业的持续改善能力。美元贬值虽然促使出口产业快速成长，但又引发工资下跌与天然资源产业出口的重挫，由此可看出，操纵汇率的贸易行为只会降低美国的生活水平。另外，外国企业投资急剧增加也不是个好兆头，如同前面曾经提过的，这种现象持续下去，只会妨碍美国企业提升技术与生产力。

由于以往产业成功得太快也太容易，绝大多数美国企业与政府官员可能还没搞清楚成功需要什么条件。这一点也可以从面对竞争时美国人一贯充满自信，而德国人与日本人却非常谨慎小心看出。更糟糕的是，尽管产业的国际竞争力已经出现了大问题，美国人迄今仍然莫衷一是、无法达成共识，更不用说改进行动了。长此以往，噩梦必然成真。

战后总检讨

在第三篇里所讨论的各个国家都有自己独特的成功产业，这些产业的现有优势又可以回溯到它们特有的历史进程以及环境因素的互动。从各国的产业集群表中，读者更可以清楚地看出这些能在国际竞争中成功的产业彼此间具有实质的关联性，这些互动关系也证实了作者对竞争优势的看法。如果数据资料更完整详细、产业集群表的勾勒更精确，这些资料将说明，任何一个具有竞争优势的产业集群，都是由机械工业、专业元件与最终消费产品产业共同组成的。机械工业、专业元件等产业通常具有积累效果，这些产业一旦成型，原本单薄的产业集群自然会向各个产业环节扩张，形成更庞大、更丰富的范畴。

表 9–10 就是以产业集群为主，根据它们的出口表现，比较 8 个主要国家里具有国际竞争力的产业的特性。[30] 每个产业集群都包含了相关的机械产业、专业元件产业与最终产品产业 3 个部分。这种分类方法虽然只是简单地表现出各国经济实力的所在，却能明显地呈现每个国家的差异。像瑞典的产业主力是原料/金属、林业、交通运输等产业集群，瑞士则是综合商业、纺织/服装、医疗保健与个人用品等产业，日本则是休闲娱乐、交通运输、原料/金属等产业，意大利是成衣、食品、家居用品等产业，英国则长于化工产业。

如果从每个有国家竞争力的产业集群在全球市场占有率的表现来看，各国竞争优势又有更明显的区别。根据表 9–11，美国在食品、医疗保健、国防、半导体/电脑等领域居领导地位，德国在化工、原料/金属等领域表现强势，日本在休闲娱乐、办公设备、电信、发电与配电系统、运输等领域很强，意大利则在纺织/服装、住宅/家居用品、个人用品等领域不可忽视（图 9–1 则是将各国石油产业与化工产业分开后的表现情形）。

如果以产业集群表的纵向剖面来看，瑞典的长处是上游产业，以及产业的制造部门；意大利则在最终消费产品领域占有优势；日本的主力则在中游产业，并分别向上向下延伸；瑞士、德国与英国则比较平均分布。

任何国家的竞争优势形态都不可能静止不变，前面讨论过的 8 个国家也不例外。表 9–12 就是这 8 个国家竞争优势进化的轨迹。这张图主要是以 1978~1985 年间，各国具有竞争力的产业在全球市场占有率增长或流失超过

表 9–9　1978~1985 年美国全球出口总额所占比例增减 15% 或以上具竞争力的产业情况 *

	原料／金属			林业			石油／化工			半导体／电脑			上游产业		
	具竞争力产业的总数	比例增加的产业数	比例减少的产业数	具竞争力产业的总数	比例增加的产业数	比例减少的产业数	具竞争力产业的总数	比例增加的产业数	比例减少的产业数	具竞争力产业的总数	比例增加的产业数	比例减少的产业数	具竞争力产业的总数	比例增加的产业数	比例减少的产业数
初级商品	12	8	8	7	2	3	23	13	6	7	2	3	49	25	20
机械	3	2	1	0	0	1	0	0	0	0	0	0	3	2	2
专业元件	2	0	1	0	0	0	0	0	0	0	0	0	2	0	1
合计	17	10	10	7	2	4	23	13	6	7	2	3	54	27	23

	综合商业			交通运输			发电与配电系统			办公设备			电子通信			国防			产业功能和支持性功能		
	具竞争力产业的总数	比例增加的产业数	比例减少的产业数	具竞争力产业的总数	比例增加的产业数	比例减少的产业数	具竞争力产业的总数	比例增加的产业数	比例减少的产业数	具竞争力产业的总数	比例增加的产业数	比例减少的产业数	具竞争力产业的总数	比例增加的产业数	比例减少的产业数	具竞争力产业的总数	比例增加的产业数	比例减少的产业数	具竞争力产业的总数	比例增加的产业数	比例减少的产业数
初级商品	11	6	5	11	3	9	4	3	4	1	1	0	1	0	0	2	1	1	30	14	19
机械	3	1	2	1	0	1	0	0	0	0	0	1	0	0	0	0	0	0	4	1	4
专业元件	3	0	1	10	2	3	1	1	1	0	0	0	0	0	0	0	0	0	14	3	5
合计	17	7	8	22	5	13	5	4	5	1	1	1	1	0	0	2	1	1	48	18	28

	食品／饮料			纺织／服装			住宅／家居			医疗保健			个人用品			娱乐／休闲			最终消费商品和服务		
	具竞争力产业的总数	比例增加的产业数	比例减少的产业数	具竞争力产业的总数	比例增加的产业数	比例减少的产业数	具竞争力产业的总数	比例增加的产业数	比例减少的产业数	具竞争力产业的总数	比例增加的产业数	比例减少的产业数	具竞争力产业的总数	比例增加的产业数	比例减少的产业数	具竞争力产业的总数	比例增加的产业数	比例减少的产业数	具竞争力产业的总数	比例增加的产业数	比例减少的产业数
初级商品	27	10	14	3	2	1	1	0	1	8	4	1	2	1	5	10	5	7	51	22	29
机械	7	2	5	1	1	0	0	0	0	0	0	0	0	0	0	0	0	0	8	3	5
专业元件	13	6	7	10	5	3	0	0	0	0	0	0	3	2	2	0	0	0	26	13	12
合计	47	18	26	14	8	4	1	0	1	8	4	1	5	3	7	10	5	7	85	38	46

* 在 1978 年或 1985 年超过出口盈亏点的产业，其中包含在 1978 年具竞争力但在 1985 年跌至出口盈亏点以下，或在 1985 年首度出现超过出口盈亏点的显著占有率者。具有竞争力产业的总数参照 1985 年的资料。

表 9–10 在广义的产业集群下，具竞争力的产业占各国出口总额的比例（1985 年）

上游产业

原料／金属

瑞典	12.5	(−1.7)
德国	10.0	(−2.3)
韩国	9.6	(−1.8)
日本	9.6	(−6.4)
意大利	8.5	(−1.9)
英国	4.0	(−1.6)
瑞士	3.8	(0.1)
美国	1.5	(−0.6)

林业

瑞典	17.9	(−2.5)
德国	2.0	(0.3)
美国	1.3	(−0.3)
瑞士	1.0	(0.3)
意大利	1.0	(+0.0)
日本	0.2	(+0.0)
韩国	0.2	(−4.0)
英国	0.1	(−0.1)

石油／化工

英国	24.8	(15.0)
德国	8.6	(1.2)
瑞士	8.0	(1.2)
美国	6.3	(1.8)
意大利	2.5	(0.6)
瑞典	2.6	(0.5)
韩国	1.8	(1.4)
日本	1.3	(−0.5)

半导体／电脑

美国	8.8	(4.5)
日本	4.7	(3.6)
韩国	3.8	(0.9)
英国	3.5	(2.4)
瑞典	2.1	(0.9)
德国	0.6	(0.3)
瑞士	0.0	(0.1)
意大利	0.4	(+0.0)

上游产业

瑞典	35.1	(−2.9)
英国	32.4	(15.7)
德国	21.2	(−0.5)
美国	17.9	(5.4)
日本	15.6	(−3.3)
韩国	15.4	(0.1)
瑞士	12.5	(1.8)
意大利	12.3	(−1.2)

产业功能和支持性功能

综合商业

瑞士	28.1	(1.6)
美国	9.4	(2.0)
德国	7.0	(0.4)
英国	6.3	(−2.4)
日本	3.7	(0.1)
瑞典	4.2	(+0.0)
意大利	3.5	(0.4)
韩国	0.3	(−0.2)

交通运输

日本	36.9	(1.0)
德国	23.7	(0.5)
韩国	20.4	(10.4)
瑞典	20.5	(−0.4)
美国	18.4	(0.5)
英国	12.1	(−5.3)
意大利	6.7	(−4.8)
瑞士	2.1	(−0.4)

发电与配电系统

瑞士	4.4	(−0.6)
德国	3.8	(−1.3)
日本	3.3	(−0.6)
英国	2.0	(0.5)
韩国	1.5	(0.5)
瑞典	1.0	(−0.7)
美国	0.8	(0.2)
意大利	0.8	(−0.4)

办公设备

日本	3.5	(0.5)
瑞士	2.3	(0.1)
意大利	1.0	(−0.4)
英国	1.6	(−0.2)
德国	1.6	(−0.0)
瑞典	0.7	(−0.1)
韩国	0.5	(−0.6)
美国	0.1	(−0.0)

电子通信

瑞典	3.7	(0.6)
日本	3.4	(1.4)
韩国	0.7	(0.3)
意大利	0.5	(−0.0)
英国	0.3	(−0.1)
美国	0.2	(0.2)
瑞士	0.0	(−0.1)
德国	0.0	(−0.2)

国防

美国	1.5	(0.1)
瑞典	0.7	(−0.0)
意大利	0.3	(−0.2)
英国	0.6	(−0.1)
德国	0.0	(0.0)
韩国	0.0	(0.0)
日本	0.0	(−0.1)
瑞士	0.0	(−0.7)

产业功能和支持性功能

日本	50.8	(2.3)
瑞士	36.9	(0.1)
德国	36.2	(−0.7)
瑞典	30.7	(−0.6)
美国	30.4	(2.9)
韩国	23.0	(10.4)
英国	22.8	(−8.6)
意大利	12.7	(−5.3)

最终消费商品和服务

食品／饮料

美国	10.8	(−5.0)
意大利	8.8	(0.1)
德国	4.7	(−0.1)
瑞士	4.7	(0.1)
英国	4.1	(−1.2)
韩国	4.3	(−4.3)
瑞典	2.5	(0.1)
日本	0.7	(−0.1)

纺织／服装

韩国	29.4	(−10.6)
意大利	19.6	(2.0)
瑞士	11.0	(−1.0)
德国	5.0	(−0.6)
日本	3.2	(−1.5)
英国	2.6	(−1.7)
美国	2.2	(−0.5)
瑞典	1.1	(+0.0)

住宅／家居

意大利	9.5	(−0.5)
瑞典	3.9	(+0.0)
德国	3.3	(−0.6)
韩国	2.6	(−0.0)
日本	2.3	(0.4)
英国	1.3	(−1.4)
瑞士	0.9	(0.1)
美国	0.0	(−0.1)

医疗保健

瑞士	7.0	(0.2)
瑞典	2.5	(0.6)
美国	2.4	(0.8)
英国	2.1	(0.1)
德国	1.9	(0.3)
日本	0.7	(0.3)
意大利	0.6	(0.1)
韩国	0.0	(+0.0)

个人用品

瑞士	8.0	(−2.2)
意大利	4.3	(0.6)
韩国	2.1	(−1.5)
日本	1.6	(−0.4)
英国	1.2	(−2.9)
德国	1.1	(+0.0)
美国	0.8	(−1.0)
瑞典	0.1	(0.0)

娱乐／休闲

日本	11.8	(2.4)
韩国	8.0	(1.6)
英国	3.3	(−0.6)
美国	1.3	(−0.1)
德国	1.1	(−0.1)
意大利	0.9	(−0.5)
瑞士	0.5	(0.1)
瑞典	0.5	(−0.2)

最终消费商品和服务

韩国	46.3	(−4.9)
意大利	43.7	(1.8)
瑞士	32.0	(−2.7)
日本	20.3	(1.0)
美国	1.75	(−5.6)
德国	17.1	(−1.0)
英国	14.7	(−7.7)
瑞典	10.6	(0.5)

注：括号内数字是 1978 年和 1985 年之间的变化，以有竞争力产业的出口情形为主，并非全部产业的表现。

表 9–11　各国具竞争力的产业占产业集群全球出口额的比例（1985 年）

原料／金属		
德国	11.9	(–2.5)
日本	10.8	(–1.7)
意大利	4.2	(–0.4)
英国	3.3	(–0.4)
美国	2.6	(–0.3)
瑞典	2.4	(–0.1)
韩国	1.8	(+4.0)
瑞士	0.7	(–0.0)

林业		
瑞典	10.5	(–1.3)
德国	7.3	(+2.6)
美国	5.9	(–0.7)
意大利	1.9	(+0.1)
日本	1.0	(+0.3)
英国	0.7	(–0.1)
瑞士	0.6	(+0.1)
韩国	0.4	(–1.2)

石油／化工		
英国	6.9	(+3.6)
德国	4.6	(–0.7)
美国	4.1	(+0.6)
日本	1.0	(–0.2)
意大利	0.6	(+0.0)
瑞士	0.6	(+0.2)
韩国	0.2	(+0.1)
瑞典	0.2	(+0.0)

半导体／电脑		
美国	20.5	(–8.9)
日本	14.3	(+6.3)
英国	6.3	(–0.6)
德国	1.9	(–1.4)
韩国	1.6	(–0.2)
瑞典	0.9	(–0.4)
意大利	0.4	(–0.5)
瑞士	0.0	(–0.1)

上游产业		
德国	6.3	(–1.9)
美国	5.7	(+0.7)
英国	5.5	(+2.1)
日本	4.6	(–0.4)
瑞典	1.7	(–0.4)
意大利	1.6	(–0.4)
韩国	0.8	(0.2)
瑞士	0.6	(–0.1)

综合商业		
美国	18.2	(+3.2)
德国	10.8	(–1.1)
瑞士	6.4	(–1.4)
英国	6.1	(–2.1)
日本	5.5	(+0.9)
意大利	2.4	(+0.1)
瑞典	1.1	(–0.1)
韩国	0.2	(+0.0)

交通运输		
日本	22.6	(+4.2)
德国	15.0	(–2.0)
美国	13.4	(–1.1)
英国	4.6	(–1.9)
意大利	3.5	(–1.5)
瑞典	2.3	(–0.2)
韩国	2.1	(+1.5)
瑞士	0.5	(–0.1)

发电与配电系统		
德国	17.3	(–8.1)
日本	14.6	(+1.0)
美国	13.8	(+1.7)
英国	7.2	(–0.8)
意大利	4.0	(–0.9)
瑞士	2.9	(+0.1)
韩国	1.1	(+0.6)
瑞典	1.1	(–0.5)

办公设备		
日本	28.0	(+8.5)
德国	16.3	(–2.5)
英国	8.3	(–0.7)
美国	7.3	(0.0)
瑞士	3.8	(–0.8)
意大利	3.6	(–1.5)
瑞典	1.0	(–0.2)
韩国	0.7	(–0.3)

电子通信		
日本	28.1	(+8.8)
美国	6.2	(–0.2)
瑞典	5.5	(–1.5)
英国	3.9	(–2.2)
意大利	1.9	(–0.8)
韩国	1.0	(+0.5)
德国	0.0	(–7.0)
瑞士	0.0	(–1.0)

国防		
美国	55.0	(–0.1)
英国	10.3	(–2.7)
意大利	7.4	(–3.3)
瑞典	3.6	(–0.6)
德国	0.0	(0.0)
瑞士	0.0	(–4.3)
韩国	0.0	(0.0)
日本	0.3	(0.0)

产业功能和支持性功能		
日本	17.4	(+3.5)
美国	14.5	(+0.2)
德国	13.8	(–2.6)
英国	5.4	(–1.9)
意大利	3.3	(–1.1)
瑞士	2.1	(–0.6)
瑞典	2.0	(–0.2)
韩国	1.4	(+0.9)

食品／饮料		
美国	12.1	(–2.1)
德国	4.4	(+0.2)
意大利	3.5	(+0.5)
英国	2.5	(–0.0)
日本	0.7	(+0.2)
韩国	0.7	(0.0)
瑞士	0.6	(–0.0)
瑞典	0.4	(+0.1)

纺织／服装		
意大利	12.0	(+1.2)
德国	7.1	(–1.6)
韩国	6.6	(+1.3)
日本	4.9	(–0.5)
美国	3.7	(–0.5)
英国	2.6	(–1.1)
瑞士	2.4	(–0.7)
瑞典	0.3	(0.0)

住宅／家庭		
意大利	13.8	(+1.1)
德国	12.0	(–1.8)
日本	8.2	(+3.4)
英国	4.2	(–1.7)
瑞典	2.4	(+0.2)
韩国	1.6	(+0.7)
瑞士	0.6	(+0.1)
美国	0.3	(–0.3)

医疗保健		
美国	19.2	(+4.2)
德国	13.9	(–2.2)
英国	8.8	(–1.3)
瑞士	7.2	(–3.4)
日本	4.7	(+1.9)
瑞典	2.8	(+0.1)
意大利	1.8	(–0.3)
韩国	0.1	(+0.1)

个人用品		
德国	10.5	(–0.2)
意大利	6.6	(+1.4)
美国	6.4	(–2.8)
日本	5.3	(+0.3)
瑞士	4.4	(–1.9)
英国	2.4	(–4.7)
韩国	1.4	(+0.1)
瑞典	0.1	(+0.0)

娱乐／休闲		
日本	32.7	(+8.4)
英国	6.0	(–1.9)
美国	5.7	(–1.0)
韩国	3.8	(+1.7)
德国	3.6	(–1.3)
意大利	1.3	(–1.0)
瑞典	0.3	(–0.2)
瑞士	0.2	(+0.1)

最终消费商品和服务		
美国	7.9	(–1.4)
日本	6.9	(+2.0)
德国	6.8	(–0.7)
意大利	6.7	(+0.6)
英国	3.4	(–1.0)
韩国	2.7	(+0.7)
瑞士	1.7	(–0.4)
瑞典	0.6	(+0.1)

注：括号内数字是 1978 年和 1985 年之间的变化，以有竞争力产业的出口情形为主，并非全部产业的表现。

15%的统计。基本上，它是以较大的产业范畴为观察基础。注意那些曾经成长或流失的产业是属何种类型，较成长或流失的数字重要得多，原因是唯有如此才能理解该国产业发展的方式是否正确。前面我曾经分别讨论过各国成长或流失产业的特性。而比较由成长转变成流失的产业比例的变动，也比比较绝对数值有意义多了。因为如此才能排除国家大小的因素，并且更具体地看出竞争优势之所在。这种做法也许还未达到尽善尽美的程度，但是所引用的数据都已经过再三严格的核对。

三雄崛起

根据这些判断基础，读者可以发现日本、意大利与韩国是国际竞争中进步最大的国家。日本与意大利的共同特色是，它们在机械与专业元件等领域上收获丰硕，并引导出整体产业的消长趋势。例如这两个国家许多先进产业的市场都在成长，原本依赖天然资源与生产成本的产业则在流失。这段期间的韩国发展最快的是简单加工型产业，这也是韩国高级产业发展的重要基础。韩国产业发展的良性循环迹象还包括，它在制造业与支持性产业的顺利成长，这些也是它积累产业与技术实力不可缺少的条件。

五国乏善可陈

其他五个国家的表现就没有这么亮眼了，它们的共同现象是失去竞争力的产业项目多于竞争力增长的项目。状况比较好的美国与瑞典也仅接近损益平衡状态而已。瑞典是靠传统上就很强势的产业，尤其是机械产业与专业元件产业，但是其他领域则是每况愈下。美国的状况更不理想，除了一向具有竞争优势的医疗保健与化工产业出口继续畅通之外，机械产业的流失情形非常严重。这段期间美国新有收获的，主要是天然资源产品、原料与金属产品、食品饮料与石油化工产品等领域。

表现最差的国家是瑞士、德国与英国。依照常理判断，已有工业基础的瑞士与德国，应该能在精密工业上更上一层楼，并逐渐退出以天然资源和生产成本竞争的产业领域。但是实际情况显示，这两国的精密工业同样处在衰退中，这也说明它们的产业发展道路走得并不顺利。总的来说，德国与瑞典的机械产业都呈衰退状态，其中德国在化工机械与运输机械领域的流失情形更严重（海外投资是原因之一)，半导体与电脑领域也缺乏竞争力。被视为瑞士传统优势所在的医疗保健产业，不但未见新优势，反而有6个项目失去了优势，另外在发电机与配电系统、个人用品等产业领域，也是呈现负增长的现象。在此情况下仍要说产业升级，恐怕是自欺欺人了。

英国的制造业几乎是全面崩溃，它的处境也是8国中最糟的。在英国的产业中，简单加工产业的情况比较好，问题最严重的是机械产业与专业元件产业。出口增长方面，石油相关产业与未加工原料/金属产业的进步最多，电脑业的表现也不错。在服务业的国际竞争舞台上，英国的地位已经稳固，但在制造业的国际舞台上，它却必须重新来过。

表9–12　各国具竞争力产业中，石油和化工产业出口表现分析（1985年）

占全国出口额的比例

石油和相关产品

英国	19.9	(14.5)
德国	5.1	(0.8)
美国	3.4	(1.5)
意大利	2.6	(–0.4)
瑞士	1.9	(0.5)
韩国	1.7	(1.5)
瑞典	1.5	(0.3)
日本	0.5	(0.1)

化工产品

瑞士	6.1	(0.5)
德国	4.3	(0.8)
英国	3.9	(0.9)
美国	2.9	(0.5)
意大利	1.4	(0.8)
瑞典	1.5	(0.3)
日本	0.5	(0.1)
韩国	0.1	(–0.1)

占产业集群全球出口额的比例

石油和相关产品

英国	6.3	(4.3)
德国	2.9	(–0.6)
美国	2.3	(0.5)
意大利	0.6	(–2.1)
日本	0.3	(0.1)
韩国	0.2	(0.2)
瑞士	0.2	(0.0)
瑞典	0.1	(0.0)

化工产品

德国	16.0	(–2.2)
美国	12.7	(–1.9)
英国	8.1	(0.8)
瑞士	3.4	(1.4)
日本	2.8	(–0.3)
意大利	2.3	(1.9)
瑞典	0.7	(0.1)
韩国	0.1	(0.0)

注：括号内数字是1978年和1985年之间的变化。

表 9–13 1978~1985 年各国在全球出口总额所占比例增减 15% 或以上具竞争力的产业数*

原料 / 金属

	增加	减少
韩国	24	6
意大利	15	15
美国	10	10
瑞典	18	21
瑞士	3	7
日本	12	18
英国	12	24
德国	13	26

林业

	增加	减少
瑞士	4	2
日本	1	0
德国	2	3
意大利	2	3
英国	0	1
美国	2	4
韩国	2	6
瑞典	7	14

石油 / 化工

	增加	减少
美国	13	6
韩国	6	1
意大利	10	13
日本	8	11
瑞典	4	1
英国	14	19
瑞士	3	11
德国	6	23

半导体 / 电脑

	增加	减少
日本	6	0
意大利	0	0
美国	2	3
瑞典	0	1
瑞士	0	1
英国	2	4
韩国	1	3
德国	0	4

综合商业

	增加	减少
日本	10	1
意大利	8	1
韩国	3	1
瑞典	3	3
美国	6	8
英国	6	13
德国	2	10
瑞士	12	29

交通运输

	增加	减少
日本	40	5
韩国	9	4
意大利	13	13
瑞典	11	11
瑞士	1	5
美国	5	13
德国	3	23
英国	2	36

发电与配电系统

	增加	减少
韩国	8	1
日本	10	6
美国	4	5
意大利	3	6
瑞典	3	7
英国	3	8
瑞士	2	7
德国	5	13

办公设备

	增加	减少
日本	9	0
英国	3	3
美国	1	1
意大利	3	4
韩国	0	1
瑞士	3	5
瑞典	2	4
德国	0	7

电子通信

	增加	减少
日本	3	0
韩国	2	0
意大利	0	0
美国	0	0
英国	0	1
德国	0	2
瑞典	0	2
瑞士	0	2

国防

	增加	减少
美国	1	1
意大利	1	1
韩国	0	0
德国	0	0
日本	0	1
瑞典	0	1
英国	0	1
瑞士	0	1

食品 / 饮料

	增加	减少
德国	15	11
意大利	12	8
瑞典	12	8
日本	6	4
瑞士	5	5
韩国	7	11
美国	18	26
英国	9	17

纺织 / 服装

	增加	减少
意大利	18	8
日本	7	0
瑞典	6	6
瑞士	3	3
美国	0	1
韩国	7	4
德国	3	12
英国	2	16

住宅 / 家居

	增加	减少
韩国	32	3
意大利	29	23
美国	8	4
日本	11	10
瑞典	3	1
德国	12	17
瑞士	8	18
英国	4	30

医疗保健

	增加	减少
美国	4	1
日本	3	1
瑞典	2	2
韩国	0	1
意大利	0	1
英国	2	4
德国	1	3
瑞士	0	6

个人用品

	增加	减少
日本	6	1
韩国	8	7
瑞典	1	1
英国	0	2
瑞士	6	9
美国	3	7
意大利	2	6
德国	1	7

娱乐 / 休闲

	增加	减少
日本	14	3
韩国	13	4
瑞典	1	1
美国	5	7
瑞士	0	3
意大利	3	7
德国	2	9
英国	2	11

上游产业

	增加	减少
韩国	33	16
美国	27	23
日本	27	29
意大利	27	31
瑞士	10	21
瑞典	29	37
英国	28	48
德国	21	56

初级商品

	增加	减少
韩国	108	60
日本	95	53
美国	59	68
意大利	84	98
瑞典	47	66
瑞士	35	88
德国	50	128
英国	47	128

产业功能和支持性功能

	增加	减少
日本	72	13
韩国	22	7
意大利	28	25
瑞典	19	28
美国	17	28
瑞士	18	49
德国	10	55
英国	14	62

机械

	增加	减少
日本	29	2
意大利	28	2
瑞典	9	7
韩国	1	1
美国	6	11
瑞士	7	14
德国	5	18
英国	4	25

最终消费商品和服务

	增加	减少
日本	47	19
意大利	78	55
韩国	67	50
瑞典	21	18
美国	38	46
德国	34	59
瑞士	22	44
英国	19	80

专业元件

	增加	减少
日本	22	6
意大利	21	11
瑞典	13	10
韩国	13	12
美国	16	18
瑞士	8	12
德国	10	24
英国	10	37

* 在 1978 年或 1985 年超过出口盈亏点者，其中包含在 1978 年具有竞争力但在 1985 年跌至出口盈亏点以下，或在 1985 年首度出现超过出口盈亏点的显著占有率者。

到目前为止，本书一直在强调产业发展与竞争优势关键要素的关系。下一章的重点是将这些观点系统化与理论化。前文提过，国家的竞争优势是在产业与产业集群中表现，产业的表现是国家经济发展的特色，同时也解释了经济繁荣与落后的来龙去脉。

10 经济发展的四个阶段

迈克尔·波特 企业成功、经济繁荣的动力是压力、挑战和机会，而非静态的环境或外在协助。进步来自变革，而非为稳定而稳定的偏见。

到目前为止，本书已就一些贸易大国的产业发展形态逐一讨论过。由这些研究中，我们得到一个不容置疑的事实：国家经济和产业发展绝非静态不变的。自第二次世界大战以来，能在国际间竞争的产业，形态上已有很大的转变，国家经济的发展也是由低竞争优势向高竞争优势发展转变，同时努力发展生产力更高的产业与产业环节。综合这些现象，就是国家生产力的发展。在本书所研究的各国当中，有的发展速度惊人，有些则在持续发展上遭遇困难，连带造成生产力提高速度的迟滞。如果将战后各国的表现加以分类，我们不难发现，国家经济发展是由一些基本力量推动的，而且也同时存在一些反作用力，妨碍经济的发展。

本章主要以竞争优势理论检视经济表现，并从竞争现象中分析经济的发展过程。国家的实力根植于该国产业和产业集群的表现，国家竞争优势也正是该国许多产业发展的综合表现，其中原因将在后面详加解释。

从国际竞争角度来看，每个国家可以根据它们的产业表现，分成好几个不同的竞争优势阶段，这些阶段也就是该国经济发展的详细过程。更具体地说，每个阶段所强调的产业、产业环节和企业战略都不同，就连政府的产业政策也因阶段不同而有所不同。

将竞争力阶段化，主要是为了协助读者了解各国战后的发展，也是整合繁杂信息的一个方法，同时，更可讨论企业战略和政府政策的标准所在。

经济发展面面观

当代关于经济发展的著作不计其数，但是在讨论到经济发展进程时，观点却过于空泛，讨论的重点也大多集中在国家经济如何从农业跨入工业再走到后工业阶段，以及伴随而来的个人态度和组织结构的改变。[1]

本书则是希望以更正确的态度处理经济发展课题。经济要繁荣，必须将资源转换为生产力，生产力的增长和差距，又是凭借着企业体在各类产业与产业环节中竞争成功而来。凭借竞争，除了既有产业能更上一层楼之外，也能培养出新的产业环节并提高生产力。国家经济发展的过程中，贸易角色很重要，贸易的作用在于将生产力高的产品出口到他国，并进口生产力低的产品。另外，海外投资也很重要，当企业将生产力低的项目移到海外生产，或直接在当地投资以协助本身生产力高的产品打入国外市场，也同样具有经济发展的意义。

一国的产业如果不能升级并扩大它对其他国家的相对优势，那么就是衰退、落后。在产业集群中，产业彼此相互强化的功能，也意味着产业发展举措具有连锁扩张效应，一个产业的成功会带动其他产业的发展。在发展过程中，部分价格导向或缺少精密技术的产品或产业环节，也将失去竞争地位。

反过来看，如果国家无法持续改善、创新、维持它的高级产业和产业环节的竞争地位，其他产业也会发生负面的连锁反应。当企业在产品质量、造型、技术工艺等方面落后时，它所处的产业的发展步伐也会变得踉跄不稳。国家经济永远是处于流动状态的，这股脉搏也反映出该国内部各股力量的冲击和影响。

经济发展和企业体的国际竞争表现有关，这也是本章研究的焦点。一般而言，国际竞争力是由许多产业与产业环节组成的，它们大都具有发展更高层次生产力的潜能。如果在这些产业上缺乏出口能力，也无力对抗进口产品，那么国家的生产力就会受到严重的打击。经济发展进程的基本条件就是：出口高级产业的产品，进口本国生产力偏低的产品。

竞争的范围越来越广了，国际竞争力也成了国家经济是否繁荣的决定因素。表 1–1 说明了一个重要事实：有些国家进出口贸易总额已超过国内生产总值的一半。以美国为例，其贸易比重虽不高，但却有许多国家的企业在美国设立分公司，也就是说，美国国内的企业事实上处于国际竞争和跨国竞争的状态，这也是为什么美国想要维持经济力显得特别艰辛的缘故。

竞争优势的发展阶段

国家经济会表现出不同阶段的竞争优势，这反映出该国企业、产业、产业集群的国际竞争本钱。一般来说，竞争优势主要反映在国家相关产业的国际竞争表现方面，但也涉及一些只在国内市场竞争的产业表现；不过，国内市场需求表现并非必要条件。[2]

将国家竞争优势阶段化，目的不在于解释国家经济的完整表现，或是它的全部发展过程。这种阶段化进程，可能会排除一些考虑因素，而且也没有哪个国家完全符合这种阶段设计方式。[3]因此，设计竞争优势的阶段化，主要目的在于清楚地刻画那些促进国家经济繁荣的产业特色。

每个国家的经济都是由各种类型的产业组成的，这些产业又有不同的竞争条件。即使像美国、德国等发达国家，也有完全依赖天然资源而求得竞争力的产业。不过一般而言，大多数成功的产业，其竞争优势基于更广泛而精细的条件。

暂时撇开经济的多样性，我们可以在一个时间点上，标出国家经济形成竞争优势的模式，这些模式也可以从成功的产业、产业环节乃至于采用的战略形态看出。这种相似性主要是因为产业的钻石体系和国家优势的关键要素基本上是相同的，差别只在于个别产业有它的独特情形。同样，由于产业集群效应会使国内产业发展和升级齐头并进，因此竞争优势状态也有集中化的倾向。更重要的是，成功的生产要素（如高级技术人力资源）可以广泛地用于各种产业，生产要素的创造机制又有先后发生顺序（部分来自于成功的示范效果），同样促成成功的生产要素会以平行方式横跨各产业之间，以至于各产业之间一方面致力于竞争，另一方面也努力推广新的规范与价值观。

因此本书提出国家经济发展的四个阶段。它们分别是生产要素导向阶段、投资导向阶段、创新导向阶段和富裕导向阶段。图 10–1 是这四个阶段的关系链。在这个系统中，前三个阶段是国家竞争优势发展的主要力量，通常会带来经济上的繁荣。第四个阶段则是经济上的转折点，国家经济有可能因此而走下坡路。这四个阶段虽然是一种概括性分类，但有助于了解在经济发展过程中，国家与企业在不同时期所面对的问题，以及促成经济发展或导致衰退的力量。

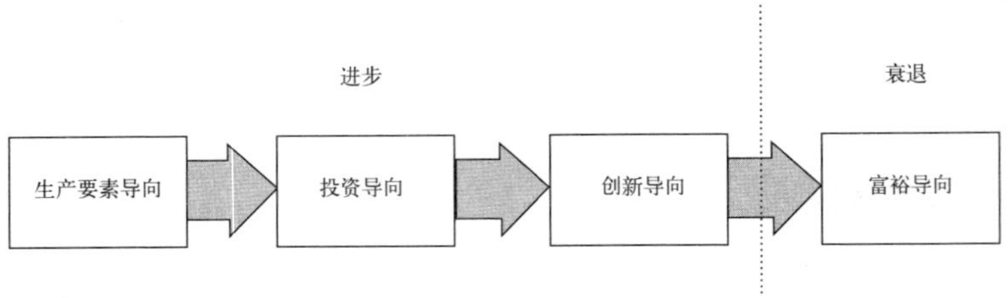

图 10–1　国家竞争力发展的四个阶段

阶段一：生产要素导向

在经济发展的最初阶段，几乎所有的成功产业都是依赖基本生产要素。这些基本生产要素可能是天然资源，或是适合农作物生长的自然环境，或是不匮乏且又廉价的一般劳动力。这个阶段中的钻石体系，只有生产要素具有优势(见图 10–2)。在这种条件下，只有具备相关资源的企业才有资格进军国际市场。

在此一阶段的本地企业，完全以价格条件进行竞争，能够提供的产品不多，应用的工艺技术层次也不高，技术本身也是广泛流传、容易取得的一般技术。此外，企业本身尚无能力创造技术，必须依赖外国企业提供经验与技术，企业本身能表现的技术主要是来自模仿，或是在本地投资的外商所引进的。也就是说，本地企业拥有的较高级的产品设计和技术，大多来自外商投资兴建的一体化作业工厂，或是由选择该国作为生产网点的外商提供的，或是本地制造企业以半成品加工方式学习来的。处在这个阶段的企业，很少能与产品的最终顾客直接接触，海外市场的贸易机会也掌握在外国代理商手中。另外，有些外销产品，在本地的市场需求有限，甚至是根本不存在需求的。

生产要素导向阶段的经济，对全球经济景气循环与汇率变动非常敏感，因为它们会直接影响产品的需求程度和价格高低。同样，本国生产要素一旦不如其他国家，产业将严重受创，丧失领先地位。尽管充沛的天然资源能带来一段时期的高收益，但是对提升生产力的帮助并不大，其中原因将在后面解释。

每个国家都曾在某段期间经历过生产要素导向阶段，目前几乎所有的发展中国家都正处于这个阶段。另外像加拿大、澳大利亚等天然资源特别丰富的国家，也处在这个阶段。

一般而言，能够从生产要素导向阶段迈出，成功转入下一个阶段的国家并不多。在这个阶段中，以国内需求市场为主的产业可能因进口替代效应而持续扩张，但是驱动它发展的力量是政府的保护措施不让外国竞争者加入的结果。进口替代型产业基本上缺乏国际市场的竞争优势条件，而且保护政策一旦扩散，反而会因产业缺乏效率而降低国家的生产力。

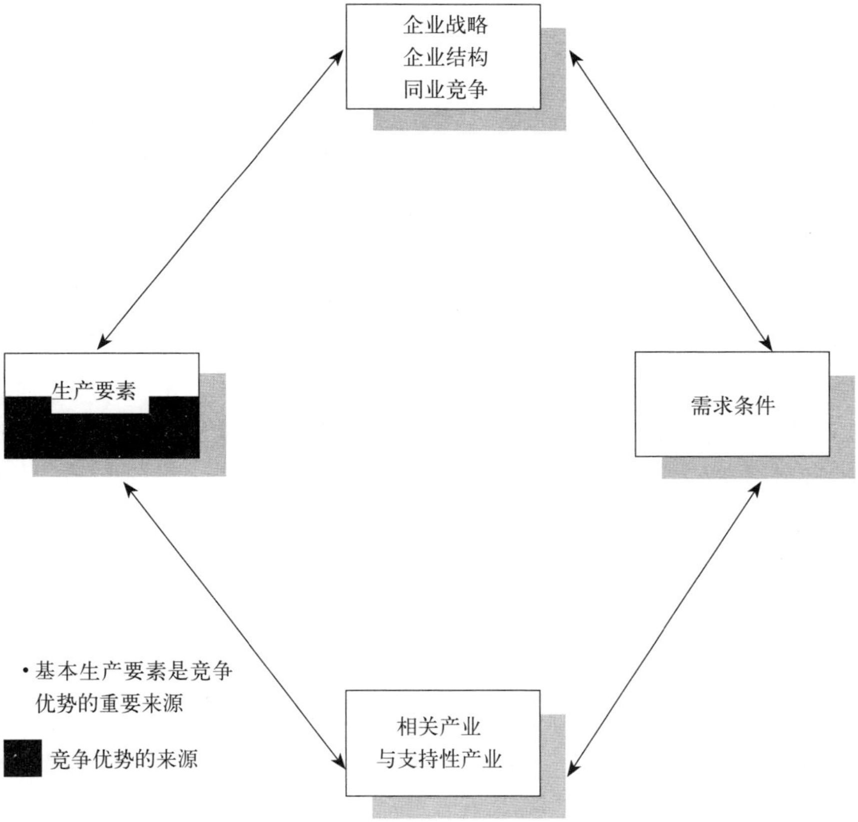

图 10–2　生产要素导向阶段的经济

阶段二：投资导向

在投资导向阶段，国家竞争优势以从政府到企业之间积极投资的意愿和能力为基础。这个阶段的企业投资行动频繁，它们会大量投资兴建现代化、高效率与大规模生产的机器设备厂房，并努力在全球市场上取得最佳的技术，也常以付专利费、合资或其他途径找寻更精密的外国产品和制造技术。这一切行动的目标，都在于提高更精密产业与产业环节的竞争能力。虽然这个阶段的企业努力争取到的技术仍落后于国际领先企业（原因是各企业保留了最先进的技术），但至少是公开渠道中最进步的技术。此外，投资导向阶段的企业不单单应用外国的技术和方法，同时也致力于改善外来的技术。企业具有能吸收并改良外国技术的能力，是它们突破生产要素导向阶段、迈向投资导向阶段的关键。当企业进入投资导向阶段时，外国技术和方法大多仅供内部参考，主要依靠的是自行改良行动。由外国协助兴建的一体化作业工厂，此时已不能满足企业的需要。

面对国内竞争的年代 当国家处在投资导向阶段时，政府、人民和企业都会致力于生产要素的发展行动，并努力进行现代化的基础建设，以提高竞争条件。技术工人和专业人才虽然大量增加，但薪资仍低廉。这些技术人员能操作精密复杂的机器设备，甚至改进技术。企业也开始建立国际营销渠道，并尝试与产品使用者直接接触。同时，它们也能为国外大客户提供半成品加工服务，并寻求与外国企业合作的机会。这段时间，国内市场竞争加剧，促使企业努力降低成本、改善产品质量、引进新模具和现代化制造工艺。第二阶段的企业也会把目标定在支持技术和资产的投资上。企业同时开始勇于冒险，因为许多产业出现新的企业，国内的竞争也已达到白热化程度。

当国家处于此阶段时，竞争优势来自从生产要素、企业战略、企业结构到竞争环境等一连串的改善（见图 10–3）。企业虽然仍依赖基本的生产要素而获利，但也将竞争优势延伸到了花费不高但属于更高阶段的创造性生产要素上面，国家也在一般性的生产要素上占有相对优势（如大学程度的工程师）。大环境中的教育和研究机构等生产要素创造机制，也运作得更顺畅了。在这个阶段中，由于技术更专业且充分内化，设备也接近现代化程度，这个国家的生产要素也将得到更有效率的应用。

小试锋芒的阶段 投资导向阶段的含义是，举国上下愿意投资一些最基本的优势阶段，但是这种投资不足以发展独特产品或应用独特流程。企业仍在标准化程度较高、价格竞争比较敏感的市场环节中竞争，它们的产品设计也会迁就外国市场的需要。这一类型的产品通常比全球最先进的产品晚一个世纪左右。同样，企业的工艺技术虽然几近精湛，但比起最先进的技术也还差上一截。不过，和生产要素导向阶段相比，处在投资导向阶段的国家已经能在更广泛的产业和产业环节中竞争，而且有些产业已有较高的进入壁垒。有些领先产业也开始将新的优势扩展到相关的产业上面。

投资导向阶段的国内需求基本上还是比较简单的，主要是因为国民生活水平虽有改善，但仍普遍偏低，而且在起步过程中仍能专业化的企业并不多。因此，有些出口产业的产品甚至完全不在国内的市场上销售。这个阶段所产生的竞争优势主要来自供给面而非需求面。

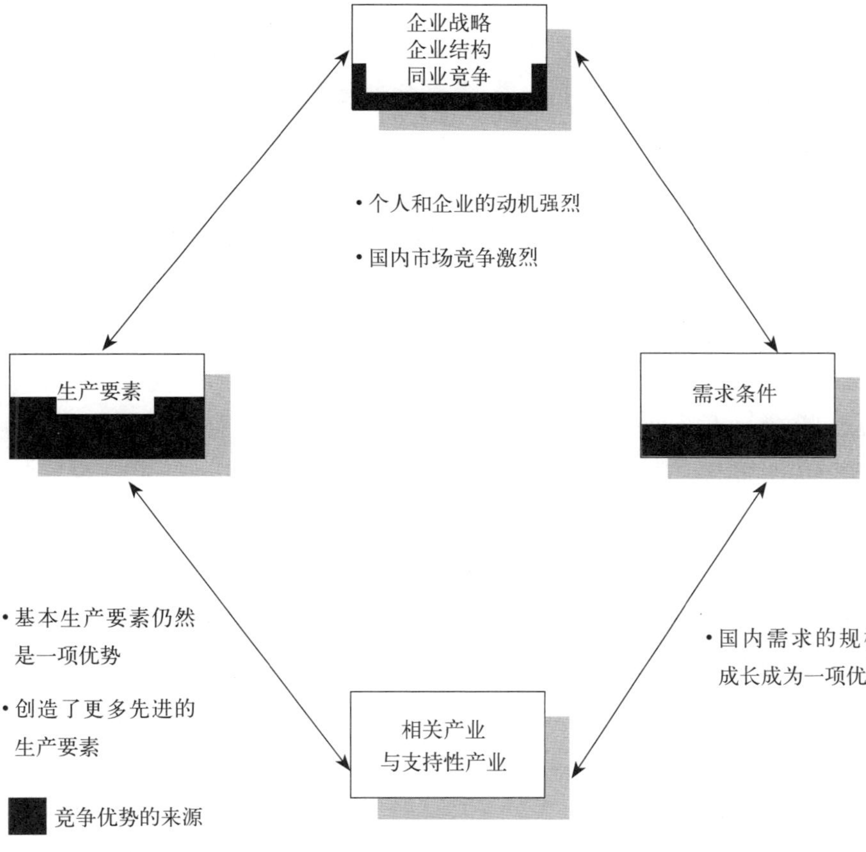

图 10–3　投资导向阶段的经济

然而，能够在投资导向阶段脱颖而出的国家，大多是国内市场需求较高的国家（如日本和韩国，因为国家的地理位置，对航海运输有很大的需求而先后发展出成功的造船业），或是国内有特殊的大量需求，而外国却忽略的产业（如日本人对小型黑白电视机的需求）。图 10–3 即显示出这种片面而显著需求条件的关系。

强调发展本国智能 在投资导向阶段，相关产业和支持性产业通常还未发展。相关产业的生产几乎清一色依赖外国技术、外国设备，甚至外国零配件。在这种情况下，企业的工艺流程虽然很现代化，但是仍落后于发达国家，它们对外国供应商的依赖也影响并限制了自行创新的步调。

在投资导向阶段，竞争优势主要表现在以下几个领域：特别讲求规模经济的产业，资本密集但需要大量廉价劳动力的零件与标准化产品产业，比较不讲求售后服务技术的产业，不怕转移且为其提供产品和工艺流程的来源不只一处的产业。[4]当国家处于投资导向阶段时，最重要的优势往往还受限于低劳动力成本、大规模生产、应用现代化设备的产业。一般而言，这类产业通常是相对较成熟的产业，是下游成品、基本零部件差异不大的原料产业。以成熟产业为例，外国竞争者可能因为设备陈旧过时，而将生意转给敢于更新资产设备的投资导向阶段的国家。

尽管很多人认为技术无国界，但从投资导向阶段来看，这种说法有待商榷。处于投资导向阶段的企业，往往只能吸收或争取到某些产业的技术，所发展的生产流程和模具也无法持续，原因就在于这一阶段仍缺乏能够积累经验和高度专业化的人力资源。通常，它们在其他国家的企业因竞争压力而有意寻求海外合作时，才有机会取得这些重要技术。

投资导向阶段的另一个特色是机会大幅增加，工资与生产成本开始起伏波动。对于习惯价格竞争的产业和产业环节来说，此时它们逐渐丧失了竞争地位。与生产要素导向相比，投资导向阶段对汇率和全球市场变动的抵抗力虽然提高了，但体质仍很脆弱。由于选择外国现有技术、发展大规模生产，以及和更发达国家供应商的关系都有太多的不确定因素，所以有些产业不得不以失败收场或失去竞争优势。

当国家处于投资导向阶段时，竞争优势主要来自基本的生产要素和投资意愿。政府在这一时刻的角色也很重要。政府可以引导有限的资本流入正确产业、鼓励冒险精神、提供暂时的保护措施以鼓励新企业加入国内市场、发展更有效率的基础设施、激励企业获取国外技术、鼓励出口等。在这段期间，虽然企业在创造更高级生产要素上的能力已经增加，但政府仍需要扮演带头的示范角色。

投资导向阶段的经济，需要举国上下有重视投资与长期经济增长的共识，而不是一味追求眼前的消费与平均收入。由日本和韩国的情形可以看出这种共识的威力。[5]这个阶段的政府政策讲求效率，决策流程强调纪律、果断和长期规划。政府应该持续承诺改善生产要素质量，并在提升竞争力的先决条件上做投资。政府也可以辅导重点产业，以营造一个积极竞争的国内市场。政府对企业的保护措施是暂时性的，目的在于刺激产业改善和创新。但必须注意的是，保护药方一开，也可能成为永久性的毒药，政府的最大考验就在于为这些善意行动掌握标准。投资导向阶段的一些发展因素如果处置不当，经济发展仍可能失败。因此，稳定的政府、良好的行政人员，以及能抗拒特权的社会能力，是推动产业发展的理想状态。

一个不容易跨越的门槛 在人类的经济发展史中，投资导向阶段很早就出现了。资金、技术和人力资源的国际性流动，也不是今天特有的现象。比如说，19 世纪时，德国产业就有计划地进口英、法等国家的技术，并吸纳它们的工程师以提升德国的产业水平。同时崛起的美国经济，也经历过类似的过程。第二次世界大战以后，投资导向的经济发展模式更普遍，想要进入投资导向阶段的困难减低了，原因是全球市场对技术、材料和资金的需求比以往更大，各国也开始采取更积极的产业政策。

投资导向阶段也是多数经济体经济发展的门槛，能成功跨越的并不多。从第二次世界大战以来，成功的例子不外乎日本与韩国。中国台湾、新加坡、中国香港、西班牙和巴西本来有机会成功，但是它们被各自的缺点限制住了；这些国家和地区中，有些缺乏强有力的本地企业，或没有内化的产品和工艺流程，或企业对主导国际销售渠道的诚心不足，或缺少充分且进步的生产要素，或内部竞争不够激烈等。迈向此一阶段的过程中，究竟有多少陷阱，本书在讨论政府政策（第 12 章）时，有更详细的分析说明。这里想要强调的是，并不是所有朝这个阶段迈进的国家都能成功。

阶段三：创新导向

当国家进入创新导向阶段时，许多产业已出现完整的钻石体系。如图 10–4 所示，在这个阶段中，钻石体系的所有关键要素不但发挥自己的功能，而且交互作用的效应也最强。

呈现锐不可当的竞争力 当国家处于创新导向阶段时，各种产业和产业环节中的竞争开始深化与扩大，代表这个国家的特殊环境与历史文化传统特色，也在特定产业与产业环节中出现。由于个人收入提高、高等教育普及、对便利的需求增强、国内竞争激烈，消费者的需求也更加讲究了。产业集群中的企业也以自己强劲的竞争实力，影响着相关企业与国内客户的精致化。许多产业因为蓬勃出现的新企业而加速改善和创新的步伐，重要的产业集群开始出现世界级的支持性产业，具有竞争力的新产业也由相关产业中产生。

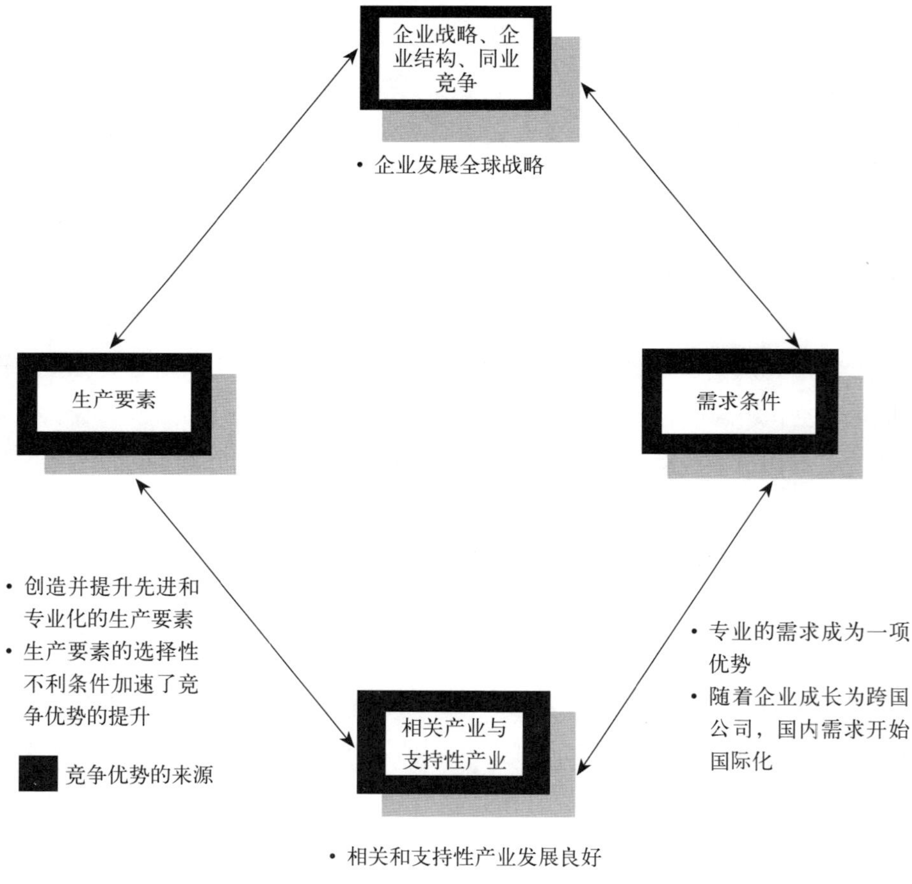

图 10–4　创新导向阶段的经济

产业处于创新导向阶段时，依赖生产要素而形成竞争优势的情形越来越少，许多产业也在升级过程中，摆脱了生产成本与币值汇率的威胁。产业虽然没有生产要素优势，但能在不利因素的刺激下创新，产品与制造技术也不断往前推进。大环境中，更高级的基础建设、研究机构与更具水平的大学体系也在形成中。这些新机制不但保持自我强化状态并创造高级而专业化生产要素，同时也与特定产业形成联系，营造出锐不可当的气势。钻石体系正在产业与产业集群中发挥自我强化功能。

这个阶段被称为创新导向阶段，原因是企业除了改善国外技术和生产方式外，本身也有创造力的表现。本土企业在产品、工艺流程、市场营销和其他竞争方向上已经接近卓越的程度。同时，如果有相关产业的支持，本国有利的需求条件、坚强的供应商产业基础、专业化生产要素，可以让企业持续创新，它们的创新能力又形成其他新产业出现的原动力。

投资国外的阶段 当国家经济处于创新导向阶段时，企业会转战国际市场的差异化产业环节。它们的竞争虽然离不开成本，但竞争方向却从生产成本转至生产率上，因为它们更强调先进与高级的技术表现。同时，企业也开始逐步撤出价格竞争或比较简单的领域，并将这些领域让给其他国家。

这个阶段的企业除了有自己的全球化战略并逐步铺设国际营销与服务网络之外，还搭配已有国际知名度的品牌活动，并采取国外设厂的制造方式以降低成本，并加强对当地市场的影响。这些企业活动显示出创新导向阶段就是投资国外的阶段，而这些表现与钻石体系功能的充分发挥有很大的关联。

垂直深化发展 当国家进入创新导向阶段时，国内产业可以朝好几个方向发展。当一些率先进入这个阶段的产业发展出高层次竞争优势时，这些竞争优势也在发展过程中扩散到其他相关产业。就这个方面来说，产业集群会以垂直深化的方向发展。下游产业的产品竞争力会带动上游、供应产业（包含机械设备业）；同样的活动也可能是由上游延伸到下游。这种情况最初只在国内进行，然而只要经济体系健全，很快就会扩张到全球竞争。垂直深化的产业集群也许是由生产要素导向或是投资导向形成，而一旦出现深化现象，即代表这个国家的经济已具有基本的创新能力。

横向水平发展 创新导向的第二个方向是，产业集群由纵向转为横向的水平式发展，形成更新更大的产业集群，这一步是由既有的企业或新加入的企业共同推动新产业而形成的。当国家生产力的提高并非依赖极少数产业的出口表现，而是由各种类型的市场表现撑起时，这个国家的经济正在发展。这个方向的发展过程会减少经济危机，原因是国家不再受少数产业的影响，企业也因专业化需要而朝向生产力更高的产业环节推进，生产力低的活动则逐渐移到海外进行。当产业处于纵向、横向交织发展状态中，企业有非常多改善和创新的路径可以提高本身的生产力。水平化的发展方向也会创造更多跨产业的扩散效应，使产业发展和经济发展过程更扎实坚固。

服务业走向国际化 创新导向阶段的另一个特色是：受到制造业发展的刺激，国内的优质服务业也将实现国际化。当国家处于生产要素导向和投资导向阶段时，该国服务业很少能在国际市场上抬头。唯一的例外是需要大量劳动力的海运业，或海外工程建设产业的一些产业环节。反过来说，国家经济处于创新导向阶段时，服务业会因先进企业对市场营销、工程顾问、测试业等更专业化的服务需求而蓬勃。工程顾问、广告等高水准的服务业，会因更专业的人力资源和生产要素需求而出现。本国服务性企业会随制造业的国际化而走向海外。高学历、高收入和专业化的消费者，也需要更专业的服务，而本国需求正是服务业创造国际空间的根基。

和前两个阶段相比，创新导向阶段特别强调高质和富裕，同样使得高级服务业有更宽广的发展空间。不过，服务业的国际竞争优势能否顺利产生，仍必须有其他条件的配合，在这方面，美国和瑞士的表现就很成功，德国与意大利就逊色许多。

当国家经济处于创新导向阶段时，对总体经济的变动和外在事件影响的免疫能力也最强。处在这个阶段的产业，因为竞争焦点放在技术与产品差异上，成本与汇率变动的打击有限；企业的全球化战略也能减轻环境变动的影响。有竞争力的产业更因本身的多元化，而避开了它对任何单一部门的过度依赖。

政府要无为而治 处在这个阶段的政府，角色也不同于前两个阶段，政府的政策应该放弃过去干预产业的做法。如果政府继续执行资本调度，采取保护、设置产业进入门槛、出口补贴等直接干预行为，只会打压以创新为竞争基础的效率。刺激创新的冲力、培养创新的技术、发展方向的取舍等大多数活动，此时应该交给民间部门负责。当一个经济体走向深化和多重方向时，政府不可能再掌握或控制既有和新发展产业的动向，而国际化程度高的企业越来越多，也减弱了政府的指引作用。此一时刻的政府应该做一些间接活动，诸如刺激或创造更多更高级的生产要素、改善国内需求质量、鼓励新商业出现、维持国内竞争热度等，这部分在第 12 章会有更完整的说明。另外企业则应自行扮演更积极创造生产要素的角色。

在19世纪前半叶，英国已经走到创新导向阶段。美国、德国和瑞典则是在21世纪先后进入这个阶段。70年代的日本和意大利也处于创新导向状态，不过对意大利而言，它的北部地区可能从12世纪初就已进入创新导向阶段了，只是当时的产业内容与今日是完全不同的。

阶段四：富裕导向

如果能持续国家发展动力、充分发展本国优势，那么应该可以顺利通过竞争优势发展过程的前三个阶段。国家的竞争优势会越来越激烈，有竞争力的企业与产业也会越来越多，跟不上步伐、生产力低下的产业环节，也将被淘汰。

社会价值挂帅 富裕导向阶段的情况与前三阶段正好相反，这个阶段是经济走入衰退的局面。主导这个时期的力量是前三个阶段积累下来的财富。但发生的问题是，处于富裕导向阶段的国家，既有的财富并不足以支撑经济本身的需要。形成这种困境的原因是，投资人、经理人和员工试图拒绝新的转变，持续投资和创新的行动也已不再，经济发展的步调被打乱。此一阶段的国家经济目标也与过去不同，重心放在社会价值上面，但是很多人却忽略了，社会价值其实是根植于经济持续进步的基础上的。

进入富裕导向阶段后，企业也开始丧失在国际上的竞争优势。会形成这种情况的原因包括：国内的竞争活动衰退、经营战略由积极转向保守、企业再投资的意愿降低、大企业左右政府保护政策使自己与竞争者隔离。[6] 另外，赤手空拳打天下的第一代企业家逐渐凋零，取代他们的是习惯在体制内活动的新生代经理人。企业、工会相继失去冒险精神，也缺乏竞争的热情，创新冲劲与敢向成规挑战的勇气也不复存在。员工因收入提高、视野开阔，而不再热衷于工作。劳资之间也为了维持自己既得的权利，关系日渐僵化；劳资的互不相让又成了改善生产力的根本障碍。

处于这个阶段，人们对其他领域的工作兴趣远大于产业界。实用主义的教育观念逐渐消失，社会和家庭对教育的疏忽，又造成教育水平的下降。社会对创造生产要素的投资比例大不如前，其他领域的投资反而抬头，而国家对有钱人课以重税的趋向，又压制了人们的投资意愿。总而言之，富裕导向阶段的最大讽刺是，产业投资表现不但不足，而且还在慢慢衰退中。

处于此一阶段的国家，过去成功积累的资金也使国内资本市场结构出现改变，投资人的目标从积累资本变成保留资金。经济体系创新速度减缓，又造成产业投资利益不如从前。资金因此流到土地等不动产上面。

经济活力开始下降 富裕导向阶段的另一个特征是企业并购。因为企业拥有的资金已超过内部需求，但又不愿意冒险投资成立新企业，自然将目标转移到并购其他企业上。并购同时也反映出企业不愿竞争只求稳定的态度。对企业而言，并购造成了一个不必成立新公司也能持续发展，或是在现有产业中扩大自己实力的假象，然而并购活动对产业创新的伤害大于帮助。图 10–5 解释了富裕导向阶段的情形。

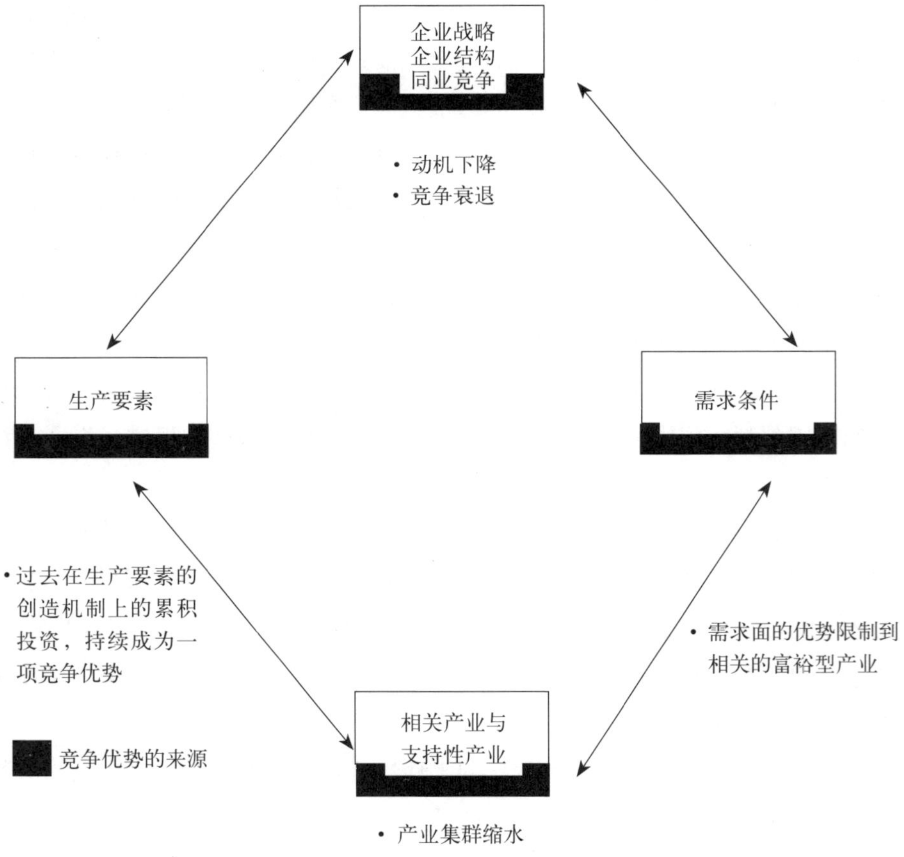

图 10–5 创新导向阶段的经济

由于客户忠诚度和市场占有率不会一夕之间消失，处在富裕导向阶段的国家的经济衰退情形开始时并不明显。然而当高生产力的产业和产业环节失去既有优势时，既有的产业集群将如滚雪球般被解构。这个解构过程是，不再创新的产业变成上游供应产业的负面客户，也不再是下游客户创新进步的媒介。这种情形一旦发生，一度撑开的经济将受到限制，基础产业和下游产业首先失去竞争优势，接着零配件、机械工业也丧失了竞争优势。在这一过程中，产业可能因为国内的特殊需求，或在实力强劲的特定相关产业支持下，迸出几波竞争力火花。而其他不断进步的外国企业则凭其新起的竞争优势，开始购买富裕导向阶段国家的企业，并将它们纳入自己的全球战略中。外商也在这个国家建立子公司，导致当地公司的国内市场占有率逐渐流失到外人手中。

当企业无法维持高层次竞争优势时，本国许多产业的规模也会缩小，重回价格竞争的战场上。工资增长缓慢和失业率升高，也使得企业降低改善生产力的意愿，进而放弃国外市场。当个人收入低于其他发达国家时，国内市场的需求质量和挑剔程度也开始下降。一个讽刺的现象是，处于此阶段的国家，能够维持竞争优势的产业，必然是人力素质和技能不逊于其他发达国家但薪资相对较低的部分。不过，由于经济停滞的压力越来越大，劳资间的关系越来越差，创新行动也越来越弱，易攻为守的企业，心情日渐沮丧，向政府求援的声浪也大量增加，结果对产业发展又造成更长远的伤害。

维持优势的四类产业　在创新导向阶段，国家的创新和竞争优势都处于巅峰状态，富裕导向阶段的情况则刚好相反。能在这个阶段仍保持竞争优势的企业，大致分为以下四类。第一类是本国仍维持高水准和高级需求的产业。这类产业是靠国家过去积累的财富而存在，像个人资产、高收入、奢侈需求。金融服务业、娱乐业、以便利为导向的产业等就是其中几个例子。第二类产业是该国长时间投资特定领域所形成的，这些领域包括基础科学、艺术、高级专业化教育、充沛且高水准的人力资源，或是如健康医疗、国防等社会开支的领域。这些有历史背景的财富，表现在产业上如生物科技、教育服务、太空科技、国防武器等。第三类产业是具有抢先进入优势的产业，它本身具有品牌忠诚特性（如香烟），或是长期不曾发生重大变化或技术不连贯现象。第四类产业则是该国保有初级生产要素优势的产业。这四类产业的共通点是富裕，富裕是这个阶段经济发展的推动力。

在富裕导向阶段，服务业所扮演的角色很复杂，由于许多服务业的竞争是属于本土化多国竞争性质，必须通过在当地设立分公司的方式进行。在国内生产总值中，服务业在国际竞争的消长并不如制造业大。因此，处于富裕导向阶段的国家，服务业占国家收入的比重往往继制造业之后快速崛起。由于财富会创造有利的本国需求条件，有些领域的服务业（或与其相关的制造业），甚至还会继续扩张。不过，由于发达国家的服务业本身就在发展中，要定出它与国内生产总值的比重并不容易。而且，服务业在国际上的成功不表示制造业开始衰退，比较正确的说法是，某些服务业的表现，会反映出国家所处的经济发展阶段。

两极化的表现 富裕导向阶段会导致经济衰退，因为处于这个阶段的产业竞争优势，并不足以支撑生产性就业、维系生活水平的需要。处在这个阶段的国家经常会有两极化的表现。首先，它是一个富裕国家，它的企业和人民在享受过去努力成果的同时，资金与财富毫不匮乏，这也是每个国家长期努力想要达到的目标。处在这个阶段的国家，可能对国内的产业投资不足，但在海外投资却出手大方。另外在对外投资活动上，本国企业也逐渐从延伸本国力量或技术输出（这是创新导向阶段最常见的活动），转变为纯粹的资本输出，本国企业可能运用资金买下外国具有竞争力的企业，但是经营管理上仍是完全交由对方负责。

富裕导向阶段的另一方面，则是一个暮气沉沉、委靡不振的国家。这个阶段的许多企业会有接二连三的问题，失业压力持续上升，生活水平也不断下降，社会福利费用大幅超过经济能提供的程度。对有钱人课以重税似乎成为解决国家财政问题的唯一可行办法，但这又伤害到大众的投资意愿。这段衰退过程可以拖延一段很长的时间，直到经济出现新的撞击为止。

英国的经济很早就进入富裕导向阶段。在 20 世纪 80 年代前后，又有好几个国家出现这个阶段的经济特色。有关这方面的情形，本章在后文中会有更完整的探讨。

提升竞争力的先决条件

国家的产业经历了生产要素导向、投资导向和创新导向三个阶段之后，还要看它是否具有推动产业往高层次竞争优势前进的动力。这股动力也就是产业的发展压力，它使企业奋力向前，进而促成系统化钻石体系的出现。

以下就是促使国家经济进步的几个重要条件：

- **生产要素创造机制**：生产要素的质量和数量会限制经济的竞争潜能。

由于经济发展的前三个阶段都需要高级而专业化的生产要素，一个功能正常、运作良好的生产要素创造机制，将为产业打下竞争优势的基础。

- **动机**：产业要由前一阶段迈入下一阶段，需要从员工到经理人的相互配合。他们必须愿意长时间工作以赚取更多工资、获取更大利润、成立新企业或扩大现有经营规模。这种工作动机的关键在于新的构想、认真工作的回报；企业的股东也是靠着这种信念而持续投资。

- **国内市场竞争**：经济创新和进步的力量，来自国内市场各类产业间的激烈竞争，竞争的心态会克服因为害怕失败而产生的惰性。本国企业的活跃竞争还会对其他关键要素形成正面的效应。

- **国内需求的增加**：需求的发展会促使产业朝专业化、高级化的方向发展。要求水平较高的客户，会让企业感受到改善的压力。当一个产业发展时，它就成为相关产业的挑剔型客户，进而带动其他产业的发展。牵动发展的因素还包括个人收入的提高、教育水平的提升，以及生活更加忙碌。当大众日渐重视社会福利，增加医疗保健、环境保护的投资时，也会刺激新产业的发生。

- **不利因素的转换**：环境中的不利因素如果能转换成提高生产力的动力，也会形成国家从低层次竞争优势向高层次发展的契机。不利因素的转换，主要靠适当的工作动机和激烈的国内市场竞争。

- **发展新企业的能力**：当经济要从一个阶段迈入下一个阶段时，会有新企业不断地出现。它们可能是新人新面孔，也可能是老字号分出来的新公司。新企业对经济的发展影响很大，从良性的产业竞争，到产业走向更新、更高水准的产业环节、推动其他支持性产业的发展，乃至于整个产业集群的发展等，无不与新企业的出现有密切的关系。

这些先决条件的重要，不仅表现在它们对产业竞争力的个别影响，还在于它们具有彼此强化、相互影响的效果。产业发展不能缺少高级和专业化的生产要素，但是高级和专业化生产要素的出现，又与改善国内需求条件、不利因素的转换，以及专业化的支持性产业有关。同样，产业发展必须依赖强烈的投资意愿和激烈的国内市场竞争。良性的国内市场竞争，支持性产业、相关产业的发展又涉及本国必须具备发展活跃的新企业，这些先决条件及其相互联系缺一不可。[7] 反过来说，当这些先决条件彼此联系不良时，国家经济的发展速度必然受到限制。

讨论国家的经济发展时，我们必须注意到每个国家的长处与能够持续的时间都不一样，这种特殊性与该国的环境有关。同样，对于制定政策的政府与拟定战略的企业而言，如果既定的政策或战略不能适应经济发展的步调，则将延误企业或国家的发展。

机会常推动国家经济的迅速前进。战争、币值大幅调整、零件价格改变、国内需求改变等，往往为有实力国家的经济发展开启方便之门。产业中断的危机也会让国内产业结构重组，并为企业或个人创造新的动机。对美国和德国而言，两次世界大战如同它们经济发展的原动力（参阅第 7 章）；日本财阀的瓦解，又使日本产业的能量彻底解冻。

当这些先决条件的力量减弱时，国家的经济也开始摇摆，甚至倒退、衰弱。这种情形与政府政策的抑制或阻止相关条件的发展（例如抑制工资上涨、课税过重，造成企业无法再投资）有关。

同样，当人们对未来不抱希望、没有投资意愿，或是特殊利益当道无法突破时，刺激产业进步的有关条件也会减弱。

除非国内的收入、财富已积累到一定程度，不然经济发展不一定会走向富裕导向阶段，也有可能是开倒车的。如果国内市场竞争不够激烈、生产要素创造活动落后、创业动机低落、需求质量降低，都将削减产业改善和创新的速度，丹麦就是最好的例子。当丹麦的高端产业和产业环节丧失竞争地位时，它的工资和生活水平就会下降。由于经济的惯性和政府的介入等因素，这个国家的经济倒退现象，是在好几年后才明显出现的。

创业动机降低和竞争趋缓，同样也会使国家经济由繁荣状态走入富裕导向阶段。这类情形不但直接伤害产业的竞争优势，并会误导个人或社会，将投资转移到与产业发展无关的领域。

国家经济的发展过程

每个国家的经济发展过程都不相同，各国产业的发展轨迹，可以追溯到它特有的钻石体系上。进一步分析之后，可以发现每个国家的历史与它的经济发展有密不可分的关系。这种关系可以从产业技术的创造基础、行为规范、社会价值观和决定需求形态的人们的品位与需要，乃至于所面临的挑战看出。

引发经济发展的产业大多是天然资源为主的产业。美国、瑞典等天然资源丰富的国家，蕴藏丰富的矿产、林产、农产等具有国际竞争力的天然资源产业，是它们迈出经济发展的第一步。由于经济发展的先决条件搭配良好，这些初级产业中不断出现的新企业又衍生出其他相关产业，并在垂直、水平等方向的发展下形成产业集群。日本、韩国、意大利和瑞士等资源不足的国家，它们的发展则是从最终消费品如纺织、成衣、房屋、家庭用品、可本土生产的农产品开始。这些产业先取得国际竞争的地位，再成为产业集群的中心点，并以扩散方式将竞争优势挹注到其他相关产业或国内市场需要的产业。

一般而言，经济通常是由产业集群的上层（上游产业）或底层（最终消费品和服务业）开始发展的。支持性、加工性或中间层次的产业，往往要在投资导向阶段晚期或创新导向阶段初期才开始茁壮成长。这个层次的产业要具备竞争优势，前提是本国企业必须要有强劲的人力和高水平的技术能力，日本和20世纪80年代崭露头角的韩国就是明显的例子。一般而言，先是发展国内市场，继而经营全球市场的各类型机械工业，是国家的经济走入创新导向阶段的指标产业，它的出现表示该国产业具有创新的能力。国家能在综合性商业与高级服务业中竞争，又意味着它的经济已经获得创新导向阶段的竞争优势，因为只有当产业成为挑剔型客户时，才有这类服务业的活动空间。至于分布类型很广的医疗保健、个人用品、娱乐、休闲用品等产业的竞争优势，同样象征着国家经济已进入专业技术与高所得消费的境界。

无限的可能

国家要跨过这些阶段的路子很多，也不必然一阶一阶地往前走（见图10–6）。[8] 国家经济的发展经常是先有一个跃升期，随后则是时间较长也较混沌的变革期。形成这种现象的原因是，产业集群内部与产业集群之间的钻石体系，需要时间进行互动并产生新的功能。当一个产业成功地脱颖而出时，它会带动其他产业的发展或促动新产业的发生。由于该产业的示范效应，引发出来的新规范、新价值，又加速了经济的增长。

国家经济也不必然是直线前进的过程。前面提到过，许多国家的经济就一直停留在生产要素导向阶段或投资导向阶段。发展中国家必须认清，除非它们将改善生产要素列为主要考虑，不然它们的经济发展将面临严峻的挑战。至于在战后发展快速的国家当中，日本很扎实地经历过前三个阶段。在国家经济发展的前三个阶段中，投资导向阶段虽然充满艰难和挑战，但是对一些国家而言，它具有加速增长的效果。不过，并不是所有国家都是按部就班地从生产要素导向阶段走到创新导向阶段，意大利就在没有经过投资导向阶段的情况下，直接从生产要素导向阶段跳到创新导向阶段。至于为什么意大利无法建立它的投资导向阶段模式，后面将作更深入的解释。不可忽略的是，意大利产业的悠久历史，人力资源、教育环境也都拥有很好的发展基础。

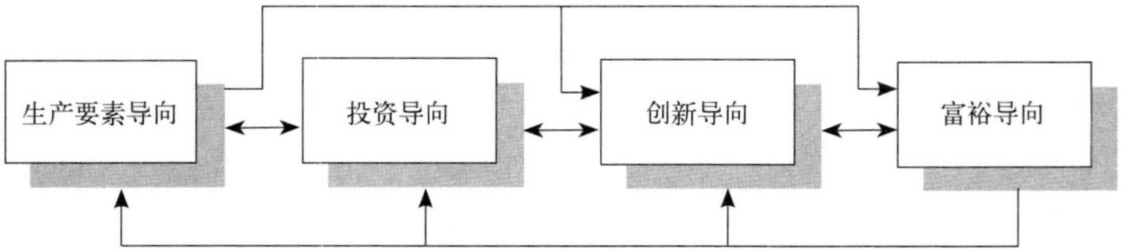

图 10–6　国家竞争力的发展过程

由于经济发展会提高国家生产力，当国家经济经过前三阶段的发展之后，繁荣的景象是可以预期的。有些天然资源丰富的国家，即使仍停留在生产要素导向阶段，人民仍然享有高收入，只是这种情形是否永远持续下去，是个疑问。科威特和沙特阿拉伯由于石油蕴藏丰富，几十年来都维持了较高的人均收入。加拿大的高生活水平也是与它惊人的天然资源有关；加拿大拥有国际地位的产业，几乎清一色是天然资源密集的产业。

不过，这些国家的经济也很容易受到伤害，只要资源耗尽、外国的新资源出现、因技术变迁而减少或淘汰对资源的需求，这些资源密集型产业国家马上会出现危机。另外，丰富的天然资源还会带来其他微妙的问题。处在这种环境中，人们不需努力提高钻石体系功能，照样获得很高的国民收入，如此一来，国家经济就无法超越现况。另外，能够形成产业集群发展主力的电子产品、精密工业仪器、零件等中游产业，往往因为工资无法与资源密集产业相比，同样面临无法发展的矛盾。当国家资源丰沛惊人时，它确实可以从生产要素导向阶段直接迈入富裕导向阶段。可是富裕导向阶段常见的缺少竞争、劳资关系对立、政府保护和维持现状等情形，正在引发新的问题。这也是目前加拿大和挪威所面临的危机。

国家如果停留在生产要素导向阶段，几乎注定无法持续提高生产力，或扩张具有国际竞争力的产业类型。21 世纪以来，几乎没有一个发达国家是以充沛的资源条件达到经济的持续繁荣，并在国际上知识密集的产业中参与竞争。唯一例外的是美国，但是美国历来信仰自由竞争，而且一波波的移民更带来强烈的创业动机。

国家一旦走入富裕导向阶段，经济迟早是要走下坡路的。问题是，由前三个阶段所积累下来的产业实力，以及抢先行动的优势、富裕导向阶段的腐蚀效果，往往要在几十年后才出现。事实上，由于处在富裕导向阶段的国家，对休闲用品和奢侈品的需求，可能还会激发出一些新产业。此外，在国家从创新导向阶段进入富裕导向阶段的转型期间，因为企业减少投资、坐享其成，员工和经理人的工资涨幅超过生产力的改善程度，但国民的生活水平和企业利润却是不降反升。

当国家经济陷入富裕导向阶段的泥潭后，它有可能重回生产要素导向阶段。理由很简单，当生产力较高的产业丧失竞争力后，工资和其他因素成本会大幅下降，使得国家必须靠成本因素竞争。以英国为例，饱受富裕导向阶段的摧残之后，今天的英国正是以相对较低的工资吸引外国企业前来投资。曾经在 12、13 世纪独步全球经济的意大利，它的产业表现则似乎一直在富裕导向、生产要素导向、创新导向等阶段循环。[9] 如果想要打破富裕导向阶段的经济下滑趋势，往往需要改变政策、跳脱惯性，或大幅改变社会价值。

十国竞争史

国家经济发展的四个阶段，可以为研究提供新的视野。尽管每个国家所处的竞争发展阶段、发展路线并不相同，但是通过经济发展阶段的架构，可以更清楚地看出本书所研究的 10 个国家未来将面对的重大课题，这也是第 13 章要详细讨论的重点。

图 10–7 显示出各国自战后以来竞争优势的演变，以及竞争力的发展阶段。该图一方面反映出各国经济形态的转变，同时也是前三章的总结。

狐假虎威的新加坡 前面对新加坡的叙述不多。新加坡虽然进步很快，但是经济规模仍处于生产要素导向阶段。它主要以工资低廉、教育水平高的人力资源，以及道路、港口、机场、电信等良好的基础设施，吸引外国的跨国企业来此发展，但是本国企业的发展有限，而且也不是政府产业政策考虑的重心。新加坡能够提高国内的生活水平，主要是它致力于提高人力资源和基础设施的水平，进而带动工作质量的表现。在这方面，其他同等级的国家无一能及。例子之一就是在美国的外籍留学生中，新加坡的平均比例最高。但是，新加坡毕竟还只是一个外商公司的生产据点，而非国际企业的发展基地；国外的跨国企业使得新加坡的经济发展快速，风险性也相对低于韩国。然而，除非新加坡能发展出属于自己的国际性企业，成为名副其实的跨国企业总部，不然它的经济发展必然受到限制。

韩国自立自强　韩国从 20 世纪 50 年代开始走上生产要素导向阶段，国家竞争优势主要表现在纺织、成衣等资源依赖性产业。韩国与新加坡、中国台湾等亚洲新兴工业国家和地区的不同之处在于，它在 20 世纪 80 年代进入投资导向阶段。韩国能有这样的成就，原因是它的政府和企业选择风险性较大的发展路线，它们努力发展本土性产业，减少对外商的依赖，并向国外大量贷款进行国内投资。这步险棋使得韩国产业发展的可能性大增，也争取到长期的经济繁荣。

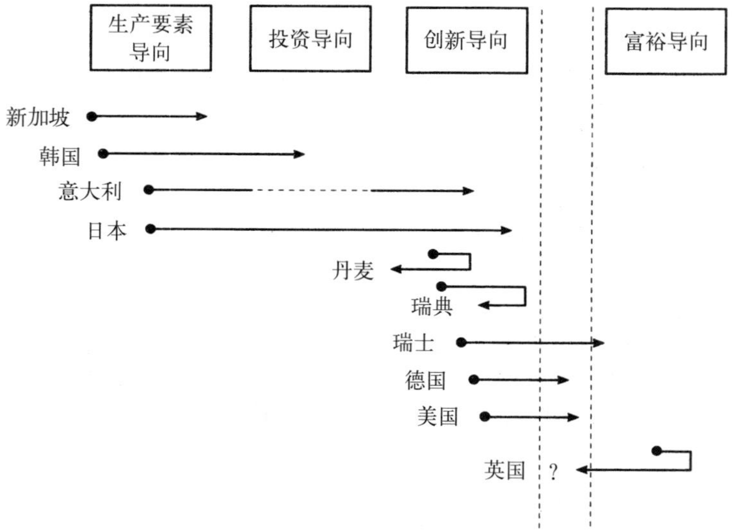

图 10–7　第二次世界大战后各国竞争力的发展情形

处于投资导向阶段的韩国，表现依然卓越。它不断引进外国技术，而且积极进行大量投资，保持机器设备的现代化，不怕风险勇于承担，以及国内竞争充满活力，这些使韩国一些准高级产业在国际竞争中，也有不逊于发达国家的表现。一般而言，韩国企业主打成本战略，竞争重心是对价格敏感的产业环节。它们的产品和工艺技术虽然很新，但是尚未达到高水准的程度。在国际市场竞争里支撑它们的优势是工资低廉、技术好、生产率高的劳动力，以及现代化、有效率的机器设备。在引导投资方向、限制外国投资、协助企业取得国外技术和保护国内市场等方面，韩国政府不但不遗余力而且作风强势；和新加坡政府相比，韩国同样致力于提高人力资源和基础设施的投资。新加坡与韩国政府的相异之处在于：韩国的政策主要针对本国企业的发展、较少迁就外商公司的需要，政府和企业也朝研究发展方面投资。

造成韩国未列入发达国家之林的因素很多，例如韩国产业在引进外国技术并加以内化方面的能力还不足。针对这一点，韩国企业事实上正在进行加强。它们除了努力发展技术、寻求自己的国际市场渠道、建立自己的产品品牌外，还有一批韩国大企业已展开全球化战略。不过，韩国人要把经济推入创新导向阶段，还缺少支持性与相关产业以及国内市场的需求。今天的韩国，支持性与相关产业虽然有发展的迹象，但是竞争主力还是放在下游成品上，它们的产品设计、零件、生产设备大多仍由国外进口。此外，韩国国内市场的专业程度和挑剔程度，也尚未形成企业改善与创新的压力。韩国产业的挑战是：如何维持发展状态，使经济顺利进入创新导向阶段。

步履蹒跚的丹麦　前面对丹麦的叙述不多。这个国家在 20 世纪 60 年代进入创新导向阶段，它的企业主要是集中在农业、食品、日用品、医疗保健等几个产业集群，并形成丹麦的竞争优势。不过，丹麦的经济发展功力还不及其他发达国家，人们的创业动机日趋模糊、产业竞争不够激烈，再加上政府的影响力越来越大等，都是这个国家经济发展的重大威胁。丹麦经济的另一个重要问题是，它在提高生产要素质量的速度上，落后其他发达国家甚多。如表 7–1 所显示，丹麦的整体生产力增长过于微弱，制造业的表现尤其差。如果照目前的情况继续发展下去，丹麦的经济将越来越依赖生产要素成本和外商公司的本地投资，后者又将成为丹麦经济发展的限制。

意大利的跳跃式发展　战后的意大利，经济发展是由生产要素导向阶段直接迈入创新导向阶段，产业发展程度也仅次于日本。意大利经济的崛起，主要源自两次世界大战对旧有经济的严重破坏，以及低廉劳动力所形成的竞争优势。然而更重要的是，战争并没有摧毁意大利国内市场高水准的需求品位、企业家精神，以及国内活跃的良性竞争。这些因素使得意大利不但能推进高水准产业环节的发展，还能挖掘产业集群的深度，形成零配件产业，同时也培养出健全的机械工业。[10]供应商、客户和机器设备制造商之间的相互支持，促使意大利经济快速发展。另外，意大利从1969年起，工资已开始显著增加，里拉在1978年止跌回升，这些都有协助意大利产业提升竞争优势的效果。在这些条件的配合下，意大利在20世纪80年代经济转型成功，成功地走入创新导向阶段。

意大利不像韩国或日本，经济发展过程出现明显的投资导向阶段。它能在短短数十年间由生产要素导向阶段跃入创新导向阶段，背后的支撑力量包括几个世纪以来的产业历史、充沛的技术人力、重视科学文化、挑剔的国内市场需求、国力富足，以及相对于亚洲地区国家更高的生活水平等。意大利的成功产业大多不以规模取胜，因此避开了大额投资的门槛。这些长处加上高昂的创业动机、不利因素的压力，以及激烈的竞争，结果就是该国产业的快速增长。

意大利政府曾在20世纪70年代，对钢铁、汽车、化工、能源等产业部门进行大量投资，试图将意大利经济带入投资导向阶段。然而因为国内缺乏有效率的竞争对手、国内需求、基础设施、技术发展等其他关键要素的配合，意大利政府的努力还是以失败收场。即使政府本身也是问题重重，由于政权频频更迭、容易对政治压力妥协，政府也未能在产业政策上站稳脚跟。幸运的是，意大利政府在干预产业以外仍有很好的作为，成为支持性产业进入创新导向阶段的一大动力。

意大利的经济，表现出不假外力即能自我发展的重要能力。意大利许多产业的竞争优势在于，它们能很快转入其他产业环节和差异化的领域，引进最先进的生产技术，使得时装、家具、食品及其他部门的产业集群更加进步，它的机械工业和特殊零件产业也有明显的改进。意大利的进步程度只有日本可以相比。整体而言，意大利产业仍然维持着良性的发展节奏，不过除非政府政策和企业战略能作调整，不然这样的经济发展仍有它的局限性。

瑞典前景不妙 瑞典的经济在21世纪初已全面转型成功，并且在第二次世界大战期间进入创新导向阶段。这个国家的经济过去相当依赖天然资源，战后却成功地转入运输设备、机械等其他高级产业，并建立起完整的产业集群，使得国民生活水平大幅提升。瑞典经济发展的动力主要来自于需求精致的国内市场、人力素质持续提升、产业集群之间具有互通能力。另外，由于新原料的出现，挑战了瑞典原先在天然资源上的优势，这种不利因素压力，也迫使瑞典产业积极提升技术水平，并向更精致的产业环节发展。医疗保健和其他社会福利方面的大量投资，又引导市场对新产品的需求。

过去几十年间，瑞典不但保持并加强传统产业的竞争优势，制造业生产力的改善也在持续进行。然而，存在的问题是，这个国家产业发展的速度正在减缓中。形成危机的原因很多，其中之一是瑞典货币的定期贬值。这项政策虽然强化了产业在价格竞争上的作用，但也造成生产要素导向产业的发展后遗症。此外，个人工作表现奖励不足、国内竞争趋缓、新企业不足等问题，也限制了瑞典的现有产业和新产业的发展。还有一个更严重的现象是——国有企业比重过高。和民营企业相比，瑞典的国有企业生产力明显偏低，但是却吸纳了大量的人力资源，这种情形也导致急需技术人力的瑞典企业必须到海外生产。今天的瑞典虽然还能维持既有产业集群的竞争优势，但是新兴产业的表现却交了白卷，整体生产力的增长也过于缓慢。这个国家标榜平等主义精神，免除了它陷入富裕导向阶段的泥沼，但也很难出现大踏步的进步。瑞典的经济并不差，但是要继续维持人民的生活水平，可能有些力不从心。

变革无人能及的日本　日本是战后经济最成功的例子。它从最基本的生产要素导向阶段开始，以低廉的劳动力从纺织等简单制造业展开竞争，加上人员素质和技术水平发展等的先决条件，很快推进到投资导向阶段。在投资导向阶段，具代表性的产业包括：钢铁、收音机、小型汽车、造船及轮胎等，它们积极引进外国技术，投下大笔资金发展现代化设备，再加上激烈的国内竞争与依然低廉的劳动力成本，自然建构出它们在国际市场上的竞争优势。然而，日本不同于韩国的地方在于，日本的产业发展通常是先满足国内需求再出口。国内市场条件给了日本企业抢先进入的优势，提高它们海外市场的渗透能力，也加速了经济发展的步子。

日本在20世纪70年代末进入创新导向阶段。这个国家的生产要素条件不断地发展，企业内部的多元化也使它们的力量迅速延伸到支持性、相关性和下游产业等部门。自1978年以来，日本最大净值的外销产业是机械产业和特殊零件产业。由于日本人有效转换不利因素的影响，能源成本、劳动力不足等问题反而成为自动化和创新的压力。这个国家的产业集群不断扩大，国内需求也成为全球最挑剔、最能接受新产业的市场。同时，国内继续保持激烈的竞争，使得创新活动不虞中断，资源密集、简单加工的产业则逐渐移出。

在当代产业竞争史中，我们很难找到与日本有相同表现的国家。1986 年日元升值，导致企业经营战略和政府产业政策改弦更张后，20 世纪 80 年代末的日本经济增长步调变得更快。在半导体、工业机器人、高级材料等新产业方面，日本企业已经成为全球性的领导者。这种领先优势又回过头来协助其他产业的发展。不过，日本如果想要继续维持领先地位，政府政策和企业战略必须更灵活地调整、修正。

居安忘危的瑞士　瑞士在第二次世界大战前就进入创新导向阶段。它虽然是个小国，却有和国土不成比例的产业规模，并且在精致化的产业中称雄。形成瑞士产业发展的主要力量来自人力素质的提升、深厚的技术基础、国内市场对高级产品的需求，以及高工资的压力。另外，该国的低利率和股东同心协力的态度，也是鼓励企业持续不断投资的重要因素。

但是，处于富裕导向阶段的瑞士，许多产业如仪器、机械等高级产业，正由国际市场退出，仍能维持竞争优势的则是和奢侈品或财富相关的产业。更令人担心的是这个国家的国内竞争处于衰退中，金融体制也限制了经济的活力。瑞士的问题是，几十年来的繁荣淹没了人民的事业动机和冒险精神，新企业的增加速度太慢，以至于无法刺激国内市场的竞争气氛，结果生产力无法有效提高。

日渐脱节的科技大国：德国　德国挟带着优越的科学与技术实力，在 19 世纪末就进入创新导向阶段。德国产业能够成功，关键在于它有独特的自我强化机制，优秀的机械工业带动了下游产业的发展。一个有竞争力的产业可以带动其他周边产业的表现，而且也显示出提高人力资源和技术资源的机制已经出现等。一个良性发展的钻石体系，使德国经历了两次战火后，仍能顺利恢复到创新导向阶段的经济优势。

不过，当前的德国正走向富裕导向阶段，它的市场流失率大大超出获得率，所流失的市场除了资源性、简单加工产业，还有像机械、仪器、运输设备乃至化工等高级产业。另外，金融市场的不断壮大、财务出身的接班管理人，连带改变了投资人和企业的发展目标。而势力逐渐增强的工会，也抑制了经济的发展活力，国内产业竞争日渐疲软，居高不下的失业率，使德国与全球的新产业发展脱了节。

美国的失落问题 同样，19 世纪末进入创新导向阶段的美国，经济优势大部分来自资源密集的产业。美国产业能在第二次世界大战到 20 世纪 60 年代期间，呈现出脱胎换骨的面貌，主要是良好的大环境形成的。这些环境因素包括：国家对提高生产要素的大量投资、引导市场需求、强烈的个人动机、对自由竞争的坚信不疑，以及居全球领导地位的电子、塑胶、机床、广告等重要支持产业，发挥了相辅相成的效果（见第 7 章）。

但是 20 世纪 60 年代以后，美国和瑞士、德国一样，开始遭遇到竞争优势衰落的问题。重要的产业或产业环节不得不弃守，增加的却是一些资源密集、原材料产品的产业。以美国的人口来看，它的出口产业比例偏低，这也反映出它正丧失创新导向阶段应有的表现。美国虽然还拥有许多具有竞争力的企业，新企业的增长情形也不错，但是带动经济发展的力量却正在消逝。

今日的美国，能表现竞争优势的大多是与休闲、大众消费、财富管理，或需要积累大量投资的大学（或研究机构）、国防计划，或天然资源产业。美国经济正迈入富裕导向阶段的迹象包括：产业竞争的叫停或消失、保护主义高涨、投资者和经理人不愿大量投资等。美国如果不能针对这些问题加以有效处理，并对已经落后其他国家甚多的人力资源素质问题进行改善，它的经济活力并不乐观。

陷入财富泥淖的英国 英国处于富裕导向阶段的时间最长，也是本书研究国家当中外销市场流失最严重、新收获最低的国家。由于经济发展的速度太慢，英国虽然有傲人的财富及一些持续繁荣的产业，但是国民生活水平几十年来却在持续下降。这也是典型的富裕导向阶段的经济写照。

造成英国经济走入富裕导向阶段的问题很多。最明显的是人民的工作动机低落、人员素质下降、创新速度缓慢。其他问题包括：形式大于实质的竞争方式、前殖民地国家对母国产品的要求不高、一流人才不愿意留在产业界、股东监督不够、管理层自以为是、外界对企业的改善压力不足，以及对技术和设备的投资不够。这些问题彼此影响后，又形成更严重的经济衰退。

英国的产业表现也是说明富裕导向阶段的经济面貌的最好例子。英国能够在国际上竞争成功的产业是休闲、娱乐、高价位消费品、财务管理等领域。进一步观察，它们包含了香烟、威士忌、拍卖会、电影、唱片、书籍、精品家具、高级服饰、财务管理、企业服务、高价位产品零售店。能够在工业上有表现的产业如制药、化工、工程顾问等，又根植于这个国家过去长期在基础设施、科学及高级专业人才的投资上。英国有许多跨国企业，并在消费品产业占有一定的优势，这与英国较早发展工业，具有抢先进入的优势有关。此外，长期处于富裕导向阶段，也造成英国技术人才和其他各种受过高等教育人员的薪资偏低，连带使这个国家成为印刷、咨询、广告等技术密集型产业和研究业的低价竞争地区。英国另一类出口产业是石油和天然气，这也是在天然资源承继下的典型表现。

撇开这些成绩不谈，英国在大多数的基础制造业和中间产业上，已看不到竞争优势；这些产业在国际市场土的溃不成军，也是英国出口大幅衰退的关键。即使像机械工业和大规模生产的高消费品领域，英国企业的身影也日渐模糊。

英国的情形说明了在富裕导向阶段，产业间会彼此相互影响，导致经济呈螺旋状下滑。处在这个阶段中，一个产业丧失竞争力时会波及其他产业，失业率会持续增加，政府收入的减少又造成教育、研发与基础设施的缩减。平均收入降低，一般社会大众对奢侈品的需求日渐减少，只有供应少数有钱人的奢侈品产业一枝独秀。

近年来的英国经济稍有起色，产业界努力改组、削减赘肉、致力于生产力的提升，但是成效如何，还是未定之数。英国经济的根本问题是，和其他国家相比，它的工人技术水平还在持续下降，国内市场对精致型产品的需求不定，产业竞争接近停滞。这种富裕导向阶段的经济一旦定型，无论要防止它继续恶化还是要走出恶性循环的困局，都需要几十年的长期抗战。

竞争：不是一条轻松之路

战后产业成功的国家有一些共同点，它们大多面临强大压力和困境，可以应用的资源也不多。在它们当中，德国、日本和意大利是第二次世界大战的战败国。不过，最重要的产业发展和经济发展，正是从这些当时劳动力严重短缺、工资涨幅最大、能源成本最高或资源条件最弱的国家出现的。这种现象说明，经济的增长是靠人力资源和快速进步的科技、经理人和投资者持续投资的动机和努力，以及充满活力的国内市场。

在本书的研究中，每一个国家都面临维持或改善经济繁荣的挑战。笼罩在这样的挑战下，企业必须时时修正经营战略，以在迎战外国竞争对手时，仍能保持并创造自己的竞争优势。政府的产业政策更要以发展更精致的产业环节为目标。无论地方政府、州政府到中央政府都责无旁贷。同样，政府的产业政策必须随时调整，以跟上本国产业的竞争状态。

本书接下来的两章将分别讨论企业战略和政府政策，最后一章则以竞争优势理论分析、检视各国政府与企业所面临的重大课题。

THE COMPETITIVE ADVANTAGE OF NATIONS

第四篇 应用篇

THE COMPETITIVE ADVANTAGE OF NATIONS

· 今日的世界需要的是大政治家、

大企业家，

而不是大管家；

经济要成功，

先决条件是“做”与“不做”的选择，

而这种选择权最后还是操控在每个国家和企业的手中。

11 企业战略

迈克尔 · 波特 在资源和竞争条件的允许下，企业必须尽快实行全球战略。国内资金成本过高、生产成本过高、货币升值等现象，并不足以成为企业走出国门的借口。正确的全球战略必须克服这些不利因素。

站在国际竞争最前沿的，是企业而不是国家。企业必须参与全球化的竞争，但是企业的全球化并不能取代国家的作用。前文提过，当企业在国际扬名时，国家在后方所扮演的角色可以看出两者间的关系。母国是企业在技术和策略上快速创新的动力来源，也是指引企业往适当方向发展的神经中枢。对企业而言，国家竞争优势不仅是发展竞争力的起点，也是终点。因此，国家必须维持自己的竞争优势，而企业的全球竞争战略必须根据母国环境的优势来加强。企业的表现不过是冰山一角罢了。[1]

国家的竞争环境虽然重要，但是有了它并不能保证企业的成功。即使同属一个国家，企业也有成功或失败的两种可能。以美国为例，美国是全球电脑产业的盟主，IBM、DEC、克雷等企业更是其中的天王巨星，即使如此，在巨星的光环后，仍有更多美国电脑公司在竞争中失败或消失。日本虽然在小型复印机上称雄，但是在长长一串复印机企业的名单中，真正具有国际知名度的也不过是佳能和理光而已。企业在具有竞争优势的国家里发展，可以节省不少力气，但并不保证它因此一定能成功。但企业若是在缺乏竞争优势的国家里，就不得不多留心运用竞争战略的技巧了。

尽管国家的表现关系到企业的竞争力，但是与企业竞争力有关的重要国家资源，却需要企业主动搜寻、应用，这些重要资源绝不像低成本生产要素那样唾手可得。在创造竞争优势的过程中，一个能在国际上成功的企业绝不是被动的旁观者。本书所举的例证显示，这些企业都是永无止境地在寻找新的优势，同时还要与竞争对手竞争，才能自我保护。企业所处的位置是国家环境中最有利的，同时也要努力使母国与企业所在地的环境更具竞争优势。最后，企业可以通过全球竞争战略，撷取其他国家的竞争优势来扩大自己国家的优势，降低本国不利条件的威胁。企业的竞争优势是有效整合国家环境和企业战略的结果。国家所具备的各种条件可能会协助企业形成国际竞争优势，不过先决条件是企业本身必须懂得善用这些机会。

从国际竞争观点来看，企业要创造并保持竞争优势的行动本身，面临相当大的挑战，而且也不是件轻松的事。企业获利的方法很多，像争取政府保护、杀鸡取卵式的经营、避免走上国际竞争舞台等；在意大利便有不少企业仍在政府干预、排除外来竞争者的情况下大赚其钱。不过，在国际化竞争的趋势下，这些意大利企业所依靠的条件可能就是它们的危机与弱点所在。因为加入欧盟后，意大利将被迫降低它的市场壁垒，对那些走政府路线而非依靠经济战略的企业而言，这是一项严重的威胁。

本章的前提是，企业必须以打败全球最强的竞争对手为目标，以创造和保持竞争优势为行动的中心。企业要获得真正的国际优势，也要有心理准备，可以随时牺牲安逸；若想保持自己的竞争优势，绝不能抱着只求存活或捞一把就跑的短线心态。下面所提到的一些原则可以同时适用于国际或国内市场上的竞争。

国际市场中的竞争优势

本书已研究过上百种产业与它们的发展历史，尽管成功的企业所采用的战略互有差异，但是归纳起来，这些能保持竞争优势的企业（或产业）都具有一些共同的行为特点。它们的战略即使不同，在特点和发展进程上也都很类似，并可与第 2 章所讨论的一些观念相互呼应。对于一国之内的竞争，这些企业从观念到态度都和竞争对手不同。以下提供的一些原则不但对国内竞争很重要，而且在国际竞争中更能彰显其意义。

竞争优势是由最根本的创新、改善和改变而来　企业能够胜过它的国际竞争对手，是因为能察觉新的竞争状况，或在传统的竞争方式中添加更新且更好的材料。索尼是第一家以晶体管生产收音机的企业；波音公司开创了民航的新理念，也是美国航空业中第一家发展全球基地的公司；山叶则把钢琴从传统的手工制造转变为自动化生产；山特维克公司和阿特拉斯·科普柯公司则推出“瑞典式”的采矿方法。这些企业可说是实至名归的全球盟主，每一个都具有这种洞察力和执行能力。

在战略上，“创新”一词应该作最广义的解释，它不仅指新技术，也指新方法或新态度。创新有时候看起来并不是什么大学问，它可以只是一个新的产品设计、一个新的流程、一套新的营销战略、新的组织或教育培训。凡是价值链中的活动，都可能有所创新。

创新可以使企业的竞争优势不仅能满足国内市场需求，也能应付国际市场需求。例如当一家公司注意到一个新的客户群或竞争者忽略的市场环节时，创新的动作就能使它创造出竞争优势。在国际竞争中，企业能取得竞争优势通常是因为它的外国竞争对手反应太慢或无法有效地回应。像日本企业之所以能够在许多产业中获得竞争优势，在于它们重视被外国竞争对手视为次级或低获利的小型、简单、低质量产品。经由创新产生的新方法或新技术，会使现有资产设备过时，当对手因考虑淘汰原先设备会带来的损失而顿失先机时，这些新方法或新技术也将成为领先企业的优势所在。

企业创新时，最先遇到的困难是如何选择正确的发展位置。为了创新，企业必须考虑母国的情况，发掘机会，掌握国家环境中的最佳条件以了解创新的可能性，并克服组织惰性以追求创新的实践。

竞争优势与整个价值体系密不可分　价值体系包含价值链中的企业主体、供应商、营销渠道、客户等各个角色，也包括产品从创造到使用的所有活动。竞争优势通常要靠企业察觉到一些新的状态与管理价值体系的方法途径。例如，企业重新定义它与供应商之间的关系、组织结构，修正营销渠道的战略，以及整合或重新组合它与客户之间的活动。

在意大利的成衣业中，贝纳通是一个很好的例子。贝纳通的产品来自一大批具有网络关系但各自独立经营的成衣厂，它利用最先进的电脑网络和经销商联系渠道经营成衣。这套价值体系协助贝纳通重新设计、重新组合各项活动以降低库存、保证快速送货，并配合最新流行趋势。它敢打破业界的传统，将外套先制造出来再印染，目的是为了要确实配合流行色彩以符合消费者的口味。同时，为了要确实控制库存和快速送货，它将经销商的市场细分开来，使每家店面的客户群都有不同的定位，即使连儿童服饰也不例外，经销店的订货也会被控制在目标客户群所需的式样范围内。

价值体系的重要在于它能形成产业集群，进而促成产业的竞争优势。一个国家要繁荣，必须拥有两项重要资产——世界级的供应商和客户。拥有了一流的供应商，将陆续带动国内产业，进而产生国际竞争优势。最强劲的竞争优势通常来自于产业集群，尤其是具有地理集中性的产业集群。

企业必须在国家现有产业集群中找出能产生优势的竞争方式。为了要延续优势，企业更需刺激供应商发展，引导客户对产品的品位，延伸触角到相关产业，以创造或延伸产业集群。

延续竞争优势需要不停地创新　对企业而言，无法仿效的竞争优势并不多。韩国能在彩电和录像机上崭露头角，就是以日本为师，大量生产标准化的产品。巴西企业因为从意大利引进优秀的设计与技术，所以能轻易地在休闲皮鞋市场上占有一席之地。

企业或产业如果只守不攻，迟早会被对手拉下宝座。当企业停止改善经营，或采取防御型的竞争战略时，固然可能因为当初抢先发展产生一些优势（例如良好的客户关系、规模经济、技术经验及忠诚的营销渠道）而维持一时的安逸，但是，更有活力的竞争者早晚会找出破解这些优势的方法，并且以更好或更便宜的方式出击。英美两国曾在机床产业拥有持续近一个世纪的优势，但是当外国竞争者利用了更新的电脑技术之后，短短10年间就把英美两国赶下宝座。傲视全球的德国照相机产业也有类似的遭遇，德国的昔日雄风不再，只因为日本企业积极开发单眼相机技术，并在相机内部加装了电子零件。而日本造船业停止改善经营之后，一度拥有的市场占有率很快就让模仿日本竞争战略但是工资更低廉的韩国拿走。

企业一旦站在优势的浪头，维持的方法只能是不断创新。它必须找出更好的做法，进而将整个公司大大小小的活动都纳入全面的战略思考并加以修正。例如，如果企业要走差异化的战略，就必须掌握趋势，使自己的产品与众不同，或者使自己的服务比传统做法更有效率（有关“差异化战略”请参见第2章）。不过，持续创新的本质是与大多数企业的组织规范相冲突的，因为企业通常不喜欢改变。那些已享受成功滋味的企业对改革的反弹更是强烈，传统做法成为作业流程和管理控制的机制之一。对企业而言，一旦塑造出专业化的形象与文化，人力资源的培训也会朝特定的行为模式发展，新人也会因为这种稳健经营的理念而被吸引。传统战略此时有如一种宗教，任何对它的质疑或创新观点都会被视为异端邪说，挑战它的新思潮更会被组织机制筛检或否定，个人对传统战略的挑战，更会遭到被孤立或放逐的命运。当一个组织趋于成熟时，它对稳定和安全感的要求也在增加。

要改变这种组织机制需要花很大的力气，而且这种力量很少是由组织内部产生的。企业很少主动求变，是环境冲突和压力迫使它改变，因此企业必须强迫自己暴露在外界的压力中，以刺激它回应压力的能力。求变的动力是需要创造的，但是它与企业如何定位自己在母国市场中的位置也有很大的关系。

创新，通常是由企业、产业、社会结构等“圈外人”担任媒介，随之而进行创新；对原本就身陷在组织内的“圈内人”来说，创新之路困难重重。因为“圈外人”通常能察觉组织所忽略的或不同于传统智慧的变化，既不执著于过去的经验，也不担心改变会颠覆产业或社会规范。一个企业和它的管理层如何能表现得像个由其他领域而来（或是由其他国家而来）的“圈外人”，则反映出这个国家产业的进步程度。

优势的延续需要不断发展　企业的竞争优势可以从产品开发到售后服务等价值链中的任一项活动中产生。然而每一种资源的优势持续力并不相同。如果优势是从最简单的生产成本因素而来，因为生产流程的专属技术有限，一成不变的设计理念容易被模仿，竞争优势的持续力也必然比较低。反过来说，企业的竞争优势如果来自高级生产要素，像经年累月发展的营销渠道、独特技术，苦心培养的品牌形象等，这类竞争优势的持久力比较高。韩国的电子企业尚未发展出竞争优势的持久性，因为它们的竞争力是建立在低廉的人工成本、日本的技术，以及日本、美国的零件组合上。美国大型电脑公司的情况正好相反，它的竞争优势来自于大量投资于研发、积累经验形成独特的软件开发技术、降低成本以抵消营销服务网络的花费，以及绝对忠诚的客户。

在企业的竞争优势中，初级的优势是静态的、被动的，很容易被复制。例如，由于生产成本因素几乎天天在变，在全球化竞争中，外国竞争者只要在国内设厂生产，模仿生产流程或采购相同设备，企业原本在生产成本上的优势就会迅速瓦解。生产成本等初级优势不仅难以持久，所适用的产业环节往往也是以价格为主的竞争，这是新进入者最容易锁定攻击的部分。以韩国建筑业为例，由于无法快速进步到技术导向的阶段，其在劳动力密集型市场上正遭遇了泰国和菲律宾等新崛起国家的夹击。

企业要具有持续的竞争优势，就需要拥有高级人力资源和内化的技术能力。这包括持续投资专业化技能、资产，和不断地进行变革。基于这些理由，当企业选择差异化战略时，就必须借重更高质量的产品、更先进的产品造型、更佳的服务、领导产品的流行创新趋势等。这些条件都比单是拼价格更有力，也更能延续。企业竞争如果只靠规模经济或高额资本，依然容易被对手模仿，一旦对手采购了最新的机器设备便会迎头赶上。

持续的竞争优势也需要企业比对手抢先行动，以扩大并提升在资源上的条件。企业的资源越丰富，对手要模仿的东西就越多，被模仿的概率也越小。

把优势放在初级条件上时，情况正好相反，处处都是被超越的危机。产业若是停止向更高级的竞争优势前进，就很容易被取代。意大利五金业者的竞争优势是在于中型五金用品和组合式五金产品领域，它们采取“关联生产”方式，通过大型协作网络在意大利进行生产，不过由于意大利企业的战略一成不变，外来挑战正逐渐增强。像德国的竞争者就创造出更有特色的产品，打着响亮的品牌，终于在五金产业中站稳脚跟。

企业要创造更持久的竞争优势，必须在初级条件仍有优势的情况下就主动寻求新的竞争优势。日本企业能够在许多产业中保持其竞争优势，是因为日本在人工成本相对较低的情况下就开始发展自动化，并在低价位、标准化产品还很成功时，便进入到差异化的产品领域。[2]

企业提升竞争优势必然会面临更尖锐的组织挑战，这一点前面曾提过。组织变革，尤其是排挤原有方法的变革，主要是因为生产成本提高、本国货币升值，以及其他令人头痛的不利因素。这些不利的生产要素会迫使组织改善生产率、发展产品及发展全球化战略，达到更持久的竞争地位。组织变革的结果可以从数十家德国和瑞士企业的表现中看出，它们开发高水准、差异化的产品，使用复杂的自动化生产流程，解除了人工成本过高的威胁。

企业领导人的责任之一，便是创造一个优势发展和扩大的环境，并使员工自然而然地期待这种环境。例如，公司对成本的态度应该是主动关心成本的升高压力，而不是被动期待政府政策挡住成本升高的趋势。不过在现实环境中，公司内部要主动产生这种求变的气氛并不容易。领导人必须让整个公司充满追求发展的气氛，并且要求员工都必须具备这样的态度。若公司本身处于竞争中，就比较容易感受到求变的压力，也比较容易回应提升竞争优势的要求。

持续优势需要一个全球视角的战略 企业如果不能把本国优势和它的国际化战略相结合，想在国际上维持长期竞争优势是很困难的。全球战略的作用是加强本国优势并消解其中的问题。德国化工业者发展海外加工和全球营销网络，为的是巩固它的领导地位。瑞士制药公司、瑞典卡车企业和日本消费型电子企业的情况也相同。

全球视角的战略包含一些重要因素，这些因素在第 2 章也已讨论过。首先，它绝对是以全球而非母国市场作为销售对象，但是，企业发展国际营销并非只为了增加业绩，还包括战略整合的需要。现代的企业竞争，绝对需要建立一个全球的品牌知名度与国际营销渠道。其次，全球化战略中的海外生产，重点在于利用当地的优势消除本身不利的生产要素，或是打开当地市场大门。最后，也是最重要的一点，全球战略必须能协调、整合全球性的活动，以达到规模经济、积累学习经验、发展品牌知名度、服务于外国客户等效果。除非经过这种整合，否则企业在海外生产或成立子公司并不等于全球化战略。企业拥有全球合作网络的优势会加强它在母国的竞争优势，并且使竞争优势更有持续力。例如，企业因为全球销售，将使它有更多的研发经费和应对挑剔型客户和供应商的经验，进而产生更丰实的竞争力。

在资源和竞争条件的允许下，企业必须尽快走向全球战略。国内资本成本过高、生产成本过高、货币升值等现象，并不足以成为企业走出国门的借口。正确的全球战略必须能克服这些不利因素。同样，全球竞争不意味着海外市场可以替代企业在母国持续改善和创新。本书后面会提到，企业过度依赖在其他国家的活动，将会危及它在母国的竞争优势。

竞争优势的环境

竞争优势虽然重要，但是很多企业并没有这种意识。而且创造和持续竞争优势的行动通常也是反常理而行的。大多数企业重视的是稳定而非变革，关心的往往是保护传统观念和既有技术，而非创新。

无论是哪一种企业，它所面临的长期都挑战是如何将自己放在能察觉及重视竞争优势的位置。由于依循传统模式行动的力量相当强大，所以这个挑战的难度很高。企业必须提高员工的素质和能力，改善公司信息和科技的实力以应对变革之需。最后，企业最大的挑战都是克服自满和惰性，随时迎接新机会和新环境的挑战。

这些挑战最后还是落在企业负责人的肩头。许多产业研究都发现，企业组织要达到卓越的成功，背后往往有一个重理想的领导者，本书在研究许多案例时也发现，领导者的理想特质会对企业和产业造成强大的影响。他们当中有些人赫赫有名，例如IBM的小沃森，开利空调的威利斯 · 开利，索尼的盛田昭夫，以及小林宏治、罗伯特 · 博世等。还有些人的知名度可能不如这些人，但是他们的表现仍然令人赞叹，例如改良印刷机的科尼希。

企业领导人应该如何做才能具有这种远见与理想，又如何才能将这些希望转换成组织执行的动力呢？伟大的领导人通常对他的工作环境非常敏感，创新的气氛能使他化理想为行动。环境不但会影响企业领导人的自我意识与行动的优先顺序，同时也是推动领导人克服惯性、推动组织变革的媒介。

伟大的领导人会出现在不同的国家和不同的产业，原因之一是该国的环境吸引他们并鼓励他们表现，例如，对消费型电子产品特别敏感的大企业家大多出现在日本，化工和制药业在德国和瑞士，电脑业则在美国。领导人是任何产业成功的故事里不可缺少的一部分。不过领导人本身并不等于这个产业的成就。在许多产业中，一些国家的环境会提供明显不同于其他国家的优势。领导力就决定于哪家企业或哪些企业能运用这些优势，发展自己的竞争力。

更广泛地说，企业的创新能力与它所处的环境、可掌握或可咨询的信息来源，乃至于它所选择的竞争对象都有关。企业如果寻找安逸的环境与好应付的客户，结果只会一再重复过去的行为模式。如果企业依赖乖乖型的供应商，则会减少刺激的来源、断绝协助并限制了自己的视野。如果它拼命游说政府反对严苛的产品规格，又会给组织内部带来关于规范和创意的错误信息。

创新是来自压力和挑战。更重要的是，企业必须找到正确的挑战，并勇敢迎上前去，而企业领导人应该创造一个能迎合各种条件的环境。这个任务要求企业领导人了解并应用国家的钻石体系，以及它在相关产业竞争中的优势。

创新的压力

企业应该主动寻找压力和挑战，而非一味回避。要完成这个任务，企业必须找出国家环境的优势，以创造新的竞争力。以下是达到这个效果的几种途径。

把产品卖到要求最多也最挑剔的客户与营销网络中。有些客户或营销渠道会刺激最快速的创新，他们见多识广而且期待供应商的最佳表现。他们会为供应商提出更高的标准，并提供最有价值的回馈。企业的服务对象可以不必全是高标准而挑剔的客户或营销渠道，没有他们也不见得会削弱公司的长期获利能力。不过，如果业者交手的对象中有这类客户，而且他们形成了企业在某些竞争观点上的挑战时，企业必然要将他们明显列在竞争战略中。

寻找会提出最高难度需求的客户。客户本身可能会因为特殊情况，而对产品提出如气候、维修能力、工作时间等方面的苛刻要求；或许客户本身正面对产业的不利因素，处在极大的压力状态；或是客户正面临很苛刻的竞争；或因为企业战略而需要有高标准的产品性能或服务；抑或客户愿意主动提供实验室以提升产品性能，强化产品造型和服务。这些类型的客户应该被标示出来，并加以积极培养，他们的需求都应该被列为企业研发的要求。

建立的规范务必要超越最严格的产品规定和标准。有些地区的客户会提出苛刻的产品标准、污染限制、噪音指标等规范。这些严格的规格标准不应该被视为产品开发的障碍，而应该被视为抢先提升产品和工艺流程的机会。那些根据旧规格或旧标准生产的产品可以机动性地卖到其他尚未制定高标准的市场。

向最进步、最国际化的供应商采购。供应商要能走入国际市场，才算是具有竞争优势和远见，这种国际型的供应商会对下游客户提出改善和发展的要求，并提供该如何进行改善的观念和协助。

把员工看成永久伙伴。当员工被看成是永久的伙伴而不只是被雇用的人工时，他们自然会面临发展和保持竞争优势的压力。选择新员工要谨慎，但是一旦雇用就需要持续提高他们的生产率，而不是一味增加新的人力。员工培训应该要能协助公司不断提升竞争优势，如果员工不胜任，就应该调整他们的工作，而非解雇了事。另一方面，企业应该不断刺激新产品开发和发展相关多元化的经营，有效配置资源，并满足能干员工的需求。

工会方面同样应该调整态度，尤其应该避免工会运动、过度奖励等会妨碍改善生产力的行动。

建立竞争标杆以自我激励。企业应该把竞争者中最具竞争优势的对象，设定为要迎头赶上甚至要超越的标杆。将这类的竞争者作为自己学习的对象，既可以避免组织沉溺在褊狭的观念中，也可以形成改革的焦点，而这一类的对象通常是产业中最强的企业。日本小松机械长期以卡特彼勒为竞争目标，以“击败卡特彼勒”为目标的想法，有效地激励了小松的员工改善产品的质量、提高生产率，以及拓宽营销渠道。

要超越标杆，企业不一定得模仿别人，模仿战略很少能使企业真正达到成功。与卡特彼勒相比，小松在很多方面的竞争战略都不一样。虽然企业以卓越的竞争者为师有其道理，但是一般而言，企业多喜好与不如自己的对手比较，因为这会使自己看起来很不错，但这只会助长企业的自满和惰性。

前面这些药方似乎都与传统认知背道而驰。对企业而言，最理想的状态应该是拥有一批温顺的客户、可堪依赖的供应商及静止不动的竞争者，好像这样才能在稳定的环境中成长。寻找宁静的生活是一种自然反应，因此企业常并购主要竞争对手或与对手结盟。毕竟，在封闭、静态的世界里，“垄断”是企业最轻松且获利最高的方式。

然而，在真实的世界里，竞争是动态的。好的管理者永远保持危机意识，他们尊敬并研究竞争对手，把迎向挑战的积极态度内化为组织文化的一部分。反之，缺乏竞争概念和追求稳定的公司，只是在滋生惰性和制造弱点。有些企业把竞争当成神话来膜拜，但只有将神话转为现实，企业才可能真正成功。

当竞争出现在国内市场时，强有力的客户和密集的竞争虽然可能导致企业的赢利能力降低，但是，能在这样的竞争环境中取得竞争优势，企业本身也会因此培养出超水平的能力。企业必须了解的是，逃避要求苛刻的客户是没有意义的。企业寻求压力和挑战的目的是为了创造能够保持竞争优势的条件，因为唯有短期的压力才能带来长期的持续力。

在全球竞争中，当企业追求长期赢利能力时，最有价值并且是必要条件的仍是本地客户的需求、强势供应商及激烈的国内市场竞争等关键要素。企业在这些力量的驱使下，会比国际对手更进步、发展更快，而且能够保持竞争优势、培养卓越的长期赢利能力。一个艰难的国内市场结构可以磨炼出企业在国际竞争中的优势；反之则会使企业在面对习惯打硬仗的对手时，漏洞百出。

当母国具备要求高的客户、苛刻的需求、强有力的竞争者时，这样的环境是企业胜过对手的优势。企业因此必须主动争取这些有利条件。如果企业缺少改革和创新的环境压力，母国也必须基于保持竞争优势的考虑，担负起创造环境中适时适度压力的责任。

察觉产业变化

创新以外，产业的另一个重要优势是预知市场需求、环境及潮流趋势变化的能力。日本企业比任何人都早注意到能源效率的重要；美国企业则往往能预见新的服务业需求，并带头开创这些产业。好的观察力和提前警告的信号会带来竞争优势，那些能预见机会或威胁的企业，无论在争取竞争优势还是在应变的能力上，都比对手要好。

有些企业能够提早察觉机会，找出新对策，因为它们正处于适当的国家和恰当的时间点上。虽然每一家企业都可以主动察觉变化信号、采取行动，但是要做到这一点，企业必须主动寻找正确的目标或环境，并努力克服会扭曲或限制信息流通的环境障碍。

标明并服务于未来潜力最大的客户和营销渠道。基于产业战略、所在地和市场细分的不同，有些客户的需求和问题就是比别人多。例如，医学院处理的是最复杂的病例，并率先实验最新的医疗器材和手术方法。同样，劳动力短缺问题严重的客户也会特别重视自动化设备，或节省劳动力的商业服务。

对寻求前瞻性的企业而言，这些要求多的客户应该被标示出来，努力维护彼此间的关系，并把他们列为优先服务的对象。企业的各部门主管和总经理更应该定期和这些客户接触。

调查最新冒出的客户群和营销渠道。新形态客户和营销渠道通常也是改变企业竞争地位的机会。例如，郊区市场最早在美国出现，它为许多产业带来了无限的新商机，进而普及到其他国家。“自己动手做”的组合产品就是一个例子。

标明领先的市场与地区。有些都市和地区的社会安全、环境质量等社会标准领先于其他地区，企业非但不该躲避它们，反而应该将它们主动标示出来，并修改企业内部的标准，以达到或超越当地需要的程度。当其他地区甚至其他国家向这些地区看齐并修改标准时，企业的国际优势也将随之来临。

探索成本因素的趋势走向。成本竞争中，企业通常增加某项因素或其他因素的投入成本，以使资源配置更有效率，进而发现未来超越竞争对手的机会。企业应该知道哪个市场或地区会首先反映这种趋势。

与各研究机构和最优秀的人才保持密切关系。企业必须找出所属产业与国家间关系最强、专业知识最丰富的场所，并标示出培训这个产业最佳人才的学校、研究机构和企业。企业必须认清的是，若想获得高级人才和先进的研究成果，绝对需要投入时间与金钱。另外一个引导新观念和新技能进入组织内部的好办法，是定期从一流学校或培训单位网罗人才。

研究竞争对手，特别是刚出头或一反传统行事的企业。企业有时候可以在竞争对手身上找到新观念。创新者通常是产业中规模较小但目标明确的竞争对手。这类企业的领导人往往有其他产业背景，而且不按常规行事。这些产业的“外来者”，加上极少数不愿意坐视机会而不行动、能意识到旧方式已是障碍并勇敢放弃的人，通常就是产业中突破困难的创新者。企业应该标明最有前瞻性或是能突破传统的竞争者（其中包含可能打入市场特定领域的外国竞争者），并加以深入调查研究。这么做的目的是向竞争者学习，并找出制胜之道。

把一些非本行的人拉入管理团队中。当管理团队中出现一两位来自其他企业、其他产业，或是旗下海外分公司的“外人”时，管理流程采纳新想法的速度会加快。大多数管理团队都能接受这种做法，而定期输入新观念，这也将使创新流程受惠。

企业在国家集群内的互动

企业可从母国的国际级客户、供应商和相关产业的企业当中，获得很重要的竞争优势。就企业而言，这些上中下游企业可以提供对未来市场和技术发展趋势的洞察力，也会创造适合改进与改革的环境，成为企业创新过程中的伙伴和盟友。如果企业处于一个强有力、信息畅通、互动频繁的产业集群内，它与外商贸易的可能性就会提高。如果企业处于小型地理集中的产业集群，环境的贡献更大。

客户、营销渠道和供应商：态度是影响企业从本国产业集群中获得实力增长的第一重障碍。企业至少必须确认国内客户及供应商是否为国际竞争中的盟友，而不只是业务的一部分而已。第 3、4 章曾提过，企业必须和所属产业集群的其他产业发展出一套互动模式，包括：

- 资深管理人员之间定期接触。
- 双方研究部门正式并且持续的互动与交流。
- 在新产品或新形态服务的测试上互惠合作。
- 合作开拓、服务于国际市场。

企业与客户、供应商和营销渠道必须同心协力，并协助上下游企业发展以延伸自身的竞争优势。如果这些贸易伙伴表现良好，将会增加企业自身创新的速度。当然，企业也必须认清，与本地客户或供应商之间若能维持开放的沟通，能够提前接触新的设备、服务形态和点子，对持续竞争优势有益无害。因为企业与本国产业集群间的传播，通常比它和外国企业更自由、更有时效性，也更有意义。

企业应该主动协助与鼓励客户和供应商国际化。除非客户与供应商已经国际化，否则企业本身要在很多方面持续竞争优势有其困难。只有当客户与供应商感受到全球竞争压力时，它们才肯积极地力求进步。如果企业只希望客户和供应商服从听命，甚至不愿向外发展，最后将会自食恶果。

有一派说法认为，如果客户和供应商都国际化之后，它们可能会泄露商业机密、投靠外国企业。持这种观念的人本身还停留在静态的竞争优势中思考。企业的竞争优势是在没有底线的改善和创新中成长的，如果为了保护公司机密而忧心，不如努力创造明日的秘密武器。

企业阻止本地供应商把最新的设备卖到国外，基本上是倒退而非进步的想法，更无益于追求新的竞争优势。这种做法只会导致大家集中心力保护旧利益，而非创造新利益，本末倒置的结果将造成现有的地位都不保。在英国的产业史中，这种现象曾出现多次，每次的结果都一样：外国的上游企业杀进英国市场并持续创新，该国的本土供应商则日渐萎缩。企业如果不敢向海外销售或生产，同样是一种退步落伍的想法。企业面对的客户应该具有开拓国际市场的能力，并能提出比较挑剔的要求。因为本国客户和供应商如果具有宏观的视野，它们对技术发展的建议也将从国际角度来考虑，而非从狭隘的地方观点出发。难缠的客户和供应商会促使企业改善和发展，这也是企业持续竞争优势的唯一做法。

美国企业正开始巩固它们在产业集群的上下游关系，然而日本和瑞典早已有所留意了。由于产业集群内部的互动会影响到价格与服务的谈判，企业和客户、营销渠道及供应商之间难免出现紧张关系。然而，在全球化产业中，谈判对竞争优势的效果是利多于弊的。上下游的互动绝对不能是单向依附的关系，而是双向的扶持。无论是对客户还是供应商而言，企业的合作对象都应该是多头而非单一的。第 8 章有关日本产业的例子显示出，企业和供应商密切合作，并不会降低本身的谈判力量。

相关产业：企业创造和保持竞争优势的潜在力量是各种与产业相关或可能相关的技术、营销渠道、客户，乃至客户使用产品的方式等。企业应该特别留意国内相关产业的情形，因为它们通常是创新的真正来源，也有可能成为企业的新客户、供应商或新的竞争者。

企业的高层管理人员应该与相关产业的领导企业维持最起码的定期接触。互动的目的是交换有关产业发展的观念，而且双方正式地共同研究计划，或其他基本的合作途径也会发展出新点子，这也是企业凭借相关产业引出竞争优势的参考做法。

慎选总部：企业应该在一国之中慎选地点从事各项活动与设立总部。企业所选择的地点应该聚集了挑剔的客户、重要的供应商、各式竞争对手，尤其要具备生产要素的创造机制（例如可提供专案研究的大学或是握有专门科技的实验室）。这些活动若能辅以地利之便，可以使该产业集群内的关系更密切也更顺畅。同时，国内的同业竞争也会更具价值、更具优势。

国际化的本国客户

企业要把国内的竞争优势延伸到全球市场，就必须找出并争取已经国际化的客户。这类客户虽然是本国企业，但它们已经在国际市场上活动，它们的员工经常在各国旅行或进出本地的外商分公司。企业争取这种客户可以带来双重好处。第一，它们能协助企业减少进入国外市场时的成本。第二，它们通常是挑剔型的客户，企业可因此开启视窗，了解国际市场的需求。

许多国家的产业都出现了这种客户提高企业的效应。我在第 9 章中曾提到，形成英国产业与后来美国产业的国际竞争优势有一个重要因素：这两国的企业都选择了具有国际需求的本国客户。国际化和跨国化的本国客户对任何产业而言，都是一个极重要的资源。

改善国家的竞争环境

国家环境具有保持企业竞争优势的功能，而企业也必须主动改善国内环境，提升国内的钻石体系。企业虽然可以从本国生产要素、本地供应商、需求条件中延伸和提高竞争优势，但是彼此间是利害共存的关系，企业有责任改造环境，以增加自己在国际上的成功条件。

企业若要扮演好钻石体系内每一环节的角色，就必须认清钻石体系的各个环节对竞争优势的贡献，并了解改善钻石体系的任何一部分都需耗时很久才能开花结果。更重要的是，如果企业把重要的产业活动移到海外，而不提升在国内的表现，纵使短期内可以获利，最终还是会削弱企业自身的竞争优势。

企业常存有一种错误的观念，认为培养高级人力资源、发展基础设施、推动科技发展等是别人的事；另一个企业常犯的错误是，如果竞争已是全球化了，那么母国的基础相对就不那么重要了。在本书所研究的国家中，英、美和瑞典等国家的企业都认为，强化母国基础是次要的。英、美两国的企业更是无视国内的钻石体系，而把资源大量投注到国外或花时间向政府游说。结果，公司运作看似良好，却缺乏人力资源、关键技术以及具有实力的本国供应商和客户，一旦面对外国竞争对手时，将倍感艰辛。

企业如何创造出生产要素

企业竞争优势的必要条件是，高级技术人员、专业的产业基础以及特定的科技专家等高级和专业性生产要素（有关高级和专业性生产要素的说明，请参见第 2 章）。企业能拥有多少这些必要条件，关系到竞争优势的表现。不过，一个国家的高级生产要素是被创造出来的，而不是与生俱来就有的。在创造这些高级和专业性生产要素时，政府的表现虽然举足轻重，但责任不全在政府身上。

在本书研究的各个国家和产业中，几乎所有具有竞争优势的产业领导企业，都已明确地影响或创造了生产要素，同时也支持政府相关部门进行推动工作。这些企业绝不会安于国内现况，反而是主动提升国家的竞争力。以意大利为例，它的毛纺业、瓷砖业、照明器具等产业组织成产业协会，大举投资改善市场信息、生产流程，以及产业的一般基础设施。瑞士和德国的企业则广泛参与职业培训制度；英国的成功产业如化工或制药业，也与大学和政府研究机构保持密切关系，甚至发展出其他英国产业少见的共同合作制度。

重视培训 企业必须为了创造出生产要素而投资——必须为了生产要素的创造机制，而在员工培训、研发和基础设施等方面投资。这种内部投资应该放在最专业化也是最重要的领域。竞争力强的企业，大多拥有完整且比对手更强的员工培训活动，它们在内部培训活动的投资平均值甚至高于产业研发。以日本的龙头企业为例，它们通常拥有自己的研究所，积极快速地建立专属研究室的基础研究能力。山叶因为日本国内缺乏高水平的乐器技师，于是就制订自己的教育计划，如今在声学培训方面，山叶已经有国际水平。这样的培训计划对山叶乃至于整个日本乐器产业都有帮助。在投资创造生产要素上，企业并不需要完全靠自己，即使是内部推动工作，也可以送员工到外面的研究机构接受培训，或进行研究合作。

企业在投资、创造各项生产要素时，最常遭遇到的争议就是它会产生“搭便车”效应。美国尤其流行这种说法。持这种观点的企业担心它的投资会因员工离职而外流，不仅为对手提供了模仿的机会，甚至也无法确保其技术成果的专属权。这种说法乍看有理，但却是静态竞争概念的余毒。在本书的研究案例中，那些竞争力最强的企业，很少相信这套说法。在那些因创新能力而表现卓越的公司中，受过培训的员工虽然还是会离职，但是流动率并不高。更何况，人事变动本身就是企业创造生产要素的功能之一。愿意在员工身上投资，提升他们创新和变革能力的企业，主要人员的流动率并不高。而且从供应商到客户的整个产业集群，都会因这些离职员工后来的表现而受惠。

企业要保持竞争优势，更重要的是在技术上维持规律、快速的进步，而非昙花一现式的技术突破。企业采取搭便车战略，只能一时捡别人的投资成果，最后还是会因为一直落于人后而失败。因为任何技术都会在产业中相互流通，而且最后被国外竞争对手模仿。不过，在国内创新并相互流通的技术，会刺激本国产业的发展和进步，并回馈原创企业。

企业如果没有为了创造出生产要素而投资，将是它在国际竞争中致命的错误。企业投资在生产要素上，虽然会使竞争者在一定程度内受益，不过创新本身又加速了以后的创新，这项价值永远大于短期机密外泄的损失。企业投资创造生产要素的反馈效果是中长期的，具体成果往往在积累数年努力后才能看见，三天打鱼两天晒网的做法是不会有效果的。

与美国相比，日本与德国的员工离职率较低，这是德、日企业重视人力资源投资的结果。当然，美国企业并非全都不重视生产要素的投资，像IBM、杜邦、惠普及其他在技术和人力资源上持续投资的企业，都是国际市场上的成功者。

善用国内资源　本书前面提到，企业若要培养经理层和员工具有创造生产要素的态度，就必须坚持终身雇佣制，并要努力开发员工的最大潜能。对劳资双方而言，“员工是企业伙伴”的观念是使投资技术发展的最佳诱因。

产业或产业集群创造生产条件的做法：企业除了要在内部努力创造生产要素外，也应该妥善应用国内资源，发展专业性生产要素。企业应用产业信息、职业培训学校、基础设施、研究等生产要素的途径很多，通过行业协会就是一种方式。意大利五金、鞋子、瓷砖和家具等产业中，行业协会在传播沟通、加强支持、调查生产工艺技术，以及仲裁贸易事务等方面，扮演着重要的角色。虽然在这些产业中，企业之间竞争激烈，但并不妨碍它们提升大环境条件的共识。在日本，行业协会就像大伞般包含了各种近似的产业，并加大有利于产业结构的生产要素的投资。美国的电子行业协会的一项重要工作，就是与大学或研究所联系。

不过，行业协会也很容易变成游说政府的利益团体，这种情形在美国尤其显著，同时也浪费了它们可能产生的最大效益。唯有美国企业的经理人能认清，环境中各种生产要素才是它们与外国对手竞争成功的关键，美国的行业协会所关心的焦点才会出现重大改变。[3]

企业也可以借助其他结构性的动力机制，投资创造产业集群的生产要素。不过，与主要对手合作研发是一个高风险的做法。撇开实际的管理问题不谈，这种做法可能会使合作者自身的创新动机降低，也封杀了尝试不同实验的可能性，而创新动机与勇于尝试都是保持竞争优势不可或缺的要件。下一章将谈到比较恰当的合作研发与其他的合作形式。

影响并参与政府或社会的生产要素创造机制：企业还可以经由主动参与政府、教育机构及地方政府的活动而影响创造生产要素的过程。企业除了追求利润外还有它的社会责任，那就是参与并影响教育体制、研究方向和公共服务的形态与特点。只要企业集体行动、用心努力，它们便具有改变公共服务部门和机构的影响力。[4]例如，在雀巢公司的赞助下成立的瑞士日内瓦国际管理学院已经是欧洲数一数二的商学院，雀巢公司也因此得到管理培训和高层管理人才的反馈。德国的化工企业与德国著名的大学都维持稳定的合作关系，借着支持研究机构，它们的化工领域研究也获得了反馈，有利于提高产业的发展速度。

乐于分享研发成果 要影响教育机构，企业有好几种方式可以进行。其中之一是设立奖学金或派员工进修。其他做法则包括：主动协助学术界了解产业需求，赞助研究所开设相关课程，为学校提供器材设备，提供讲座名额和奖学金，补助杰出师生。只要不违反专业伦理，企业可以和学校教授建立合作关系，使教授了解产业界的需要，并为学生提供正确的建议方向。

企业也可以从几方面改善与产业有关的研究计划。企业应该定期接触各个研究中心，了解它们的研究内容和相关活动，并赞助各校参观产业的研究环境，使学者和企业的研发部门能相互利用彼此的设备，或使学者参与企业支持的研究计划。

企业也可以赞助成立能推动产业重要技术的新大学或新系所。企业如果基于自身利益的考虑，可以通过特定的研究合约帮助杰出的研究人员，也可以为学校提供研究设备和捐助研究员名额。最后，企业可以主动建议学术界调整研究课题或优先顺序。企业应该了解的一点是，若想要对政府和教育机构等公共服务部门产生影响力，不仅需要财力资源，平时还得多花时间保持联系并付出真正的关怀。

德国和瑞士能持续提高生产要素，使得产业创新持续数十年的重要原因就在于，它们的产、管、学保持了高度的互动关系。以德国为例，重要的企业都会参加地方政府的职业教育计划，与当地大学系所保持密切关系，并支持独立研究机构的研究计划。在日本，高级生产要素通常是由企业内部产生，企业与学校、研究机构的接触并不明显，这也将是日本产业竞争上的弱点。美国的企业则把它与社区之间的互助与赞助看成是社区服务，或是企业天经地义的社会责任。

有些企业在创造产业和产业集群的生产要素时，常把“利益”定义得太狭窄。它们不肯参与大学的研究计划，是因为大学的研究成果是公开的，不能占有独特的优势；它们对成立职业学校的态度也不积极，原因是培训的人才可能为竞争者所用。这些想法都是错误的竞争观念所造成的。所有的生产要素都与企业有利害关系，它在这方面的努力纵然会使供应商、客户及竞争者受益，但受益最大的还是自己的竞争力。

集群的发展

当企业的母国拥有世界级的供应商、客户和相关产业时，它们对企业竞争优势的价值是无法估算的。企业也应该主动促成产业集群，可行的做法之一是协助本国客户提升国际竞争地位与国际化程度，甚至可以鼓励它们到海外投资并与它们并肩作战。能在国际上成功的本国客户，不但会对企业提出更高标准、更挑剔和更主动的需求，它本身的规模也会比较大。消费产品的企业更会因本国市场需求的精致化而获益。以山叶和铃木为首的日本乐器产业，就是因为成立音乐学院，扩大日本市场需求，进而走上国际舞台的。

当本国的重要供应商（包括服务业）还不够健全时，企业应该积极主动协助它们提高能力，并鼓励它们发展国际竞争力。企业打交道的对象虽然包含国内外的企业，但是就长期而言，健康的本国企业对企业保持竞争优势的帮助较大。世界级的本国供应商会加速企业的创新流程，提供更高水准、更有持久力的竞争优势；IBM就是因为认清这个道理而持续协助美国半导体企业的。企业同时也应该尽可能刺激本国相关产业，发展本土的新科技。

一些个案显示，基于竞争优势考虑，企业可能也需要进入上游或相关产业，以加速本身的发展。在第5章曾提过，19世纪时的K&B公司从印刷机产业走入造纸产业，目的就是为了确保纸张质量符合成长中的印刷机产业要求。NEC则是基于本行的通信产品需要，而涉足集成电路产业，目前已是集成电路产业的世界盟主。康宁公司是光学连接器和影像整流半导体的开创者，如今则是光纤电缆的盟主，这两项产品都是光纤系统的重要材料。不过，K&B、康宁等企业虽然挥军进入本国上游或相关产业，但一旦产业集群发展完成，就会退出那个领域。这显示它们当初介入是作为提升本地产业的媒介，以吸引更多的竞争者加入。

若是企业没有积极地协助本地客户和供应商，也没有促进它们国际化，主要有下面几个原因。第一是企业害怕客户或供应商改向国外采购，或将技术与服务项目卖给外国竞争者。第二个理由是为了保护技术的专利权。在意大利瓷砖业中，就有业者对本国设备制造商外销生产设备而感到不安，但是这种忧虑其实是多余的。第三个理由是它们担心若帮助客户或供应商发展，很可能导致短期获利不佳。不过，根据许多产业的经验，企业如果完全在海外采购，短时间内是有利润进账，但这种做法却会伤害长期的竞争优势。

对企业而言，国际化的本国供应商、客户和相关产业带来的最后一项利益是——它可以避免产业集群发展过于褊狭的危险。当产业集群内部大多数企业都有全球战略和海外活动时，这种风险就会大为降低。

企业努力建立和提升本地的产业集群，并不意味它从此不再注意外国客户或供应商，或是对外国采取歧视敌对的态度。毋庸讳言，外商的重要性是永远存在的，但纵使本国客户和供应商规模较小、能力较弱，各界还是要支持和关心它们才能让它们成长。

本国客户、供应商和相关产业组成了健全的产业集群，并不是一种经济上的民族主义，也不是鼓励排外。这么做的好处是加快改善创新的发展速度。不过，一味保护客户和供应商并非合适的做法，企业发展战略也应该整合它与外国客户和供应商的关系，关于这一点，下文将会有所讨论。

国内竞争不可或缺

企业会因本国竞争者实力强劲而获益。有些国家的某些产业表现特别突出，部分原因正是在于这些产业是处于激烈的本国市场竞争环境。那些能够保持国际市场竞争优势的企业，大多是在国内市场浴血奋战中脱颖而出的佼佼者。从钻石体系来看，本国市场竞争并不亚于创造生产要素、发展供应商体系，以及高水准、挑剔的市场需求等。

国内市场可以为产业发展提供强有力的竞争，但很多人却把它看成是一种负面效应，企业对过度竞争尤其反感，它们往往认为吞掉本国竞争对手，才是向国际市场发展的有利做法。这种观点在美国产业界特别流行，而欧洲联盟内部的贸易自由化趋势，也使这种论调在欧洲大行其道。持此观点的人认为，企业拥有优势的国内市场占有率之后，才能继续扩张经济规模。

企业会有这种错误的认知并不难理解，因为它并未全盘看到所有的竞争优势。在竞争优势中，最重要的部分并不是静态的效率，而是企业充沛的竞争活力。国内竞争者被并购后不可能心甘情愿地为新东家效命。因此，企业应该在国际市场上开疆辟土，而不是关起门来当老大。对那些在某产业中已升至领导地位的企业而言，并购外国公司可以加速全球化的步伐，强化国内市场优势或减轻国内的不利条件。日本企业就是最佳证明，日本企业不仅保持国内市场的竞争力，同时努力往海外市场发展，结果大家的饼都做大了，在国际上的竞争力也更强。对企业而言，在国内市场竞争所表现出的活力，能帮助它在国际市场上获得成功。企业要发展竞争优势，并购本国的竞争对手并不困难，但绝非正确的解决之道。

引导而非影响

企业的态度绝对会影响政府的政策，所以，它们也应该支持政府推动基础设施项目。不幸的是，企业有时候不清楚自己的长期利益所在，因此会把政府看成敌人，并抵制政府的政策。企业积极游说政府，往往是为了立竿见影的短期利益，像保护政策、要求政府采购、放宽产品规格标准、补贴资金和能源，或允许并购竞争者等，事实上，这些做法将会伤害到企业的长期竞争优势。下一章将说明，企业不择手段争取到的利益，往往未必真的对其发展有好处。

企业应该引导政府的政策朝产业的钻石体系方向发展，其中包括投资生产要素、协助企业进军国际。企业若支持一些会伤害真正竞争优势的政府政策，不但会降低产业在改进和创新上的冲力，还会养成对政府长期依赖的态度。

竞争力何去何从

当企业进行全球竞争时，国家就能发挥功效，修正企业选择的战场和行动方式。就印刷机产业的竞争而言，德国是一个绝佳的环境，但是换做需要大量广告的日用品产业，德国可说是非常没有国际地位。同样的情形，就家具和室内设计等产业，意大利是创新创意的源泉，不过对大型建筑工程的企业而言，意大利的环境实在糟透了！

即使在产业内部，国家环境的影响力依旧存在，它通常会使某类竞争战略或某个产业环节较容易发展。像日本的居住环境空间狭小，因此组合式、轻薄便利的用品特别受欢迎，即使零件的发展也强调方便（例如微波技术），这种环境就不适合大型电冰箱类的产业生存。日本环境除了倾向产品轻薄化外，还有利于快速推出新造型、高质量等差异化产品。相比之下，韩国的国内市场需求变化不大，也尚未打入主流市场，因此该国环境对企业发展标准化低成本的产品战略有利。不过受到韩国国内需求条件的影响，企业无可避免地将走上轻薄小巧产品的竞争之路。

国家的钻石体系是形成这些差异的源头，它会引导企业选择适当的产品和战略进行竞争。当企业与外国对手竞争时，它的优、缺点更离不开所属的国家环境。

分析国际竞争对手

企业要迎战外国竞争者，必须先了解对手所处的国家环境。竞争对手的优缺点都和国家环境有关，国家环境甚至会影响竞争对手未来的战略方向。[5]在国际产业中，“国家的钻石体系”是分析竞争对手时不可缺少的工具。

第 7 章到第 9 章提供了一些国家的资料，详尽描述了它们的优势形态。这些材料可以作为研究相关产业或特定企业的基本材料。分析国际竞争者时，必须特别注意以下几个部分。

目标 企业的目标会随所属国家不同而有所差异。形成这种差异的因素包括资本市场条件、公司经营管理权、经理人的背景、本国市场竞争情形、企业对产业和本土的忠诚度等。许多韩国企业把成长和市场占有率摆在第一位；德国公司则通常在技术架构上设定目标，对产品差异化的获利率兴趣较高，对它们而言，市场占有率并不那么重要；日本企业的大股东强调平衡和耐心，它们对自身最强势产品的市场占有率绝不松手。对企业而言，每个竞争者都会有自己独特的战略，但在战略中，国家的影响力处处可见。

竞争的优势和劣势 企业要评估外国对手时，钻石体系是分析竞争优劣的重要骨干，以下就是几个简单的例子。

生产要素：不同国家的竞争对手，在生产成本和为了创造出生产要素而做的投资比重上常有不同，对瑞典的汽车企业而言，其国内环境中最有利的部分是稳定的工资体系，因为它使汽车工人的薪水和本国其他产业工人的收入差不多，但是相对于其他国家的汽车产业却低了许多。

需求条件：企业要打入国外市场的最大困扰是，新市场的结构不同于母国，而且客户挑剔、要求的程度也不同。因此，要了解一家企业在国外市场可能的经营细分与方向，甚至主打产品种类，都必须回头看看它在母国市场的主要利益。

相关产业与支持性产业：企业在国外竞争时，其后勤作业的集中绝对无法与它在母国相比，原因就在于企业在两国所能获得的上游和相关产业的支持，乃至于彼此间的沟通与互动质量都不一样。意大利的皮鞋企业和皮件企业能领先全球推出软皮产品，原因是意大利国内先拥有了领先世界的皮革产业。

企业战略、企业结构、同业竞争：外国竞争者的战略必然受母国环境的影响。以意大利的包装机械产业为例，它们的竞争态势与意大利的环境息息相关。

这个产业的企业规模虽小，但是领导人多半是极权式强力管理风格。企业与重要客户往来密切，使它们能格外灵活地捕捉市场趋势，并提供符合客户特定环境需求的机械设备。

预测可能行为 要研究可能的外国竞争者行为模式，国家特色是重要的线索。竞争对手未来可能的动作，基本上与它所属国家中每个关键要素的消长有关。表 11–1 列出了一系列必须检视的问题项目。

表 11–1 预测外国对手将采用的做法

企业战略、企业结构、同业竞争 • 企业目标将如何影响其战略、时间进程和目标市场环节？ • 国内竞争的本质将如何迫使企业变革？	
生产要素 • 国内产业相关研究的方向以及新员工所受的培训情况怎么样？ • 生产要素不足所形成的压力，将如何导致企业修正其战略？	**需求条件** • 哪一个市场环节会因为其国内市场的重要性而受到重视？ • 国内买主需要何种趋势才能影响竞争者对新产品走向的认知？
相关产业与支持性产业 • 本地供应商产业在发展时应如何引导技术的发展方向？ • 来自相关产业的新进者将如何重新定义国内竞争的本质或迫使企业变革？	

选择产业和战略

对企业而言，母国并不能保证所有产业都能有同样的成功机会。日本企业在文字处理设备、尖端材料和传真机等产业大有收获，但是在食品、饮料、太空或家具等方面则毫无成就。瑞士企业在气温控制和食品加工方面的成功，胜过电影或电脑产业。美国企业则比较擅长由学术界研发先进技术，或经由创业投资者筹措资金来源，但是面对机床或钢铁等发展成熟并需要持续大量投资或利润起伏很大的产业则束手无策。

这种现象也出现在企业所采取的战略上。在国际竞争中，美国的企业在强调标准化的产品（如成衣或鞋子等）方面纷纷败阵。但是在设计顶尖的时装如罗夫罗兰,或某些特定的产业环节，如运动鞋中的耐克、纽巴伦,牛仔裤中的李维斯、Farah 及轻便帆船鞋中的天木兰、Topsiders、Bass 等品牌上表现出了超强的竞争力。德国光学企业在讲求量产的市场中并不讨好，但是在精密光学产品的环节上却独占鳌头。

母国同样会影响企业是否能在某个产业有突破或创新的战略。“机会”因素会推动企业的行动与创新，不过这一切还是来自于企业所处环境的影响。无论企业如何努力创新，这股力量的源头离不开所处国家与地区的钻石体系。丹麦产业的重要创新，集中在食品工艺流程的酵素、天然维生素、食品工艺流程相关量测器材，以及从动物内脏中提取的药材（如胰岛素、肝精等）。这些表现与丹麦具有完整的食品和饮料产业集群，以及丹麦是该类产品的重要出口国有关。企业或产业在创新或创造新产业时，国家的钻石体系会提供最佳的发展环境。

即使在企业的全球化表现中，它的优劣势仍受母国环境影响。在韩国的汽车和成衣业，企业因为拥有服从性高、认真但工资相对低廉的劳动力而具有竞争优势，不过这也使该国业者面临国内市场的需求品位低、上游产业能力不足、许多零件和设备必须依赖进口的痛苦。美国医疗器材企业的压力，在于相对较高的工资与强调短期获利态度，不过它们也拥有世界最先进也最挑剔的客户、人力资源和医学方面快速而专业化的发展等优势，而在美国受训的外国医生，也会主动引进美国器材。

对企业而言，国家环境是它选择产业和战略时最重要的考虑部分。对于原料加工或初级生产要素导向的产业，国家最重要的贡献是提供低廉的原料或生产成本；流行取向的产业则需要先进、不恋旧的客户；而高度依赖科学研究、人力资源和技术质量的产业，它的成败就取决于国家环境能不能提供最挑剔的客户和精密的供应商体系。

打入国外市场

当企业采取成本导向的战略时，它对生产要素、市场大小，以及对高产能工厂投资等因素特别敏感；若是企业选择了差异化的战略，就会比较依赖专业的人力资源、当地高端客户，以及当地世界一流的供应商；至于当企业选择焦点型战略时，就必须根据所锁定的产业环节产品，尽力符合其特殊需求、生产要素、上游能力等竞争条件（有关“差异化战略”、“焦点型战略”请参见第 2 章）。

当竞争全球化时，至少当美国与加拿大互撤贸易藩篱、欧洲贸易开始自由化、国内市场的人为误导已在逐渐减少时，企业也必须增加它在产业或产业环节中的真正竞争实力。企业要做到这一点，就必须依照国家钻石体系的指引。

如果企业能战略性地选择本国最具竞争优势的产业来竞争，成功的可能性也将大为提升。表 11–2 就是一系列企业自我检查其他的投资与国家环境关系的问题。企业应该以前瞻的视角回答这些问题，也就是抛开传统的成功条件，改从当今真正的竞争状态思考。

表 11–2　企业选择国家发展基地时的考虑要点

<table>
<tr><td colspan="2">企业战略、企业结构、同业竞争
• 该国经营管理的风格和一般的组织结构形式是否符合产业需要？
• 什么类型的战略可以成为全国普遍的组织规范？
• 这个产业能否吸引该国的杰出人才？
• 投资者的目标是否符合这个产业的竞争需要？
• 该国国内市场是否有旗鼓相当的竞争对手？</td></tr>
<tr><td>生产要素
• 该国是否有特别先进或适宜的生产要素？是在哪个产业环节？需用何种战略应对？
• 该国在这项产业中是否有卓越的生产要素创造机制（例如专业的大学研究计划、杰出的教育机构）？
• 该国不利的生产要素能否转化，以作为其他国家发展的领先指标？</td><td>需求条件
• 该国某项产业的客户是否是最挑剔或苛求的？他们的注意力集中在哪个环节？
• 该国是否对这项产业有超乎寻常的需求，此需求十分重要但却可能为其他市场所忽略？
• 该国客户的需求能否在其他国家出现？
• 该国的销售渠道是否完善？能否应对未来国际趋势？</td></tr>
<tr><td colspan="2">相关产业与支持性产业
• 该国是否有世界级的供应商产业？针对的是哪些产业环节？
• 该国重要的相关产业是否具有强势地位？</td></tr>
</table>

瑞士的药糖企业利口乐公司就是一个善用国家优势、选对有利产业环节而成功的例子。利口乐的成功是因为它把产品焦点放在润喉片、润喉糖或止咳润喉用的滴剂上。在瑞士，药材研究的历史悠久，这个国家也以保健品出名，所以，润喉糖本就有很大市场。利口乐应用生产效率和全球营销等手法，积极而顺利地发展了单一产品的经济规模。同时，它也应用瑞士在相关产业上的突出表现，例如，托杰巧克力公司的全球营销网，而走进国外市场。另外，它的国际营销战略更强调瑞士产品的良好形象。利口乐能有今天的成功，完全是因为选择的产品正是瑞士能提供国家优势的产品，如果换成其他产品，结果可能不

会这么圆满。

前述的战略也是打人国外市场的最佳战略。企业要出击，应该选择国外在相关条件优势上不如本国的产品或产业环节。若是企业有意走入国际市场，但不能知己知彼，通常是不堪一击的。

相关多元化方为上策

企业在采取多元化战略时，绝对需要考虑国家环境。许多在国际上领先的企业，虽然频频进行多元化经营，但并非任意行动，它们会避开不相干的领域，也绝不放弃自身最强的核心产业，原因是这些核心产业正是它们能独领风骚的关键。日立、西门子、波音、K&B、富士通的发那科、诺和工业、斯凯孚等都是国际级的竞争者，它们为了维持核心产业优势不遗余力。

这些在国际市场中的领导企业，能在多元化过程中改取攻势，主要是因为它们重视内部多元化，而非外在并购。例如山特维克公司是从特殊钢发展到攀岩机；瑞士药厂则是染料业多元化的成果；佳能公司从照相机起家，一路发展计算器、复印机到传真机等，都是现成的例子。企业因并购而成功的例子不是没有，但是它们的规模通常不大，通常是介入新产业的起步，或是提高产业内部的进入门槛。在医疗检查仪器产业中，惠普并购桑伯恩公司是为了找一个踏脚石，将惠普的市场、技术和熟练的国际营销能力带入这个新市场。如果企业并购的范围太广，将是竞争优势逐渐消逝的警讯。类似大手笔的并购动作如果持续进行，必会有危机出现。[6]

要理解多元化经营与竞争优势的兴衰关系并不难，竞争优势的核心是改善与创新，这一部分有待企业对产业的专注、忠诚和持续的投资。如果企业在产业集群内进行多元化，或是通过多元化延伸这个产业的集群，将有助于增强技术与资源，并产生新的竞争刺激。同样，企业内部多元化是技术和资源的转换应用，如果并购的是不同背景和经营方式的企业，就不可能有这种效果。内部多元化会加速创造生产要素，使成功提早出现，当多元化的触角延伸到相关产业时，因为它会自动增加本行的竞争力，所以同样有提高企业整体形象的效果。

企业与多元化的对象如果毫无关联，尤其是通过并购手段进行的多元化，将对创新毫无帮助。纵使管理层从一开始就努力整合，缺乏关联的多元化通常也只会损耗核心产业的目标、忠诚度与持续投资。当企业买下毫无关联的另一家公司时，除了短期内要面对并购所投下的财务压力之外，管理人员也得适应新领域，这都会减缓创新和变革的步调。在本书所研究的一些美国产业中，竞争者大肆并购不相干的企业，反而降低了投资和创新的速度。这种情形在皮下注射器、医疗检测仪器、探油器材、机床等产业中屡见不鲜。

英、美两国的企业，最常见到这种在非相关领域多元化经营的情况。这似乎也是导致这两国竞争力衰退的原因之一。在欧洲大陆和日本，许多国际级的企业依然坚持不走多元化经营路线，要不然就仅选择相关产业进行内部创业。令人担心的是，英、美的多元化风潮似乎在欧洲有再起的趋势。

韩国企业则是一方面发展投资导向的竞争优势，一方面则发展非相关的产业多元化经营。如果韩国继续停留在资本缺乏、技术落后和管理人员不足的情况下（参见第 8 章），它的财团将资金和管理人员灵活应用到新领域，仍会有一定的效果，但这种多元化模式却正在伤害韩国未来的进步。在自我膨胀下，韩国财团涉足太多非相关领域的多元化经营，然而它们想从这些不同领域获得竞争优势的希望却很渺茫。这一点将在第 13 章介绍国家发展课题时详细讨论。

多元化经营的应用战略可以归纳为如下几点：[7]

- 企业想要多元化的新产业，必须具备国家钻石体系的基础，或者至少也要有条件创造类似的基础。多元化的计划必须以本国环境最吸引人的条件做筛选标准。
- 当企业从本身竞争领域进行多元化延伸时，这种多元化最容易成功。
- 企业如果由内部分出新的子公司或是进行小规模的并购案，要比并购大公司更容易创造或持续竞争优势。
- 企业锁定的产业如果缺乏普通客户、营销渠道、供应商或主要技术，就贸然进入，则多元化战略非但无法成功，甚至会影响核心产业的竞争优势。

在国际上借力使力

在现代化竞争中，企业不可能完全依赖本国环境来持续它的竞争优势。企业的全球战略借重在其他国家的活动，以提高本国的优势效果或抵消本国的弱点。

从理论上来看，跨国企业可以借由发展海外子公司，撷取各国的优势条件，不过，事实并非如此，因为企业要获得一个国家的竞争力，必须融入该国钻石体系内部，成为其中一员。但是企业的海外子公司要达到这一点并不容易，除非将该国当成自己的母国。企业必须成为当地文化的一部分，感受当地的竞争压力，而且完全融入这个国家的产业集群中。[8]然而，海外子公司要想成为当地产业的一分子，不但困难重重，更麻烦的是，一旦这么做，又会严重影响母国总公司的战略和研发部门的发展方向。[9]

事实上，跨国企业的海外分公司本土化越成功、越能入乡随俗，母公司要遥控这些子公司的难度就越高，所以那些海外子公司会被母国视为已是他国的“俘虏”，而失去母国总部的信赖。也就是说，在母公司全球战略主导下运作的海外子公司，通常缺乏完整的制造和研发配备，因此很少能真正打入当地的产业集群。

无论是哪一种企业，它在不同产业或产业环节中，顶多只能有一个真正的国家总部。如果它希望多头进行，往往会伤害战略的中心权威，使技术发展支离破碎，并因关键技术的多头合作而难以达成共识，更重要的是，它将牺牲原本在国家钻石体系下可以产生的整合效果。

全球化企业的目标不是模仿其他国家的优势，否则在选择母国总部地点时会举棋不定。一个全球化企业应该把目标放在选择并撷取各国钻石体系中的优势部分，并进行加强工作。

企业的全球战略更不该只是为了替代母国的弱点。长期而言，企业要保持竞争优势，需要母国撑起大部分的创新活动。因此，企业以创新弥补母国缺点会比借助外力有效而长久，而发展本地供应商体系和客户，也比完全依赖国外客户，更有助于改善和创新。企业全球战略的目标应该永远放在提高本国能力上，海外发展活动只是为了增强和调节整体竞争优势而已。[10]全球战略虽然能够消弭或减少母国的弱点，但是如果本国环境不健全，企业很难创造出真正的竞争优势。例如，有些瑞典和瑞士的企业为了全球化、开拓国际市场，于是逐渐不再对母国环境进行投资，依此做法还想维持创新者的地位，是非常危险的。

服务挑剔的客户与市场

企业要在全球产业中维持竞争优势，就必须向所有的重要市场销售，更重要的是它必须拥有精致与要求高的客户。没有哪一个市场能将所有进步与挑剔的客户集聚一堂，因此，那些以挑剔型客户而知名的国家，将有助于企业了解最新、最重要的市场需求并产生压力，刺激它在产品和服务上的快速进步。一个国家若拥有挑剔型客户，它的企业通常也是这一行中的国际领先企业，外国企业要想打入那个市场，将会是极大的挑战。

贝纳通是意大利成衣业的龙头，它正是遵循前述的原则发展成国际级企业的，该公司的总裁露西阿诺 · 贝纳通指出：

> 从1969年起，我们就认为这家公司的业务应该走出意大利。当年，我们在巴黎开了第一家店，这也是贝纳通发展中最大的挑战。要打入法国市场并不容易。当我决定把意大利时装介绍到巴黎时，我的感觉犹如一个小学生在面对一场艰难的考试。我们尝试着从满足巴黎消费者的口味开始，是因为那里的客户相当挑剔。[11]

贝纳通在巴黎成功时的感觉是："从此以后，我们在任何一个市场都可以成功了。"

瑞士印刷机公司威发是另一个很好的例子。它选择客户挑剔而且世界顶尖竞争者云集的德国市场为目标，当威发打入当时德国最大的奥格斯堡—纽伦堡印刷机公司的所在地奥格斯堡时，它们也油然而生一种心态：自己的公司跻身为第一流的国际竞争者了！

当企业弄清楚最挑剔的客户在哪一个国家后，就应该争取进入该国市场的机会。以电信产业为例，美国的电信事业由于是民营性质，所以相当发达。这个市场不但有美国电话电报公司、MCI和斯普林特等三家大型电话公司彼此竞争，还有大量对加值型信息高度需求的客户。作为日本最大的电信器材企业，NEC多年前就已认清，美国市场是通往世界各地的捷径，并因此展开一段漫长、充满挫折的磨炼过程。如果以NEC目前在美国的利润率来看，它当初的目标已经达成了。更重要的是，美国市场的成功对它在全球地位的提升和好处几乎难以估量。[12]

企业要打入客户挑剔而且要求多的国外市场，除了需要制订计划和时间表外，投资活动更是不可或缺。如果环境单纯，企业可能只需要争取到当地市场的营销渠道即可。若碰到复杂的情况，企业要在当地攻下桥头堡，则必须通过分包商或当地公司的销售网。最典型的进入方式是企业先增加符合当地需求但比较简单的产品生产活动，或选定当地忽略但具有特殊利益的产品进行制造加工；再进一步就是在当地投资，如果当地对外商进入所设的障碍很高，企业还必须与当地企业结成战略联盟。

企业一旦接近挑剔型客户，就必须积极运用这个优势。应用得当的好处之一是，企业可以拿这个最进步的市场，来测试新产品和新的服务形态。以宝洁公司为例，它的新尿布产品不仅在美国也在日本市场进行产品接受度的测试，原因是日本消费者对尿布质量的要求居世界之冠，宝洁也努力让产品都遵循这个测试原则。德国万宝龙在推出新笔款式时，同样会把日本当成主打的市场对象，理由还是因为日本消费者对笔的要求是当今全球最严格的。

全球生产作业

企业的生产作业应该有全球性的布局（见第 2 章）。惠普在新加坡就有一个重要的装配厂，而瑞典和德国的世界级卡车企业，更把它们的装配线分散到好几个国家。对企业而言，价值链中的生产活动，可以分散到最具优势的国家中进行，死守没有优势条件的环境是无意义的。

另外，企业选择性地分散生产活动也具有打入国外市场、对当地客户展现诚意的象征。而在协调全球生产据点时，各地相关联的宝贵意见也应被重视。

不过，将生产活动迁往海外或是争取国外生产工艺技术，并不代表企业在国内相关活动的放弃或让步。果真如此，企业的竞争优势将会受到伤害，更有落后于国外对手的风险。对企业而言，改善整体生产流程、产品设计、发展能力及信息系统，才应该是努力的重点，海外活动应有所选择，同时，公司内部乃至于国家产业集群内也应该持续提高本身能力。

国外资源

如果国外企业的产品和设备真的比较好，企业除了应该多方引进使用外，还要想办法提高本国供应商的水平。因为掌握全球最佳资源，是企业维持竞争优势的必要做法。企业绝不能自我限制、只用国货，这种做法只会导致自我毁灭。例如美国汽车业长期以来坚持不买比较便宜的外国钢铁，结果不但没有帮助美国钢铁业恢复竞争力，反而伤害到自己的竞争地位。

企业对本国供应商最好也最忠诚的态度是：保持接触，并借业务机会督促供应商提高产品质量和生产率，直到和国外竞争者具有相同的程度。本国供应商能享有的特别待遇是有较宽裕的调整时间，企业也应该主动提供技术或其他有助于发展的协助。不过，除非本国供应商能积极地提升质量、提高生产率，并将战略全球化，如果企业只是一味帮助供应商，最后彼此都得不到好处。

在海外发展技术

一个渴望竞争优势的企业必须能认识到这个产业在全球所有相关而重要的研究工作，这是不可省略的每日功课。不论本国环境如何有利，真正攸关利害的研发，很可能哪一天会在国外发展成功。今天，如果企业有意争取竞争优势，却没有一个海外研发网点或信息研究处的话，就应该回头检讨原本的战略。企业在海外设立研发网点，不仅要考虑当地研发环境是否顶尖，还需注意，当地是否拥有最佳的国家钻石体系。

企业若要撷取外国技术发展的好处，它的海外人员必须很优秀并能解读当地研发方向。各区域科技社会的努力成果，往往能带动全国相关科技超越临界点。企业一定要与同业交换部分信息，这对双方都有好处，此外还需要持续投资于当地大学与产业人力、积累资金，同时也提出一些建议以利互惠。如果企业能了解，持续不断的创新比保护现有的机密更能维持自己的竞争优势，它对信息往来的互惠行动必然兴致勃勃。

丹麦的诺和工业就是一个很好的例子。诺和首先把日本和美国列为丹麦以外，胰岛素和酵素科技最进步的地区，当地的技术也是诺和发展竞争力的重要资源，因此，它在这两个国家投下大量经费，支持当地的研究计划。在本书研究的产业中，诺和不是唯一的例子。瑞士制药公司很早就在英、美设置研究中心，瑞典、瑞士、德国和日本的企业则选择美国发展它们的电脑软件，日本人更是积极投资各国技术关系发展中心。这种做法不仅可以监视产业动向，还与特定领域中的全球顶尖高手建立关系。

不过，在撷取外国技术成果时，企业必须有所选择。企业如果缺少本地技术能力、供应商体系及核心技术的科学基础，一味争取国外技术并不能真正提高自己的竞争优势。在这种情况下，它可以考虑将企业总部转移到这个最具有竞争力的国家中。

许多全球产业盟主的战略，都能快速提高技术、满足自我需求。以日本汽车业为例，当其他车厂仍在合作投资或向外国公司付专利费取得技术时，丰田汽车已发展出能够自我满足的技术。它在产品和生产流程上的最大改善是利用看板制而实现零库存，这也说明了为什么丰田能在强劲的汽车产业竞争中鹤立鸡群。

迎战国外最强的对手

企业要持续提升竞争优势，必须先面对市场中最强的对手。有实力的对手不仅是企业自我评估竞争优势的标杆，也是变革与创新的催化剂。因为当双方在互相竞争时，企业必须找出超越最强对手的途径，才能保持自己在市场中的地位。另一个理由则是，它可以抵消对方既有的市场安全利润，而这经常是对手填补其他获利较低市场的竞争武器。[13]

当最强的竞争对手就在本国市场时，和他们竞争将强化国家整个产业的利益。但企业也不能忽略走出国内和国外的一流对手竞争。

例如，韩国企业就把日本对手当成头号竞争者，这个选择有其战略考虑和历史渊源。韩国企业因此也避开廉价劳动力成本的陷阱，不沉溺于依赖低廉劳动力的唯一优势，而在产品高标准、工艺流程和国外市场表现等领域挑战日本对手，韩国的例子说明，企业持续竞争优势需要创造压力，而非逃避压力。

另一个例子是西班牙瓷砖企业Porcelanosa。西班牙为世界第二大瓷砖产业国，仅次于意大利最大的瓷砖企业，它也在意大利萨索洛成立经销公司，毫不避讳与当地竞争者正面竞争。由于置身瓷砖产业最具动力的国家钻石体系中，Porcelanosa的意大利分公司，也为母国公司提供变革和信息情报的重要趋势。

选择区域总部

前述的建议点出企业在海外活动时，必须设立区域总部以便于管理。企业选择区域总部不应该挑选作业最方便的国家，而应该选择国家钻石体系最有力的国家。另一个选择区域总部的重要考虑是，它必须能暴露企业母国重要需求和压力不足的部分，因为区域总部的目的是学习并在解读当地信息后，送回母国总公司参考。杜邦公司将农业化工产业的总部由瑞士日内瓦迁往法国巴黎，目的就是为了融入更好的国家产业集群，因为与瑞士相比，法国是世界第二大谷类保护市场，仅次于美国，而且精致程度也很高。

并购外国公司

企业并购外国公司的目的有两个。第一是借此机会打入国外市场或争取所需技能，这类并购对企业的全球战略很重要，整合时所面临的挑战也很大，不过问题并不复杂。第二，设法进入一个更有利的国家钻石体系。有时，因为当地强烈排斥外人，使外商无法掌握其体系优势，所以企业争取该国优势条件的唯一办法就是并购当地公司。当这类并购完成后，该公司一方面要掌握当地环境的优势条件，一方面也要留心将这些条件整合到母公司的全球战略行动中。

这类并购成功的概率永远是百分之百。企业要使被并购的公司能顺利运作，母公司必须在以下两个方向中择一而行。第一个做法是，将被并购的公司变成母公司的特定产业，或特定产业环节的新总部，并将其他相关部门并入旗下。第二种做法是，清楚列出企业的全球战略需求与被并购子公司能够负责提供的部分，并赋予子公司独立执行这些相关工作的空间。例如，被并购公司的国家钻石体系中，可能在某项产品或某项生产流程的竞争力最强，这个子公司的责任就是全力发展这方面的生产线。

企业如果想要同时进行这两种并购模式（把被并购的公司纳入总公司的全球战略下指挥运作，却又希望它能独立发挥当地的优势），将冒两头落空的风险。硬把外国公司整合到母公司的全球战略中，会使这家公司疏离当地国家的产业集群，也会影响它完整的研发能力。子公司将无法像当地企业般敏锐快速地对市场需求作出反应，而这种反应能力就是本国优势的一环。总公司如果给外国子公司一个特定角色，赋予它相当程度的自主权，好处虽然比较多，但是，也很难证明它能维持在当地集群的地位及对环境变化的反应能力。

战略联盟治标不治本

联盟是企业最后一种撷取其他国家优势条件的机制。联盟是不同国家的企业所达成的长期协定。这类协定的范围超过一般正常的交易活动，但尚未达到合并程度。联盟的种类很多，合作投资、收付专利费、相互授权、销售协议、供应协议等都是。[14] 由于这类活动可以加速企业的全球化战略、打开规模经济、获得所需的市场、技术或其他好处，企业本身却无须丧失独立自主性或付出大笔并购费用，因此在近年来的国际竞争中成为一股风潮。当产业经历结构变化或企业觉得威胁增加时，联盟的活动尤其频繁。

对于不想放弃本身优势，又希望取得其他国家优势的企业而言，联盟是种极具诱惑的做法，然而联盟本身并不能真正解决问题。它虽然能使企业多一些选择，但其间的合作、一致行动、抵御共同竞争对手、放弃部分利润等情形，势必会提高成本。这些成本往往使联盟成功一时，但最终仍以失败收场，联盟只能当做是过渡时期的战略，绝非长久之计。

除非具有优势的国家出现变化，否则联盟并不会改变真正的竞争优势。然而，新兴的产业往往利用联盟来加速它取得国际优势的过程。日本企业就常运用联盟来打开一些外国产业的缺口，然后迅速侵入，大肆发展。

这也说明了一个重要事实：没有一个企业能依赖同业的技术和资产发展自己的竞争优势。企业如果认知有所偏差，将逐渐丧失竞争优势。联盟是后起企业而非领先企业的战略，因为它会妨碍领先企业自我发展的努力。领先企业的管理层会因联盟而对伙伴产生依赖感。对企业而言，联盟可能消灭有威胁力的对手，但也会令人失去判断状况的能力。

企业进行联盟时，其范围应该设定在价值链的特定活动、特殊产品或市场上，并通过联盟接触一个特定市场，所以参与者必须把联盟视为短期活动。企业如果需要依赖更大范围的联盟才能取得竞争优势，它的问题必定十分严重，有必要回头检讨自己选择的产业与产业环节是否合适，更应该检讨本国环境是否真有国际竞争的能力。这时企业也许应该考虑的是要不要买下联盟伙伴，或是干脆被并购，才能维持在国际市场的地位。

巩固本国基础

从产业、特定产业环节或产业战略考虑，有些国家会比其他国家的条件更好，更适合做企业总部。前面提过有一些错误的观点认为母国总部无关竞争优势，或企业全球化后可以广设总部。在国际竞争的成功因素上，国家角色比成本条件来得微妙。一个国家的钻石体系一旦形成，想从国外进行渗透或模仿就很困难，即使同一国内的不同地区想要相互复制也很困难。除非该国是按照战略所规划的模样制造出产品和生产流程，而这个企业也是这个国家产业集群内的一分子。[15] 企业如果四处发展总部，处处落空的可能性也很高。

当竞争越来越全球化时，母国总部的重要性也越来越突出。以欧洲为例，过去欧洲国家的企业喜欢在许多国家设立总部，并非因为该国的竞争条件好，而是借此规避东道国所设的障碍。近年来贸易障碍逐渐去除后，母国总部的重要性也相对显示出来。

企业为了在国际竞争中成功，可能必须根据特定产业需要而调整母国总部的位置。如果母国环境确实无法支持创造竞争优势所需的创新甚至无法改善时，企业就必须选择更有诱发力、更能提供国际成功条件的环境为总部。这也意味着公司的管理部门必须重新配置，甚至重组，同时研发和营销渠道都必须转移阵地。一个企业可以根据不同产业部门的需求，而在各地成立不同的母国总部。[16]

这也说明企业为了在某个产业环节中进行全球化竞争时，可以选择不同国家做它的企业总部。在这种情况下，企业的母国仍要负起指挥全球性战略，控制核心技术、产品和国际营销资源等责任。

有些企业就是基于这样的考虑，而在母国以外建立全球性部门的产业总部，飞利浦把五金业总部从荷兰搬到意大利，原因是后者在五金业的竞争力相当强。这些都不是新鲜事。瑞典山特维克公司从 1950 年起，就将输送带产业的总部迁往德国斯图加特，原因是当地有机床等相关产业，而德国人也是相关产业最挑剔的客户。

除了这些案例外，本书发现的另一个趋势也证明了产业与国家的关系。西门子在美国进行大量投资，以美国为该公司医疗电子器材生产作业的中心，主要是因为美国是这个产业最先进的市场（见第 5 章）。施乐把供应全球的小型复印机生产任务交给设在日本的富士施乐公司（由施乐与富士企业合作投资），同样是基于日本既是全球小型复印机最进步的市场，又是相关产业的产业集群、供应商，甚至传真机等竞争产业的所在地。施乐很清楚它的美国总部并不能发动小型复印机的全球竞争。

在竞争全球化的情形下，每家企业对旗下每个企业部门的总部设置地点，都需要小心研究和选择。更多的企业必须准备随时变动它的业务基地，这也可能是全球战略中的最后一步。新的业务总部必须是某项产业的全球战略中心，留在母国的旧总部的员工必须赋予新的使命，原因是他们将扮演支持性的角色。而且总公司的管理部门，更应该避免干扰新企业总部所进行的战略战术。

领导人的角色

本章所叙述的是领导企业的概念。企业领导人相信变革，他们具有改变竞争的洞察力，不让障碍限制行动。领导人可以使他们的组织充满活力、迎接竞争挑战，而服务挑剔型需求使企业勇于创新。领导人会找出办法克服封闭的信息和妨碍创新的力量，他们也会利用甚至是创造外在压力来刺激变革。

企业领导人的远见，常表现在他们对国家环境和竞争成功间的整合关系上。他们努力改善环境甚至鼓励政府带来压力（可能是痛苦的压力）。根据上述这些特色来看，企业领导人倒有点像政治家（虽然企业领导人很少会这样形容自己）。企业领导人在考虑国际事务时，也不光评估自身的竞争优势，还会制定出战略，具体强化和延伸这些优势。

具有这种概念的领导人在产业界并不多见。太多的企业家和经理人误认为有形资产就是竞争优势，他们一味地关注如何改善财务表现、关心政府援助，并依靠联盟或合并寻求与竞争者的稳定关系。这些做法对企业或国家都没有好处，因为现实竞争的要求，远超过这些有形资产所能提供的表象。

12 政府政策

> **迈克尔 · 波特**　政府如果降低通信和交通的成本，减少关税壁垒，提高国际竞争力，将有助于当地产业的创新，因为本地企业会在这样的环境中磨炼出对外界市场的渗透力。

在国际竞争舞台上，人们对政府所应扮演的角色莫衷一是。在各种讨论政府的观点中，有些主张视政府为绝对重要的，而有些极端的看法则把政府视为国际竞争中的被动参与者。持这类看法的理由是国家竞争力的关键紧系于该国市场的客户、历史以及独特的环境，政府并没有左右的能力，政府唯一能做的就是，放手让市场机制充分运作。

本章的目的就是要利用钻石体系理论研判政府的政策应用，为政府角色定位。事实上，本书的理论与实证研究结果是：政府政策会影响国家优势，而且，它的影响力可好、可坏。这种情形在前面几章已表露无遗。

虽然政府在创造和保持国家优势上扮演着重要角色，但它的效果却是片面的。一个产业如果缺少基本的、具有竞争优势的环境，政策再好也是枉然。政府并不能控制国家竞争优势，它所能做的就是通过微妙的、观念性的政策影响竞争优势。

生产力是主要目标

政府制定产业政策的主要目标是发展提高生产力的人力资源和资本。[1] 如同前面所说，生产力是国家生活水平的源头，要使生产力持续增长，该国的经济必须不断发展，而要达成经济发展的目标，现有产业必须无止境地改善和创新，并培养在新的产业领域里成功的能力。当新的产业成型时，一方面会为劳动市场带来工作机会，一方面也吸收其他产业（如失去竞争优势的产业）所释出的人员。

产业政策的角色就在于刺激产业、鼓励发展，而政府的政策也应该以创造产业发展的环境为目标。在这个环境中，企业可以寻求更精密的技术，并渗透到更先进的产业区间。政府的政策也应该影响企业放弃缺乏生产力的产业或产业环节，而走进更高生产力的产业。

在经济发展过程中，生产力低的产业会通过海外投资和海外生产等方式向外移出，这种产业外移是健康而必需的过程。反过来说，如果该国高生产力产业输给外国竞争对手，那么长期的繁荣经济也将受到影响。过去 10 年来，美、英、德等国家的产业就清楚地呈现出这种变化。

一个国家的经济政策和长期提高生产力是同一回事，把它们看成两件事不但是错误态度，也将导致政策本身的偏差。如同第 1 章所提到的，没有一个国家能使它的所有产业全是出口产业，不论产业表现好坏，坚持齐头式发展的做法，只会降低这个国家的生活水平。贸易平衡本身未必是国家的最理想目标，通过货币贬值来达到竞争优势的做法就更等而下之了。如果产业政策一直是以提高生产力的成效为指标，那么想要通过不同政策的相互影响，以达成真正的经济进步的机会也就相对减少了。

如果制定适当的目标是健全产业政策的第一个先决条件，那么第二个条件是建立可以支撑竞争成功的适当模型。很多政策制定者在这方面的观点并不正确，如果竞争优势被当成总体经济的条件或生产成本条件，决策者在寻求产业利益时会误用不恰当的工具。本章后面会讨论到，企业改进和创新的能力，才是形成国家优势的关键，它们的重要性远超过汇率、收益率和薪资水平。如果政府从狭隘、静态的竞争优势角度出发时，许多的协助动作反而会对产业发展造成长期的伤害。同样，许多看似合理的独立研究发展、税制、产业规格规范等政策，放到总体和整合的架构中时，能否产生应有的效果，还有待商榷。

本书对政府角色的论点，与一般传统看法有很大的出入，所要讨论的也不只是单纯的产业政策而已。要处理国家竞争优势这个题目，政府必须考虑各个政策彼此之间的互动性，进而找出一个能涵盖多重领域且能持续进行的计划。一个特定政策能产生的效果，往往离不开其他因素的表现，这也是钻石体系理论所看重的。发达国家最有影响力的产业政策往往是间接而缓慢的。

影响国家优势的每一项政策都有它的特定考虑。在这一章里，我们不可能对它们作全面性的讨论，或分析任何一个产业政策的所有方向。这一章希望以比较详尽的方式，从钻石体系的架构观察个别政策的选择性，以及一个国家如何以整体角度处理它的经济政策。

时至今日，几乎所有国家都朝改善竞争力的方向发展。政府在这方面的主要（或一般性）政策大致包括：货币贬值、自由化、民营化、放宽产品和环境的标准、倡导企业之间各种形态的合作、鼓励合并、税制改革、区域发展、对进口产品设限，以及设立市场秩序、政府投资研发、努力改善一般的教育体系、以政府名义设立创业基金、更主动的国防采购，或其他形式的政府采购，以带动产业发展等。钻石体系理论是本章判断这些政策工具的标准。

政府制定产业政策的前提

当政府的政策影响到钻石体系的四个关键要素的任何一项或超过一项时，无论这个政策是属于地方性、地区性还是国家层次，都会左右产业的竞争优势。在最广泛的层面上，政府所提出的政策如果想提升（而非伤害）国家竞争优势，它必须注意下列几个大前提。这些大前提与接下来所谈的每一个特定政策领域有关，也是评估政府处理经济事务的标准。

1. 从事产业竞争的是企业，而非政府。竞争优势的创造和提升，最后必须反映在企业上，因为它们才是直接与外国对手较劲的主角。一般而言，政府在管理企业和回应市场变动等涉及国际竞争的表现上并不理想。政府即使拥有最优秀的公务员，如果他们无从决定应该发展哪项产业、必须投资哪种技术，以及如何达到最适当的竞争优势，也是无用的。这种情况可以从日本、韩国、新加坡、英国、法国等国中那些听命于政府的产业的表现看出，政府根本不可能以产业参与者的角色跟上市场变动的步调，也无法依赖扭曲市场的政治力量来作决策。

如果政府不能创造有竞争力的产业，那么这个责任就落在了企业的肩上。由于竞争与国家环境特点有关，政府只是竞争环节中的一部分而已。政府能做的是打造或影响企业周边的机制结构，以及从旁提供企业所需的资源。除非是处于竞争发展的初期阶段，否则一个成功的政府政策应是创造企业能从其中获得竞争优势的环境，而非直接介入竞争过程。政府最有影响力的作用往往是间接而非直接的。

政府要扮演好角色，最应该做的是成为放松或扩大钻石体系的力量。当政府成为钻石体系的闸门时，它可以创造创新的机会和压力。日本政府对这方面的认知无人能及。日本的政府政策刺激市场的抢先需求，也通过象征性的合作研发计划带动产业发展最新的技术，或利用奖励方式强调质量的重要性，并以鼓励竞争和其他相关做法，使产业创新和发展的步调加快。不过，日本的官僚体系也常常提高产业门槛，以掌控产业结构，并听任政治力量长期保护国内市场，使该国毫无效率的零售业、营销渠道、农业和相当多的工业与外国竞争绝缘。碰到这类情形，不理会政府的产业往往苦尽甘来，而其他乖乖听话的产业，最后终将成为导致国家生产力衰退的祸首与受害者。

当政府介入产业时，应该注意并决定市场需要创造哪些条件，并且鼓励企业行动，因为这通常是专业化及萌发产业力量所必备的条件。以德国的研究发展政策为例，该国技术能持续发展，是因为政府拨款诱导企业发展研发工作，或赞助企业与大学之间的研发计划。英、法两国的做法正好相反，它们的政府精英主动投入与民间相关的研究计划，所产生的政策效果利弊参半。至于美国，近几十年来，政府虽然在科技发展上投入庞大的联邦预算，但是只有极少数的成果与产业竞争优势有关，原因是大部分研究计划和产业无关。

政府必须直接投入的部分应该是企业无法行动的领域，比如贸易政策，或是外部效益过大造成企业不易投资的领域。能够产生外部效益的领域往往是投资所得的好处超过单一企业或个人，它的影响可能遍及全国。在这种情况下，企业倾向于低度投资，并指望国家承担起负责的角色。这些领域包括普通教育、环境质量、某些具有提高许多产业生产力的研发等。

2. 产业的国家竞争优势是相对的，而非绝对的。许多关于国家优势的讨论把焦点放在国内的情况，不过评估竞争优势的标准绝不能只看国内，而要比较它与对手国家的差异，而劳动者素质和工作动机是决定本国表现的因素。生产率的真正价值也不只在于它是否是本国产业中最高的，而且在于它与其他国家比较时能不能出现相对更好的表现。[2]这种相对比较的观念从20世纪60年代以来，渐渐受到大家的重视。像美国、英国和丹麦等国家，它们的问题不在于产业没有进步，而在于速度不如其他国家快。

一个国家想要提升本身的经济时，国际水平是它制定政策时最起码的标准。以机械工程的教育政策为例，日本和德国规定学生必须修满指定学分才能毕业。同理，想要产生竞争力的国家，如果没有适当的追求目标，单单依赖现有基础的改善是不够的。

3. 竞争优势来自长久的活力，而非短期的成本优势。当国家具备永不停止的改善和创新能力时，竞争优势才能不断提高。传统的优势如果不能被其他国家的产业复制，也会因过时而失去价值。

政府在制定产业政策时最常犯的错误是，只着眼静态、短期的成本趋势，却伤害到整个产业的创新与活力。政府真要“协助”产业，绝对不能实行“避免资源浪费”的联合研发计划，或允许以节省经常开支或提高效率的名义，进行实际上只会减少国内竞争的企业合并行动。但是，政府采用的政策，多半还是会妨碍、延缓或扼杀企业对改善和创新的敏感度，或是提供给企业一些错误的信号。想想看，国内企业的并购或合作计划即使再成功，它的经济规模也很少能达到节省10%成本开销的效果，但是相同的目标，却很容易在国际市场竞争和快速的产品和流程改进中实现。政府往往犯下“爱之适足以害之”的毛病，因而使企业的竞争基础逐渐崩溃。

压力和警觉心是国家竞争优势的一部分。以意大利为例，企业在20世纪70年代开始大幅进步并走向高标准的产业环节，那段期间也是里拉快速升值的阶段。币值压力迫使意大利企业提升产品质量和引进现代化技术。除非本国产业还在成本导向或投资导向的初级阶段，否则政府不应该提供太多的协助，如此才能使挑剔型客户、激烈的国内竞争等企业创新条件得以充分发挥。

4. 国家需要产业发展带动经济繁荣。有些国家的环境确实比其他国家好，这也使得它们在提高生产力和保持竞争表现上更加有利。不过，通常具有充沛的自然资源、廉价劳动力成本、弱势货币的国家，生产力也比较差，相对来说竞争力更不稳定。政府如果将竞争优势建立在这些条件上，会引导企业走到价格导向战略或价格竞争的道路上。历史已证明这种战略经不起其他国家的企业或保护主义的挑战。原因是价格竞争战略往往带来其他国家对倾销的抗议，甚至以提高关税作为报复；另一方面，这一类的优势也很容易被发展中国家模仿，或因对手政府的补贴手段而丧失殆尽。

竞争优势的最高层次是相对较高的生产力。这种生产力的提升来自于稳定提升技术水平、新产品推陈出新的风潮、与客户联系密切的投资，以及在全球市场发展出的经济规模。最稳健的战略是扩大、提升市场规模，而非弃本国问题不顾而转向和外国人做生意。一个国家的竞争优势如果是依赖其他国家的市场，那么很容易受到其他国家政府的伤害，当一个国家的企业拥有更高层次的产品差异性时，它所角逐的就是其他国家所不能及的市场，其他国家政府所可能给予的威胁就相对减轻了。

因此，政府制定产业政策的基础，必须着眼于提升产业竞争优势，并督促企业确实做到。可惜的是，产业政策本身往往过于强调维护已有优势，反而对产业发展与进步过程形成阻碍。

5. 展现国家竞争优势的产业通常具有地理集中性。本书曾经提过不少例子说明，在国际称霸的产业或产业集群，通常会聚集在某个城市或区域，它们的优势是完全本土化的。地理集中性不但是产生竞争优势的重要条件，更是扩大和持续竞争优势的良机，因此，州政府和地方政府的角色将会越来越重要。

一般，人们往往会先入为主地认定，提升竞争优势的政策是中央政府的责任，必须以整个国家的环境条件为对象。随着区域和地方的重要性越来越明显，有必要将大学教育、基础设施、地方性规范、地方性研究机构和信息等地方特色纳入政策考虑。在本书研究的案例中，德国的巴登—符腾堡地方政府的政策，以及意大利个别城镇对国家竞争力的影响，远远超过由中央政府制定的政策的力量。

6. 一家新公司成立之后，大约三四年即可迈入正轨；一个产业要形成国家竞争优势，则需要 10 年或更长的时间。竞争优势涉及人力资源的提升、产品与流程的投资、产业集群的建立，和对海外市场的渗透等，绝不是一蹴而就的。例如，日本小汽车从 20 世纪 50 年代开始出口，但是在国际竞争中站稳脚跟却是要 20 年的时间。

不过，从瞬息万变的政治来看，10 年可能如遥远漫长的永恒，产业政策因而成为救急与应付短期经济变化的药方。当政府把注意力放在改善贸易表现，使用薪金调整、货币市场干预、控制通货膨胀或其他政策工具时，可能对很多产业在获利表现上有些小的帮助，不过对产业想要建立长期竞争优势并没有实质的帮助。同样，要让政策在短时间内见效，政府也倾向于选择补贴、保护或促成企业合并等做法，可是这些做法只会使产业创新的机能受挫，并腐蚀经济的平均生产力。

政府该做的并且真正有助于产业的，是创造生产要素、制定鼓励竞争、提升需求质量等政策。然而，其所产生的效果往往不能立竿见影，甚至很多有利于长期竞争的政策，会带来短期的阵痛；长期被保护的产业一旦自由化，必然导致失调。由于解决这些现状比贯彻遥远的政治目标急切得多，政府在制定政策时，常常只好延续传统模式，或屈从于特殊利益团体。在这方面，日本的竞争优势来自于它在政策制定上具有强大的自主性，这和第二次世界大战后日本的执政党长期一党独大，形成稳定的多数有关。意大利和美国表现出来的则是另一种相反的模式，这两个国家的产业政策由于政治领导人和执政党的快速交替，利益团体运作的痕迹也特别明显。

7. 一国的优势在于它与其他国家的差异性，而非一致性。每个国家的产业竞争力都有大小强弱之分。没有一个国家能在所有产业上维持绝对的竞争力。因此，竞争的成功来自国家独具的环境与特定产业竞争优势的结合。以意大利为例，意大利竞争力强的产业大多是点状、分散的，这与该国独特的环境有关。许多评论家低估意大利的经济力量，原因是他们拿意大利和美国、德国或日本等经济结构截然不同的国家作比较。事实上，每个国家在需求、技术、供应系统和教育长处等各方面的差异性，正是竞争优势中最宝贵的条件。

尽管有些经济原则和政策具有普遍性，可以适用到大多数国家的产业政策中，不过把另一个国家的政策模式全盘搬到本国使用却是一个错误。当一个国家将另一个国家的模式全盘移植，发展相同产业、采用相同战略或相同的政府计划时，这只能使这个国家发展到某种程度，但不可能产生并驾齐驱或超前的效果。各国政府的任务是真正了解自己国家的优势与基本条件，并通过政策使环境特色表现出来。

8. 形成国家竞争优势的产业与各种产业分类方式并无关联性。基于经济发展研究的需要，很多人习惯把一个国家的产业分门别类，因此出现所谓的高科技产业或低科技产业、朝阳产业或夕阳产业、成长型产业或成熟型产业、制造业或服务业，乃至于劳动力密集（资本密集）或知识密集型产业等说法。这种分类意味着某个范畴的产业优于另一类范畴的产业。尤其当产业被冠以高科技、朝阳产业、成长型、制造业或知识密集等名词时，更是令人兴奋。这种区分甚至已影响到政府制定产业政策时的考虑。

不过，这种分类经不起深入的分析。例如意大利的经济发展良好，生活水平一直在提高，支持的力量是纺织、制衣、家具、制鞋等被视为成熟型或传统型产业的竞争优势。虽然这些产业被看做是成熟型产业，但是意大利企业积极引进现代化的制造技术，使用新材料、采用新的设计知识和理念，以快速创新。因此，意大利的这些产业的生产力是在持续增强。

另外，德国、瑞典、瑞士被视为“成熟型”的轿车、卡车、纺织机械、采矿设备或其他机械工业，也仍然享有贸易顺差。

事实上，绝大多数产业，即使今天不是，将来也必然成为高科技或知识密集型产业。象征现代科技的微电子、尖端材料、信息软件和其他技术，正在改变每一个产业从产品到价值链的面貌。甲国的成熟型产业可能是乙国的成长型产业，差别只在于该国企业有没有活力而已。[3] 同样的道理，制造业并不必然优于服务业，因为许多服务业照样要使用精密的技术，讲求高级的生产力。

政府的政策在于提供任何产业都能创新和提高生产力的环境。唯有经济多元化，产业才能找到从技术到工作目标也多元化的人力资源。[4] 依此类推，没有哪个产业是国家绝对不可缺少的，也没有哪个产业需要政府在市场上给予保障。各种产业或各个产业环节之间，最重要的区别是生产力，因为它关系到生活水平的高低。另外，对于那些为数不多却能带动生产力的火车头型产业，政府则应特别予以关注。但是在拟定政策时的大前提是，要避开保证企业利润或出口配额等保护行动。

9. 对企业和员工而言，持续竞争优势的过程并不轻松。要保持持续的优势，必须面对持续的压力和挑战，以及投以持续的改善与投资。许多企业更乐于选择稳定，而不愿长期奋战。

这种情况可以由几方面来理解。例如，企业领导人希望货币贬值以减少价格上的压力，他们往往用“不公平竞争”的名目，寄望政府排除外国的竞争者。此外，企业也希望冷却“过度”的国内竞争，瑞士就流行卡特尔组织或美国与北欧模式的并购行动，以降低国内的竞争。还有一种倾向是企业投资于不相干的产业，发展多元化经营，以逃避核心产业所面临的问题。

这些心态会影响产业的未来命运。许多企业员工或劳工领袖因为屈从这种人类天性，而丧失对真正竞争优势的远见。他们争取或支持的政策往往并未考虑长期利益。这些行动也会延缓变革、阻碍创新，隔绝企业从产业集群中获得的帮助，并且朝竞争劣势方向发展。事实上，抗拒变革的唯一方式就是持续保护国内市场，但是依赖保护、抗拒变革的时间越长，该国的消费者和产业所受的伤害就越深。

政府政策必须注意两个层面的问题。首先，只要企业和工会相信政府会“协助”或允许它们避开必须面对的问题，它们就不会求变。政府直接“协助”某一个企业或产业的效应也会扩散开来，引起其他企业或产业一视同仁的要求。第二，如果政策选择只考虑到讨好本地产业，也会产生降低生产力的效果。政府官员可以对产业所面对的不确定性和恐惧表示感同身受，但是像政客选择讨好产业界或工会的政策，对产业的伤害将是难以估量的。[5]

政府制定政策的挑战

大多数的政府政策都会影响到某些产业或产业集群的国家竞争优势。像教育政策、税制、社会健康保险政策、反托拉斯政策、限制规定、环境政策、预算和货币政策等，都与产业竞争优势有关。再加上政府制定政策的过程往往要经过立法部门和许多相关政府机构，就更使得政策的制定非常复杂而且牵一发而动全身了，这也是政府在制定产业政策时的主要挑战之一。然而，由于形成国家竞争优势的产业，许多是横跨传统的社会和产业政策领域，因此政府在制定政策时，必须面对以上的重要课题。本书所研究的国家，在制定产业政策上，或多或少都出现了主管部门重叠，或因改朝换代造成政策不连贯的问题。[6]

当政府想借制定政策来提升竞争力时，常以改善税率、教育制度、法规等方式来实现。这种做法对提升竞争优势的效果有限。政府政策的重要性不在于政策本身，而在于它对钻石体系会产生什么样的影响。从广义上说，规范性的政策对竞争优势的影响有很多不同的途径，例如，产品的标准规范会影响到需求程度，产业结构的规范又影响到国内竞争形态，政府对某些产业可能应该尽量松手，但是对另类产业却必须严加规范。

更明确地说，政府政策应该放在钻石体系的各个关键要素中检验，这种做法可以通过体系的机制呈现出各个政策对国家优势的影响。由于影响各个关键要素的政策实在太多了，这里将选择最普遍也最重要的进行讨论。事实上，要在本书中对每个政策的细枝末节作抽丝剥茧的讨论是不可能的，因为它们本身都可以写成专著来进行讨论。

政策对生产要素的影响

经济发展的指数，通常是根据生产要素在数量和质量上的改善比率来设定的。企业要达到高生产力，必须不断掌握高级而专业的人力资源、科技知识、经济信息、基础设施及其他生产要素，生产要素也必须能激励企业持续提升它们的竞争优势。政府的政策在这两方面都有着重要的地位。

政府是发动机

政府最传统也最重要的角色就是创造和提升生产要素，这里面包括熟练技术能力的人力资源、基础科学、经济信息和基础设施等。一个国家要从生产要素中获得优势，现在拥有什么资源并不重要，重要的是有没有一套能持续提升生产要素的机制，因为生产要素的标准一直在提高，例如现在工人识字已经不能算是一项优势了。

通常，政府被视为创造生产要素的发动机制。在与生产要素有重要关联的领域，如中小学教育、基础性硬件建设及医疗保险等具全民性的事务上，政府也扮演着责无旁贷的角色。政府选择创造的生产要素，通常是对经济具有外部效益的部分，这些领域超过个人能力，但能使整体产业受益。如果政府并未担负起它应尽的责任，将会对该国的产业产生负面影响。例如，美国产业界就有工人识字能力和基本技能不足的问题。

政府的生产要素机制本身很少是竞争优势的来源，因为政府创造生产要素的努力重点通常是在一般性领域，而竞争优势中最重要的生产要素，却是高级和专业性的，且必须和产业或产业集群发生直接关联。本书所研究的产业中，最重要的生产要素创造活动都与企业有关，有时候则是企业与政府合作的成果。这方面的机制包括：专业化职业培训计划、由大学针对产业相关领域进行的研究、行业协会的活动，以及最重要的，由企业自行投资进行的计划。国内竞争、产业集群和地理集中性都关系到生产要素的提升速度，原因是这些活动都会增加核心动力，也会吸引注意力和努力，刺激民间机构注入投资。

单由政府针对专业性生产要素进行的创造工作，常常发生在错误的时机，创造错误的生产要素的情况。例如在许多国家，政府教育部门对于像信息科技等新领域的人才培育和培训计划相当迟钝，落后产业需求多年，因此，政府和产业双方都应该投资创造生产要素才是。而创造生产要素的过程中，必须很清楚地知道将会获得经济利益，否则便是这些被创造出来的生产要素太无效率、太不合宜，不但延误了时机而且也太不专业了。

重视教育和培训

在某些国家中，人民已理解创造生产要素对经济繁荣的重要性，而且也对持续投资达成了共识，如此，创造生产要素已经是这些国家最有活力、最有效率的活动。像德国、日本、韩国、新加坡等国家，教育和培训、研究发展和硬件建设已被视为竞争的本钱。美国对这方面的议题只是光说不练；而英国还在辩论不休；传统上嫌恶中央集权的意大利，在很多生产要素的创造行动中，更是受到极大的抵制，这也将限制意大利产业未来在竞争优势发展上的可能性。

教育和培训　要掌握高标准的竞争优势，并在新起的产业环境和新的产业中竞争，需要具有改善技术的人力资源。一个国家的经济要发展，人力资源的质量必须持续提升。一方面，国家要达到高生产力更需要有经验的管理人员和技工；另一方面，也必须达到其他国家所设定的人力资源标准，以维持现有的竞争地位。

本书的研究肯定了教育和培训是一个国家竞争优势的决定性因素。德国、日本和韩国对教育的投资不遗余力。在这些国家中，很多成功的产业也和人力资源的素质有关。另一个更普遍的现象是，几乎所有国家都在最有竞争优势的产业上大量投资于教育和专业培训。以英国为例，该国的化工和制药等产业在技术和纪律上都很强，这也是英国大学比较强的领域。英国的教育系统和产业在这方面明显地发挥着连贯作用。瑞典的机械工程培训课程在全球数一数二，很多产业因而受益。在美国，产业与教育结合的例子是航天和制药产业。在这些具有高度竞争力的产业中，企业和大学之间的合作关系是非常密切的。

各级政府要提升产业水平，强化教育和培训机构可能是最有远见也是最可行的手段。改善一般教育体系是政府当前最重要的任务，教育不能只考虑人文、社会，也必须把经济的需求列入考虑。然而，一般的教育体系并不足以保证国家竞争优势，因此政府要做的是制定政策，连接教育系统和产业需求，并且鼓励产业自行发展专业教育培训。

健全教育政策应有的条件　教育体系的成效固然和政府的投资比例成正比，但关键仍在于政府的做法。理想的教育和职业培训政策必须能反映本国的环境特色。下面所列各项是健全的教育政策应有的条件。

1. 教育的标准要高。一个国家要发展竞争优势，必须要提高教育和职业培训体系的要求标准，学生也必须具备在最先进的领域中竞争的能力。包括美国、英国、瑞典、德国在内的许多国家，从 20 世纪 70 年代起逐渐放宽教育系统对学生的要求，甚至取消留级制度，但是整个世界的发展趋势却是不断提高对工人、技术人员和管理人员的要求标准，除非国民能够面对这种趋势，否则国家不能指望长期繁荣强大。

设立标准是政府责无旁贷的工作，而且除非中央政府和地方政府主动介入，否则高标准的教育系统是很难发展的。日本、韩国和瑞典的国家教育标准是非常严格的，德国的兰德标准更是举世闻名。英、美两国的情况则是政府对该不该制定教育标准一直有争议，而地方上形形色色的做法导致了大家最后朝最低标准看齐。在 20 世纪 80 年代末期，英国政府推出了一套提升标准——却是个自相矛盾的教育改革计划，它的问题将在第 13 章有更详细的讨论。

高标准与开放式教育及职业培训系统并不冲突，开放教育大门并不意味着标准的降低，相反，助学贷款可以协助各种财力背景的学生接受高等教育，大学预科教育可以提升学生受高等教育的能力。

2. 教育是一项受尊重并有价值的行业。教育的质量必须从幼儿园抓到博士毕业，各教育阶段中都要有热诚且有能力的教师作为骨干。在美国，从事职业教育并不是很有吸引力的行业，很多人把它列为次要的就业选择，美国的教育质量因此相对较低。和产业界的收入比较，美国教师的待遇大幅落后，许多教职，尤其是科学和工程领域往往教师人力不足。日本与韩国的情况正好相反，在这些国家，教师的地位崇高，而且是一流人才争取的热门行业。[7] 德国自 20 世纪 70 年代以来也有类似的情形，只是美中不足的是，从 80 年代起，德国中等学校教师的地位也有下滑的趋势。

3. 学生在受教育和技术培训时，应该具备应付实际需要的能力。学生在接受技术培训时，应该有在产业中工作的心理准备。教育领域中和产业完全扯不上关系的学科并不多，因此，绝大多数的学生应该在受教育时就接受技能基础的培训，并参与一些与实务有关的实习。数学、电脑、写作、基础科学和语言等课程应该是最重要的常识课程，而教育的最低标准也应该随科技的进步而提高。

一个国家如果能培养出大量科学和工程方面的杰出学生，对提升经济有很大的帮助。优秀的青年学子不但可以提升就业新兵的水平、有利于创新，还将坚实未来的管理实力。

4. 大学以外，应该还有其他高质量、受尊重的教育机制。大学生毕业后，大多数人会选择就业，继续攻读研究生院或投身学术研究的并不多。不过，一个国家的经济要想快速发展，需要学生不断自我充实，针对特定产业的技术知识的充实尤其重要。在德国和韩国等国家，技术学院和职业学校与大学同样受到社会重视，德国的技术学院在某些领域的地位甚至超过一般大学，而日本的企业更在高中教育后的培训教育中扮演了重要的角色。

英国则有人力资源的问题。英国社会上长期重视人文艺术和基础科学，相对忽略工程和职业学校。美国也好不到哪儿，美国念大学的年轻人虽然很多，但并不意味人力资源水平也跟着提升。发达经济体系的首要条件是高质量的职业、技术和专门产业职业培训的体系。

5. 企业领导人和教育机构应该维持密切的关系。在本书研究中，各国最成功的产业大多与大学及技职学校有密切的联系。德国最有名的三年学徒制，使得上百万的年轻人将学识与现场实习的培训合而为一。瑞士的情况也是如此。

德国的例子显示，如果各种学校、学院和大学能够弹性发展适合当地产业需要的专业知识，企业领导人和教育机构之间可因此而紧密结合。如果教育体系由中央控制，虽然有助于维持标准质量，却可能伤害产业在地理集中这一特性下创造专业性生产要素的能力，而这对提升竞争优势是不可或缺的。

6. 企业和行业协会有责任对企业或产业内部的教育培训进行大量的投资。在我们的研究中，成功的企业莫不重视内部的教育培训。以日本为例，企业把员工再教育看成自己的主要任务之一，员工升迁也需要通过测验。在本书研究的产业中，行业协会为产业提供所需的重要技能培训也很普遍，原因是行业协会本身就具有这种机制。当一个产业是由中小企业构成时，行业协会是培训从业人员的有效途径。

政府应该避免阻碍国家发展人力资源的政策，这种情况常在涉及教育培训的税法中出现，并影响企业领导人对投资培训的意愿。事实上，各国企业投资于教育常是因环境需要而进行，而不是因政府提供的诱因，如日本和德国企业便是因为想提升竞争力，而非政府诱导而进行教育培训。假如企业和员工们能对本产业保持忠诚，并且肯面对激烈的竞争，政府其实不必对产业研发工作进行补贴。

7. 制定吸引专业能力人才的移民政策。在本书的研究中，拥有成功产业的国家大多有放宽专业人士移民的政策。美国等国家因为对外国专业人士广开大门，因此受益良多。而瑞士等严格限制移民的国家，它的政策常常和产业发展目标相互冲突。

主动研发重要科技

经济发展需要技术能力的持续提高。广义上的技术进步包含了整合技术以提高效率、提高产品质量以争取更佳售价、对新产业或产业新环节的渗透、不断提高生产力等。在这些方面，政府所扮演的角色是毋庸置疑的。一个国家的科技研发不能完全依赖企业，原因是科技研发的成果，影响的层面往往超过个别企业，而直达国家整体经济能力的表现。技术的进步通常不仅使应用这项技术的产业与所属企业受益，还会影响到与该产业相关的其他产业。这种跨产业影响力的本质，在高级材料、信息科技、弹性制造系统、医学、环境科学、能源等基础科学上面尤其明显。

本书研究案例中的每个发达国家都有鼓励研发的产业政策，各国政府涉及的程度虽然不等，但是重要的科技研发通常都有官方研究机构直接引导。这种情形可以从前面提过的一些例子中窥知一二。像意大利是通过冲退税方式鼓励企业引进工厂自动化设备。德国除了有弗劳恩霍夫和马普学会两大协会在多项重要领域进行研发工作外，同时还以基金协助企业的研究计划。美国国家卫生研究院等联邦机构，每年投资在研发方面的经费高达数十亿美元，并在国防相关科技的研究上举世无双。日本政府对大学的研发补助并不多，但是通产省所属的研究机构会主动研发重要科技，其他部门或协会也会提供经费吸引企业参与各种合作研究计划。

不过，这种由官方带动重视科学和技术的原则，应该进一步发展为创新政策，而不能局限在科学和技术本身。国家优势要提升，光靠科学和技术商品化是不够的。政府的政策应该超越科学和技术本身，强调刺激商品创新，带动竞争，建立规范等钻石体系的互动功能。

科技原则 以下是产业科技政策的一些原则和特色。

1. 科技政策应该和该国家产业竞争优势的形态一致。最理想的科技政策必须与国内竞争力强的产业步伐一致，并与产业所处竞争阶段以及企业和大学的研究能力一致。以丹麦为例，该国在农业相关产业方面的基础扎实，如果发展电脑科技方面的基础研究，还不如积极投入生物科技研究来得重要。政府的计划更应该考虑到使技术广泛应用到多项产业，如此才能深化或提高该国产业集群的表现。

2. 以大学研究为主，政府研究单位为辅。如果政府在大学研究所的研发上大量投资，无论采取直接拨款还是通过政府基金，以合约方式进行研究计划，对提升经济的帮助都会很大。大学研究所的研究计划对提高经济生产力有好几项帮助。第一，新一代的科学家和技术员将是在最先进和精致的设备中训练的，这使得他们对产品和商品导向的研究不会陌生。第二，大学校园的开放性，会使研究成果很容易扩散开来。第三，当教授与学生发现有商品化的可能性的新点子时，他们可能会筹建公司或自行创业以实现想法，这将使大学的研究所和实验室成为新产业的摇篮。美国的大学研究机构很强，不少成功的美国企业就是从校园走出来的。日本则缺乏完整的大学研究能力，这将是日本未来经济发展的一大门槛。

有些欧洲国家会把政府科技预算直接拨到官方研究机构进行研发，事实上，这种做法对产业的帮助不大。官方研究机构的兴趣通常和产业应用有段距离，研究成应的扩散效应也较差，而且研究员对市场需求和企业经营的了解也不够。

3. 研发原则应强调与商品化相关的技术。强化经济的重要手段之一是需求，科技研发的方向也应该紧扣着产业的需求进行。表 12–1 显示，在各国政府的产业研发预算比例中，日本、德国、瑞典比较高，美国、英国比较低。[8]

在英、美两国的科技预算中，国防应用高达 49% 和 68% 之多，但是国防科技并不能转换成国家科技发展战略的骨干。在 20 世纪 30 年代至 50 年代，国防科技曾经是科技发展的核心技术，但是许多观察家都同意，当代的国防和产业需求之间已经分道扬镳。[9] 企业投入国防工业将无法专心一意地经营重要的产业环节，并在全球化和商品化领域中竞争。

4. 研究机构和产业界应该紧密联系。不论研究机构如何发展它的研究，它最好都能时时觉察产业的需要，并与产业界保持联系。但许多国家都以此为目标，要做到并不容易。以美国为例，美国的国家实验室最近才开始和企业相互协作，拓展它们的研究成果。

表 12–1　各国研发支出的分配情形

	民间产业部门占全国研发支出的百分比	政府占全国研发支出的百分比	国防占全国研发支出的百分比	非国防领域占全国研发支出的百分比
丹麦（1985）	55.7	44.3	0.5	99.9
德国（1987）	59.1	40.9	12.5	94.8
意大利（1987）	43.7	56.3	7.8	95.3
日本（1986）	78.8	21.2	3.5	99.3
瑞典（1987）	58.4	41.6	26.9	88.7
瑞士（1986）	87.2	12.8	17.2	97.9
英国（1986）	49.2	50.8	49.2	74.8
美国（1988）	53.5	46.5	68.1	68.3

注：有关研发的其他数据，请参见图 13–1。

资料来源：经济合作与发展组织，《主要的科学与技术指标》，1989 年。

研究机构可以通过下列几种动力和产业界形成联系：

• 专门化研究机构的重心应该放在产业集群或横向的技术需求上。本书的重要发现是，各国领先全球的产业往往和专业性研究机构或大学研究所保持联系，它们之间甚至具有地缘关系。前面提到的美国好莱坞电影学校和荷兰花卉种植与处理研究所，只是众多例子中之一。这类的研究机构通常也接受政府或企业的捐款及专业人才，形成解决产业问题的人才库，产生出比个别企业独立研发更快、更有力的效果。例如，在国际上屹立不倒的德国餐具业，大多集中在索林根一地，当地多年前就已成立了一家专供产业测试材料的研究所。在许多国家，通常是由行业协会负责捐助或设立研究机构以解决产业专业化技术需求。

• 委托研究。在企业和政府研究机构、大学研究所之间发展委托研究，具有引进市场规则、提高技术流动力的效果。政府可以通过提供基金或作出特定承诺来分担研发成本。对中小企业提升研发能力而言，委托研究的效果最佳。

• 广为流传的机制。除非有约在先，否则由政府研究机构或政府赞助的大学研究计划，应该向社会公开，形成扩散效应。以丹麦为例，该国农业科技的扩散主要是通过政府所资助的农技专家咨询体系。美国国家航空航天局对技术扩散也很积极。

5. 鼓励企业内部自行研发。到目前为止，最具有影响力的创新大多来自企业本身。这也是因为技术的可用性必须满足产业需求，因此企业在研发工作上责无旁贷。如表 12–1 显示，各国民间对研发工作的重视程度差距颇大，最低的是意大利和英国，日本和瑞士则最高。和日本情况相近的国家中，由于企业发展目标和国内市场竞争压力的影响，企业只要稍加鼓励就会积极投资研发活动。其他国家的政府则需要在研发方面下更大的力气，直到研发本身成为企业战略中不可缺少的部分。

每个国家都需要有刺激企业研发的做法。在德国、丹麦、英国等国家，政府对企业研发是采取直接奖励或补贴，这种做法颇具争议性，成效也不如预期。原因是即使环境配合，要政府从商业观点去评估企业的研发计划，仍然是件困难的事。为了避免承担财务风险，企业往往是应付了事或草率行事，而这套制度更会引导企业用政府研发基金处理早已商品化的案子，或夸大研发成果。英国和德国已经汲取教训，逐渐脱离了这种僵化的做法。

美国以抵税方式鼓励企业投资研发工作。不过这套做法几乎看不到具体成效，这可能是因为企业并不把力气花在研发工作上面，因此无法有任何突破性的成就。其他发达国家如德国、瑞典等，并没有像美国这种研发诱因，但他们的企业却是研发工作的积极投入者。

企业要强化创新能力不能只靠研发工作，钻石体系中其他要素的影响力可能更大。类似鼓励国内市场竞争、带动高水准的国内需求、提高国内市场和技术信息流通、促进企业设立更正确的发展目标等政策，对提高一个国家的先进科技的效果，绝不逊于刺激企业从事研发工作。本章随后也将讨论“刺激优先和高端需求”的政策。

从我们的研究来看，刺激产业主动研发最有效的政策是，政府以部分科技经费补助与产业集群有联系的专业化研究机构，再拨部分经费补助企业和研究机构进行委托研究，其余则用来补贴小规模企业，以及支持大学进行研发工作。这套做法对本书研究的案例中那些竞争成功的产业，效果似乎颇为显著。

6. 先求创新速度，再谈创新技术的保护问题。保护专利权对提升研发意愿有帮助，不过如何取得两者之间的平衡至关重要。国家竞争优势和生产力要持续提升，靠的是活跃持续的创新行动。当产业集群内部能够活跃地竞争时，这股力量会自动整合成有效的创新。专利权和著作权的保护期限如果太长，相对会变成过时点子的保护伞或成为创造新点子的障碍。研发政策应该强调快速的创新，而非缓慢的扩散，很少有企业或国家能靠着保护昨天的机密而长期稳坐领先的位子。

7. 有限度地进行企业之间的合作研发计划。近年来，很多人把注意力放在企业合作研究计划上，并希望借此提高产业创新的速度。一般人会有这种想法，主要是看到日本企业频频在通产省的领导下，合作进行大型研发专项。鼓吹企业应该合作研发的论述大致有三点：第一，竞争企业如果自行开发会形成浪费和重复投资的现象；第二，合作可以扩大研发的经济规模；第三，企业自行研发的财力有限，能触及的层面也有其限制。在美国，《反托拉斯法》已经明确地修正为不反对企业进行合作研发计划，欧洲企业更有一长串各式各样的大型合作研发计划在进行或研议中。例如代号ESPRIT的超大型信息科技合作研发计划，便吸引了多国企业的投入。

竞争带来创新 不过，本书所研究的10个国家中，日本的做法是例外而非通常的情况。大多数国家的企业，不靠合作研发也能在各种技术产业和精密产业中立足。更重要的是，如果我们仔细分析日本的合作研发计划，将会发现它们的功能大都被误解了。

日本企业会参加由通产省发起的大型合作研发计划，建立企业形象是一个重要的考虑因素，另外则是害怕自己不参加将会落在竞争者之后。参加合作研究计划的企业，通常不会派出它们最好的工程师和科学家。每家公司的代表更是几乎逐日汇报合作计划的进度，把有关做法带回公司内部自行研发的计划中。因此企业是在内部的相关研发计划下进行大量投资，并且靠自行开发的技术在市场上进行激烈的竞争。相较之下，日本政府在研发经费上的投资反而有限。

日本合作研究计划的重要性，并不在于研发工作可以达到什么样的效率，而是此举使得技术领域受到真正的重视，并引导企业进行个别专属性的研发工作。通产省认为，日本企业大多缺乏前瞻性，而且需要强烈的刺激才能使它们在新领域进行研发。合作研究计划能够满足这样的想法而且提高企业内部的研发投资。日本企业的管理者曾向作者表示，现有的合作研发计划，是他们说服最高层对相关领域进行研发的有力武器。另外，有时候合作研发计划也对建立一些基本技术标准有所帮助。本书随后也将讨论后者对加速产业创新的重要性。

在本书研究的产业当中，竞争优势往往是来自于一群企业彼此相互竞争的结果。这种竞争会刺激出更有力的创新。任何模仿抄袭的效果会因为更大的创新压力、更多样的技术方法而消失，进而带动技术进步的速度。当少数企业积极进行与产业集群相关的研发工作时，又将带出外溢效果和整体产业的进步。

当企业面对强大的竞争压力时，会被迫投资研发，以拉开它与竞争者之间的差距，并确保它的市场地位。创新固然有被模仿的困扰，然而，即使创新被模仿，模仿者也不可能完全掌握其中精髓，而仍处于落后阶段，但创新者却可享有更持久的知名度。[10] 更重要的是，当创新在一个国家的产业集群内部扩散时，该国产业的进步速度会比对手国更快。

运用合作研发计划　合作研发计划要为产业带来好处，必须具备特定的条件。第一，合作研发的领域必须是最原始的产品和流程的研究，或是为了发展出更精密的技术。它不应该针对特定企业的专业需求而进行。

第二，公司不能把整个研发部门投入到外界的合作研发计划上。假如企业研发部门过度投入外界合作研发计划，会造成它与同业在技术竞赛中落后的危险，同时也会减缓整个产业进入的速度。更重要的是，假如合作研发计划与公司发展目标主客易位，也将减缓公司在其他方面的竞争。

第三，合作研发计划应该以间接、细分和独立专题的方式进行，使大多数的业者都有参与的机会。这种计划的主持者最好是类似美国国家科学基金会等知名研究机构、大学研究所，或准法人形态的研究机构（这种模式在德国很普遍），以这种结构进行合作研发，将可以减少管理上的困扰，降低竞争的风险。一般来说，由企业召集进行的合作研发计划，管理难度很高，原因是每个参与者的动机都不同，研发效率是个问题。第四，最有用的合作研发计划通常会波及到相关产业，并且是对基础性技术的投资。以日本为例，缝纫机自动化计划的目标是使原本劳动力密集的成衣流程自动化，它所涉及的产业包括纺织、化工、缝纫机械、软件和零售等。

合作研发计划应该纳入产业内最活跃的竞争企业，而非限制参与成员或偏向少数领导企业。理想的情况是，一个合作研发计划可以引来国内各地甚至海外企业的主动参加。合作研发计划如果缺少活跃的竞争对手加入，将很难刺激产业集群内的企业自行研发。欧洲的企业集团在许多合作研发计划中，通常一面倒地倾向领导企业的需求，并排斥外国企业的参与。这种做法虽然有助于发展自己的基础科技，但是对产生商品化的新技术研发作用不大。

政府在选择合作研发计划时，应该考虑到该国的产业环境和相关政策。日本产业的合作研发计划缺乏突破性成就，因为大学和研究机构的研究能力不健全，这是该国在寻求发展时应特别注意的地方。日本合作研发计划能够成功的主要原因是它的企业以双轨进行方式参与，计划主持者的角色超然但具有实力，能够减少成员之间的冲突，以及日本国内市场激烈竞争的紧张关系。

发展基础设施

一国的产业要发展，不能缺少现代化且高级的基础设施。这里面包括先进的交通运输、物流和电信设施，它们都是引进现代科技与国际市场竞争中不可缺少的条件。在这方面，政府和企业都有创造和提升基础设施的责任。在大多数国家中，基础设施是政府理所当然该承担的责任。不过伴随着民营化进程的步伐，越来越多的企业和私人机构也在投资发展专业性的建设。

本书所研究的国家中，日本、韩国和新加坡在基础设施上表现最积极，也获得了应有的效果。英国和意大利在基础设施上的投资明显不足。值得一提的是，具有竞争优势的意大利产业，通常不待中央政府行动，便主动通过行业协会和地方政府的协助，发展改善专业性的基础设施。

除了特定产业会因为拥有高度专业性基础设施而产生竞争优势外，一般性基础设施很少能成为国家竞争优势的资源。不过，落后的国家基础设施也会成为竞争优势的包袱。以20世纪80年代而言，基础设施已不只是道路和电信，还包括文化和娱乐条件是否能吸引优秀人才在当地定居工作。以德国的兰德镇为例，在当地的产业政策中，文化和娱乐上的投资扮演着重要的角色。

开放资本渠道

经济发展需要充沛的低成本资本，并通过银行和其他资本市场的合理配置，以最高效率进行投资。低成本的资本不但可以鼓励产业大量投资改善生产力，还具有支持产业在不景气时期持续投资的效果。韩国和意大利的经验显示，当其他关键要素有效运作时，高利率不会妨碍产业持续投资。这两个国家都经历过长时期的高利率，但是官方和民间有助于振兴经济的产业的投资比重也很高。不过从长远来看，韩国和意大利如果希望继续振兴经济，企业在资本取得上，仍然要走低利率和渠道多元化的道路（见第 13 章）。

政府在影响资金成本、供给量以及金融市场等方面扮演着重要的角色。一个国家的资金供给量主要受到个人储蓄率、政府财政顺差或赤字，以及国外资本流动状态等因素的影响。以新加坡为例，该国是以社会保险制度促使人民储蓄，这套制度提供了超越新加坡经济能力所能积累的巨额资金。另一个鼓励或妨碍储蓄的政策工具是税制，日本直到近年来，仍然以免税鼓励邮政储蓄，这种做法相对压抑了其他投资渠道的发展。美国的情况则正好相反，传统上，美国的所得税制鼓励国民抵押房屋贷款消费，又对收入课税，相对抑制了国民储蓄的意愿（有关规定目前已取消）。

政府影响融资最直接的工具是控制预算赤字，但是各国政府通常极少使用这项工具。意大利和近年来的美国，预算赤字显现不出在基础设施或提高生产力等方面的投资。由于缺乏补偿性效益，这类预算赤字对产业的唯一帮助是评估真正的利率。另外，资本市场的全球化趋势虽然会缩减各国的资金成本差距，但是各国资本市场的差异性仍然存在，而且还会持续下去。

资金取得的渠道反映出一国的资金如何配置，这对经济发展是很重要的。企业要成功，不能缺少开放而公平的资本市场，并借以成长壮大，进而追求高层次的竞争优势。在这方面，意大利和韩国会因资本市场太落后，而妨碍了产业的进一步发展。正如过去的日本，韩国政府在选定产业大力补贴和融资后，产业已经走到投资导向阶段。不过，由政府挹注资金协助产业升级的效果是有其限度的，超过这个限度，市场机制将取代政府角色。本书稍后将会讨论先进经济体系中，理想的资本市场应有的特点。

培养信息整合能力

在现代化的国际竞争中，一个国家拥有的信息质量和数量越来越重要。对企业而言，信息具有克服惯性和预警的意义。企业不管是在已成型的产业中提升自己的竞争优势，还是在新萌芽的产业闯出一片天，都需要整合信息的能力，这里面包含了市场、技术和企业在竞争中的决策力。这种力量一方面凸显出新的需求和机会，另一方面也点出了危机所在。

一个国家的信息来源，通常呈金字塔形分布。在信息体系的最底层，数量比较大的是企业的年报、科技出版物、专利记录、私人信息公司和大众传播媒体的新闻等。在大多数的国家中，政府凭借各类官方统计数字和公布各类法规，扮演起传播信息的主要角色。但是和创造信息同样重要的是传播信息。政府要达到信息扩散效应，可以通过类似于美国国家技术信息服务中心等机构，形成产业发展的信息网。

在不断提供企业重要信息的过程中，政府最重要的角色之一是“打信号”。这其中又以日本通产省做得最成功。通产省下面有数不清的研究小组、产业咨询委员会，不断提出与新技术、国际竞争趋势或未来需求有关的报告。这类组织通常包含日本一流的学者专家、企业高层代表和政府官员，他们所出版的报告不但广泛散发，更通过新闻媒体向一般大众作详细的报道。

通产省的产业报告书的主要功能是，提醒企业即将发生的趋势和问题，并引导它们进行回应。至于企业如何反应并不设限。不过，当这类报告在业内普遍流传而企业更加知己知彼时，还是会刺激业者进行内部改善和回应外来挑战。

直接补贴并非良策

当政府企图影响生产成本和其他竞争优势时，直接对企业进行补贴是一项很重要的政策工具。几乎所有的国家都曾利用补贴资金、补贴研究、补贴原料、补贴出口和直接奖励等方式，对该国特定产业进行补贴。这么做的目的就是为了提高该国在相关产业上的优势。

但是，真正的竞争优势很少是由补贴政策而来，相反，很多例子证明，补贴政策与产业长期委靡有关，德国和瑞典的造船业、美国的航空业、意大利的航天科技等就是其中的例子。当我们把问题放在钻石体系内时，就很容易看出补贴政策与产业发展的关系。例如，当企业面对调整和创新的压力时，补贴政策通常会延缓而非加速这些必要的改善行动。有些补贴政策带有限制工厂选址或裁员额度等附加条件，结果又限制了企业的灵活性，使创新意愿受挫。

政府持续补贴会减弱诱因，养成企业的依赖性。如果凡事都有政府支持，产业无论在投资还是面对风险时，注意力都会放在持续补贴的好处而非创造真正的竞争优势上。当政府对一个产业进行补贴时，这种风气马上会延伸到其他产业。风气一开就很难遏止。更糟糕的是，当一个产业获得补贴的同时，也暗示了其他产业可以仿效跟进。

一般而言，在促进产业发展方面，减税会促使企业朝增加经济效益的方面行动，它的正面影响大于补贴政策。直接补贴的唯一优点是，它照顾到企业生产成本中极有限的部分，并成为匡正企业发展方向的信号。日本的合作研发计划和意大利的采购先进设备优惠制度，是这方面比较成功的例子。

政府投资于教育、提升大学研究能力和高级的基础设施等做法，是一种间接的补贴行为，也是政府经费用在改善本国产业竞争地位的较佳做法。同样，以提高客户需求来刺激高级产品的发展和提升，也会比直接补贴企业的效果更佳。

生产要素和货币市场政策

许多政府在改善本国产业竞争力时，最常利用总体经济政策和个体经济政策，以达到控制生产成本和以汇率调节货币与原料市场的功能。政府要影响薪资水平、能源成本和汇率，可以利用的政策工具包括金融和货币政策、能源市场规范，以及影响集体议价程序等。最好的方式是低生产成本和低汇率，这有助于企业在国际市场上的竞争。以往里根政府就曾通过美元贬值来解决美国贸易逆差问题。

不过，这种政策并未能真正反映竞争优势的各项要素，以及经济繁荣的完整过程。德国、瑞士以及近 10 年来的日本等国家都遭遇了工资上涨、能源价格提高、强势货币等问题，但是它们的产业竞争优势依然持续不衰。其中，日本经验尤其具有意义。尼克松水门事件、能源危机和日元升值，非但没有削减日本产业的竞争优势，反而使它们进一步发展、竞争力更强。原因是这些不利因素的压力不仅直接冲击产业，而且带动了上游材料和机械供应商的创新努力。英国、瑞典和意大利等国家的情况正好相反，这些国家长期压低零件价格，促使货币贬值；只是一旦政策失灵，产业的竞争力和优势也就不复存在了。

如果其他条件相当，降低生产成本和海外市场的价格是有助于产业的竞争优势。问题是生产成本只有在技术简单、容易进入和生产成本为主的情况下，才具有主宰竞争优势的意义。[11] 大多数产业具有潜在的高生产率，它们的竞争优势是来自于创新。因此，事实上，有利于静态竞争的生产要素会伤害到动态的竞争。任何人为的生产成本限制或干预汇率而造成货币贬值，都会减轻企业创新的压力，引导企业走向竞争优势持续力较差的价格或成本市场。结果，企业的焦点不再是改善产品质量，推出更高级的新造型、新机种和引进自动化降低生产成本，而只是满足于眼前的利润和安适。可是当其他国家的企业快速创新，长期下来的消长会使原本领先的企业丧失既有的优势。

美国的汽车工业就是一个很好的例子。当日元升值美元贬值时，美国的汽车企业舍弃扩张市场，一味在提高产品价格、增加公司利润方面下工夫。反观日本，汽车企业则是积极改善生产率和提升产品造型与技术。

这并不意味政府的政策应该努力引导生产成本提高或提升币值，而是提醒政府不应该抗拒市场机能，更不可试图破坏市场机能。以下是对各种政策更进一步的评估。

1. 货币贬值。一国的货币币值是对包含政府预算赤字、利率等各种机能的反映。不过通过货币贬值来提高出口、降低进口、改善贸易平衡，并不是它最佳的功用。广义上来说，一国的产业是可以凭借货币贬值发挥竞争优势，并达到该国的贸易平衡目的。因为当货币贬值时，本国或外国的客户会因外国产品转换为成本国价格后偏高而改买国货。然而，通过贬值来达到贸易平衡有它的副作用，贬值也会降低这个国家的生活水平，及造成外国产品更贵、本国产品在国外市场价位相对降低的结果。[12]

贬值可能带来更严重的问题——对经济发展过程会产生负面的影响。货币贬值过程中，企业因为期待汇率上的优势，会向价格竞争和价格敏感的产业环节或产业发展，相对减缓在自动化和其他创新形式的努力，向更高层次竞争的发展步伐也会迟滞。[13] 货币一旦贬值，更多因贬值所带来的压力随之而来。从第二次世界大战后的国家发展经验来看，货币贬值很少能换来长期的生产力提升。一个国家要因货币贬值而获益，最好是处于发展竞争优势的初期阶段（生产要素导向或投资导向）。不过即使处于这一阶段，任何人为干预的货币升值，都会妨碍产业的进步。

政府对贬值政策的掌握应有其分寸。为了产业发展，货币升值的压力是必要的，但是它不能超过提升生产要素的质量或其他引导成功的先决条件。当国内竞争或高级人力资源等钻石体系的其他关键要素都处于有利的状态下时，强势货币是发展过程的有利因素。按照市场机能稳定提升汇率，会进一步鼓励产业发展。

日本的经验说明，当一个国家的产业已具备钻石体系的优势时，突如其来的货币升值压力会形成产业发展的新动力。当汇率因人为操纵而偏高时，政府有权加以干预，但仅限于回归到市场机能上面。

2. 零件价格过高。当本国的零件成本过高，必须移往海外生产之时，就是企业在国际竞争中的警讯，也是提供竞争优势发展的机会点。碰到这种情况，政府应该避免人为压低零件价格的诱惑。美国政府在能源价格上就犯了这样的错误。当其他国家的产业开始节约能源时，美国企业浑然不觉，结果是美国企业的竞争力日渐低落，眼睁睁地看着其他国家的产业在市场上超前领先。

3. 抑制薪资。政府通常不当地抑制薪资上涨。合理的薪资上涨幅度，将为企业带来合理的压力，促使它们寻找更有竞争优势的资源，或走入更高水准的产业环节中竞争。薪资上涨会提高人们对高质量、高价位产品的购买力，改善国内市场需求状态。政府须时时考虑薪资上涨幅度应超前生产率的提升程度。

4. 劳动力增长过快。快速增长的劳动力会帮助经济成长。因为就业带来购买力，购买力的增加会刺激市场上商品和服务的需求。不过，劳动力增长太快时，可能会减缓经济发展的速度，原因是劳动力充沛时，在提高生产率和技术，以及寻求更先进竞争形式的压力，相对也会减轻。德国和瑞士的例子显示，缺乏技术的外籍劳动者大量移入，是减缓经济发展速度的原因。从人文的角度看，移民有助于文化交流，不过从经济的角度来看，只有高级技术人员的自由流动才能促进经济发展。美国产业生产率不如其他国家，原因之一就是美国的人口增长比其他国家快，其中又有相当一部分是女性或没有技术能力的外国移民（见表 7–1）。

同样的观点也可以应用在失业问题上。高失业率会使国家丧失提高生产力和产业发展的兴趣。如果失业率问题未改善，产业竞争又已经国际化，则将带来更大的失业问题。

前面所提的政策方向都有其局限性。社会环境本身还隐藏了更多的变数，其中不少还超越产业竞争的考虑范围。尽管如此，应该注意的是，真正有利于产业发展的政策往往不是给糖吃的手段。

特别是当国家寻求更高层次的产业竞争优势时，这一点尤其明显。政府必须认清一件事：有助于静态竞争的概念通常会延缓动态竞争中的创新。为了经济发展，最理想的生产要素和货币市场状态会为产业带来短期的不便。所以即使会遭遇政治上的压力，政府还是必须抗拒有权干预市场机能的诱惑。日本的经验说明，一个比较好的政策应是不断使生产成本和货币条件适应国家发展的优先顺序。

如第 3 章所讨论的，产业发展的不利因素如果成为创新的实质障碍，它的正面功能就无法发挥。在这种情况下，就必须加强生产要素的质量、发展目标、国内市场竞争状态等其他关键要素，因为只有将它们整合，一套完整独立的系统才能运作，竞争优势才能发展。这种情形也使得政策之间有它们的互动性，每一项政策的制定都应该考虑产业整体竞争状态的发展程度。

很重要的一点是，改善不利的生产要素必须有选择性。如果和其他国家的经济比较，从生产成本较低的项目发展起来是较好的战略，则产业政策应朝拉近本国产业和其他国家产业水平努力。不过，一味以较低生产成本提高产业竞争力，绝非最好的产业发展目标。

政策对需求条件的影响

一个国家的产业竞争优势要发展，需要先进而高水准的国内市场需求配合。传统上，政府以公共部门开支、控制产品种类，或以成本与信用等方面的政策影响国内市场需求的情形，都属于总体经济政策的努力。以日本为例，今日日本政府的注意力就是集中在开发国内市场需求，而非刺激出口上。

本书的理论认为，政府在国内需求方面的政策应该加重分量，并有别于传统的角色。政府应该了解，在国家竞争优势中，国内需求的主要功能是它会影响各种产业的需求质量，而非单纯是需求量的总和。

如果政府受到不完整的关键要素的影响，在这方面的政策往往会不知不觉起到与提高生产力相反的作用。更糟糕的是，很多国家往往将本国需求摆在一旁，一味朝出口导向模式发展，结果限制了本国的进步。

需求面政策的原则是它必须能改善国内需求质量。本书在第 3 章所讨论的各种层次的国内需求质量，基本上是发展过程的核心。如果政府能意识到这方面的重要性，它会惊讶于自己竟然拥有那么多可以提升国内需求质量的政策工具。

政府采购原则

政府最直接地提升国内需求的方法是采购民间的产品和服务。政府单位和国有企业单位是国防产业、基础设施相关产业（如国有航空公司、电力公司、电信局），以及许多产品和服务的最主要客户。

所以，政府的采购能提升也能抵消该国的竞争优势，原因是政府采购通常会变成一个有保证的市场。

著名的例子如德国联邦电信，其以国有身份垄断国内的电信市场。美国的"采购美国货"立法也影响了许多州政府的采购形态，这类排除外商竞争的行为，在其他国家也很常见。[14] 处在这种环境中的本国企业，往往会把政府需求看成一种天赋权利，它们的注意力因此集中在政府的采购市场上，为了排除外国竞争力，而尽力游说政府通过各种不合理的产品规格或其他限制。

表面上，排除外商竞争对本国企业有利，但是由大多数产业的经验显示，没有外商竞争的结果，也将减缓本国业者创新和发展的步伐。它们的产品与服务从质量、造型或成本概念上都与国际市场的需求有分歧。当本国企业因此而无法在国际市场立足时，它们会回过头来加倍依赖于国内市场。

政府要使采购成为提升国家竞争优势的正面力量，应该遵循下列原则：

- 抢先性需求。政府的采购应该刺激先进产品和服务的需求，并借此带动本国业者走到这些新领域。
- 扮演强势挑剔型客户。政府单位采购时，应该定下严格的、性能专业的产品标准，采购对象也不要限于本国企业。
- 采购内容要反映国际上的需求趋势。当政府拟定产品采购规格时，应该先参考其他先进国家的情形，而不只是考虑本国的特殊需求。最合乎理想的状况是，政府的采购规格应适用于国内外市场的竞争。
- 采购程序要有利于创新。政府采购应该有利于该国产业的创新工作。在丹麦，医院为药厂提供免费的临床实验，同时也保存完整而清楚的医疗病历，这种做法使丹麦的医疗企业能针对各种病患族群的不同需求，进行研究和测试，也使丹麦在医疗保健方面表现出色。
- 竞争。为了本国产业的发展目标，政府的采购必须包括竞争的成分。在 1985 年开始民营化的日本电信电话公司一直扮演着有别于传统垄断型国有企业的角色，当它更换交换机时，绝不着眼于日本业者现有的机型。更重要的是，日本电信电话公司拥有阵容庞大的供应商，这使它们必须在各种规格的产品上竞争，进而确保在国内市场竞争的能力。日本政府虽然对外国电信企业设下重重进入限制，日本电信业者在国际市场上的竞争力却不受影响，原因在于它们的竞争力已表现在像微波设备等本国市场规格领先的产品上面。

长期而言，政府必须对外国企业开放本国市场，以刺激本国业者进一步的创新能力。当本国企业实力不足时，最好的做法就是为外商提供一些市场机会，同时制定市场开放时间表，强迫本国企业提升竞争能力。如果一味排除外商而保障本国企业，只会使本国企业无法踏出本国市场的大门。

国防采购助益不大

在英、美等国家，国防采购是本国需求面中很重要的一部分。它被视为有利于竞争优势的一环，也代表一些重要而抢先性的精致型产品市场。

然而，前面提过，由于国防采购对许多产品的需求不同于民间规格，所产生的效果也是各有利弊。在第二次世界大战前后，国防需求确实刺激了航天科技、电子、复合材料等多种核心科技的基础研究，这种研究的扩散效应也很显著。不过，国防科技越先进，与民间需求的距离也越遥远。今天的国防需求已经是一个高度专业化的领域，即使在国防与民间需求相互重叠的部分，客户对产品性能和成本的考虑也大不相同。国防工业的签约企业本来应该是对新科技最敏感，而且是带动技术扩散效应的执行者，但是基于不同的竞争优势考虑因素，它们往往不愿从事民间商业性产品上的竞争。

对一些国防支出占国民生产总值比例高的国家，国防市场本身就是许多产业的主要市场，本国企业之所以倾向于争取这个市场，不仅因为它的需求量大，还与它的市场抢先性有关。但是受到国防市场特性的影响，企业虽然能在国防市场上成功，却又因疏于开发不同类型的产品及降低生产成本，反而失去更广大的国际市场。外国的竞争对手因为没有国防需求的“好处”，反而可以集中精力在民间市场上求表现。美国的机床业者无法在数控机床上竞争即是一例。对于航天工业等产业，国防需求是一项重要优势，因为它代表规模经济，同时也是这个市场的主力。但是对大多数的产业而言，国防市场是弊大于利，因为它提供了错误的市场需求信息。

即使在国家经济发展上，国防建设也是具争议的一环。[15] 原因之一是前面所提的，国防需求往往不同于民间需求，更重要的是，国防部门的目标和产业发展并无太大关联。从纯粹的国防角度来看，最佳的状态是本国能够在所有的重要产业上都能自给自足。这种观点也造成国防单位倾向扶助本国企业，而非以强势和挑剔的客户姿态出现。从竞争优势的观点来看，这些做法基本上是有害而无益，生产力的提高也会因此减缓。同样值得注意的是，如果政府预算中国防经费比例太高，也会减少政府对教育、研发和基础设施等方面的投资，因此无法创造有利的生产要素，结果减缓了经济发展的脚步。[16]

利用产品和流程的规范

政府还可以通过规范产品和制造标准来影响需求条件，这类规范包括产品性能、产品安全性、环境影响力（如噪音、污染、回收、视觉等）。制定这类产品规范不仅是中央政府的主要职责，许多国家还有国家级或地区级的产品标准及制定组织，例如德国标准委员会、美国保险商实验室协会和日本工业标准，这些规范通常会成为法律的一部分。

基本上，20 世纪 80 年代的自由化风潮是对各种产品规范的反扑效果。这种冲击又以美国最为严重。一般而言，产业规范通常分为两类：一类是前面提过的对产品本身的规范；另一类则是对产业竞争的规范，属于这方面的规范包括产业进入障碍、价格规定、产业结构规范和企业之间的竞争形态等。

规范竞争形态，必然会影响到本国竞争的过程和形成新产业的可能形态。规范产品标准同样也会对需求条件产生重大影响。有些人认为，对产品标准设立规范是政府介入竞争的工具之一，它将会伤害到竞争优势。[17] 但是反过来看，政府在许多方面的放任，同样也伤害到竞争优势。

例如一个国家如果要创造和提升竞争优势，在产品性能、产品安全性、限制环境影响等标准上都必须从严。因为这些压力有助于企业改善质量、提高技术能力、提供新造型以满足社会和重要客户的需要。在 20 世纪 50~60 年代，日本政府对出口产品制定严格的标准，结果刺激了日本企业改善产品质量。德国标准委员会的标准也以巨细靡遗出名，它的严格标准，有时候甚至引来保护主义者或外国企业的抗议和攻击。另外，制定工业层面的标准也有促成发展压力的效果。以 1938 年通过的《索林根法》为例，德国餐具业中心的索林根市，注意到市场上充斥着良莠不齐的产品，有破坏当地产业形象的可能，因此才通过这项严格的工业标准法案。这项法律目前已成为保障德国产品在产品差异性上的重要工具。

当严格的产品标准能够扩展到国际上，并且成为国际性标准时，这种产品规范还具有另一层作用，它有助于本国企业领先开发新的产品和服务性商品，进而乘势扩展到全球。例如环境保护的社会运动正在各个先进市场中以不同的面貌出现，各国对环境的规范也会影响到该国企业回应趋势的态度。像瑞典在环保和产品安全性上的严格标准，已经成为该国很多产业的一项重要竞争优势。阿特拉斯 · 科普柯公司能生产出对都市居住干扰最少的冷气压缩机就是一例。另一个例子是日本在 1979 年通过的《节约能源法案》，这个法案对空调设备、电冰箱、汽车的能源使用制定了严格的标准，结果许多产品质量改善了，日本产品的国际地位也相对提高了。

制定严格的产业标准　严格的产业标准也会触发专业制造和服务性企业的诞生，并在国际上享有重要地位。美国人长期关注污染防治工作，使得美国在污染防治设备和服务方面的出口竞争力很强。当德国、瑞典、丹麦等国在环境质量方面超越美国时，它们的企业在相关领域的国际市场竞争优势也在不断增强中。

只是，企业和政府一样，往往只着眼于严格标准会造成短期内的成本增加，而忽略创新所带来的长期利益，更令企业界愤愤不平的是，未受那些较严格标准限制的外国竞争者将在成本上占有优势。这样的想法源自于对竞争优势的认识不完整，不了解竞争优势是如何创造与持续的。当全球各发达国家对环境的敏感度和社会福利的关心不断提高时，企业想要靠销售性能拙劣、不安全且有害于环境的产品踏入精细型产业或产业环节，几乎是不可能的事。精细型的客户通常比政府更早接受安全而干净的产品。生产这类产品的技术也是企业打入国外市场的武器，尤其当国外市场的产品规格非常严格时，这种技术更会提高企业的市场渗透力。因为旧式产品一样可以卖到对产品规格比较松散的市场和客户手中，或者卖给还没有能力发展新标准的发展中国家市场。

当一个国家的产业规范落在其他国家之后，或是不合时宜时，这类产业规范会伤害产业的竞争优势。原因是它们会延缓创新速度，或引导本国企业走向错误的创新发展方向。例如，如果一个国家的电子产品规格是根据20年前的技术能力而制定的，结果将使所有应用到这种规格的产业失去竞争力。像德国等限制生物科技研究的国家，与生物科技有关的农业化学和制药等产业，近年来就饱受威胁。而一味地根据本国特色制定足以保障本国产业的产业规格，也将使产业只能在国内享有竞争优势。要判断哪种产业规格具有前瞻性，哪种是开时代倒车，并不是一件容易的事，核能技术就是个典型的例子。不过，对大多数产业领域而言，制定前瞻性的产业规范是势在必行的。

要判断产业规范政策与国家竞争优势的利弊关系，最重要的判断标准是有关产品的可靠性规范。当有关产品可靠性的法案能培养本国挑剔型客户、促使产品朝更佳的质量方向发展时，这类规范就能为产业带来竞争优势。

美国的情况正好相反，它对产品可靠性的规范不是不够明确就是走极端，结果减缓了创新的步调。处于这样的环境下，企业遭到法律诉讼和增加成本费用的风险大增。当其他国家以比较实际的观点处理产品可靠性问题时，美国在相关产品可靠性上的极端规范，已经超过了合理保障客户的程度。

从产品可靠性问题还可以评估政府的职能。合理的产业规范应该考虑规范的内容和执行的程序。国家竞争优势的提升不但有赖于严格的产品规范，还需要快速、有效、持续执行的方式，它们的作用正像主动性的客户所起的作用一样。

反过来说，过程漫长、内容不清楚的产业规范，不但浪费资源也伤害到创新能力。无菌包装食品就是一个很好的例子。当美国终于通过无菌包装食品的规范时，其实已经落后于手脚利落的德国和瑞士10年之久，连带也造成已有多年经验的外国企业大举攻入美国市场，成为这类产品的主角。[18] 所以，严格的产业规范必须搭配有效率的执行过程，才能协助国家提升竞争优势，而不是形成阻力。[19]

购买者的责任

政府既是健康保险、电力、电信等服务部门的大客户，又是国有企业单位的经营管理者，所以它在这些领域的规范和政策必然会影响到相关产业的结构。当政府以挑剔型客户的姿态出现，提出严格而先进的需求时，它的国有企业与产业规范对上游产业自然产生正面效应。反过来说，如果政府的采购决策过于保守，它反而会成为本地产业进步的绊脚石。

在大多数的例子中，民营化和竞争压力是形成主动性和要求型客户的最佳环境。它们为产业提供了快速创新的有利因素，且避免了政治角力和官僚体系介入采购作业。既是国有企业同时也是挑剔型客户的例子并不多见，保健制度就是一个很好的例子。美国保健体系大量民营化和分散式的运作带来了实质竞争，并成为美国医疗相关产品和服务业的主要优势来源。在其他国家，绝大多数的保健体系是半国有或完全国有，结果造成上游产业创新速度的缓慢。许多新产品、流程或服务（像心律调节器、一次性针管、医疗检测仪器等），大多是在美国问世或在美国取得快速成长的机会后，才进一步普及到国际上。

在下游产业中，零售业和营销渠道最常受到政府政策的影响。面对大型连锁商店的兴起，许多国家都以法令保障零售商和杂货店的生存，或以其他形式限制现代化营销渠道的发展。美国在 10 多年前就已废止《反连锁店法》，而日本和意大利等国家，却依然存在各种抗拒潮流的法令。

《反连锁店法》可能具有它的社会意义，或从保护主义的观点出发，保护零散的小店防止外国企业进入本国市场。不过，这种法律对提升竞争优势有双重负面效果。第一，这种做法提高了零售业和大批发业的成本，又降低了它们的劳动生产率，妨碍整个国家生产率的提升；第二，这种做法封杀了国内优良零售企业借由销售渠道的服务获得发展，长期而言，也会伤害到所有上游相关产业的竞争优势。该国企业因此被迫朝拥有高质量和进步客户的国外市场发展。日本时空错乱又缺乏效率的渠道和零售部门，将成为日本企业发展的绊脚石。

反过来说，美国由于零售业和渠道上的创新能力，它的企业因此在竞争优势上受益匪浅。[20] 政府在这类政策上的大原则是：注意本身的做法是否具有超前意义，或至少能与其他国家同步发展。

优先需求

政府在鼓励优先进入市场或强调精细型需求进而促进产业发展上的方法很多。以机器人产业为例，前面曾提过日本政府如何引导企业采购适当的机器人，并利用租赁方式对企业提供财务支持；[21] 意大利则是利用更诱人的政策引导企业采购先进的制造设备。

这类政策会使国内的下游企业优先成为高端产品的使用者，也迫使上游业者不断创新以满足下游客户的需求。这类政策的重要性还在于它会降低企业担心新产品缺乏市场的风险。对企业而言，不管是公开还是暗示性的保证，都将鼓励它们进行研发和生产方面的投资。

只要本国需求能转换成外国需求，能刺激优先和高端需求对竞争优势是绝对有利的。更重要的是，优先性需求需要搭配活跃的国内市场竞争，否则不但不能产生催化效果，反而会使本国的上游产业停滞不前。

当政府通过政策引导客户成为高端产品优先采购者时，会比直接补贴更有助于创新和竞争优势。当企业把焦点放在客户身上，必然以迎合客户需求为原则，企业之间的竞争也因此产生。这类政策也有助于下游客户水平的提升，鼓励客户和供应商在精致型需求中，形成相互强化的体系。

政府要创造对产品和服务的优先、密集和精致型需求，可用的政策机制相当多。以北欧移动电话计划为例，这是斯堪的纳维亚国家为领先他国而进行的移动电话计划，它也使得芬兰的诺基亚在相关产业中跃居领先地位。

有时候，政府的社会发展政策也会带来抢先而密集性的需求效果。以瑞典为例，该国将残疾人士的平等工作权列为施政的优先项目，这种高度关心残疾者的做法，使得瑞典产业在残疾者用品领域特别活跃。丹麦的助听器产业能够驰名全球，原因是政府早年就补助听疾人士使用助听器。日本政府为了普及音乐教育，拨款补助各公立学校购买钢琴。这个决策不但为日本钢琴业创造了市场需求，而且引导企业向一般学校能够负担的大众化价位钢琴发展。山叶、河合等钢琴业者就是以产品和流程上的创新为基础，成为国际市场上的常胜军。同样，由于丹麦政府很早就关注风力发电的环境质量问题，连带也促使丹麦的风车产业在国际间扮演活跃的角色。

前瞻性的立法也可以刺激优先性需求。以日本为例，传真机需求的出现，归因于法务省认可传真文件的合法性。所以另一个可能对高端需求带来的重大冲击是信用的认定问题。[22]

综合本节和前面的讨论，可以很明显地看到，政府在影响国内需求条件上拥有很多工具。行政单位如保健局、环保署、教育部、交通部、国防部等，可以利用它们的采购或立法，影响国内的客户和市场。不过，这些政府部门很少意识到自己对国家竞争优势的影响力，只是一味地把自己的角色定位在社会或公共福利工作上，这是将可以提升国家经济的有力工具弃而不用。

当政府对企业向客户提供完整而正确的信息以法令进行规范，或要求企业提供相关的服务时，也有助于需求质量的提升。充分的信息带给市场更好、更高品质的选择，并促使企业加强表现的压力，而消费者申诉系统是另一个刺激企业改善的动力。

设定技术标准

政府通过设定技术标准，也会影响创新速度和提高产业水平。在电视机、传真机、数据传输设备等产品领域中，器材和服务的兼容性标准必须先建立，产业才能顺利发展。如果制定标准的过程太长，基础技术势必争议不断，创新的过程就会变得缓慢。一旦基本标准设定，企业必然将注意力放在快速创新和改善产品上面。[23]

当政府在技术标准方面的政策，是以提升整体高级技术的水平来考虑时，支持这些技术并抢先实施，将有助于竞争优势的发展。美国和欧洲国家的企业各自运用手段维护本身权益，所以推动技术标准的过程相当耗时。日本的情形正好相反，通产省是借由对企业施压来设定基本标准，往往敦促企业跨过标准的门槛，朝更高级的创新迈进。以缝纫机为例，日本在第二次世界大战后就已确定缝纫机零件标准，不仅造成零件企业大量出现，降低了缝纫机装配业的进入门槛，更开启了企业对新造型和质量方面的注意力。日本在电视机、传真机和其他产品上，也因为短时期即确定技术标准，企业因此快速走上开发新机种和新造型的健康大道。[24]

想办法延伸国内市场

政府对外援助也是它影响本国企业需求条件的可行途径，其做法是通过两国正式或非正式的商品采购和服务关系，这种情形在传统殖民地国家最明显。今天，殖民地虽已少见，但是从殖民地独立的国家往往和前殖民国之间保持着特殊的采购、贸易和政治关系。形成这种现象的原因是前殖民国的社区发展、社会规范、产品标准和其他生活相关事务，依然鲜明地保存在这些新兴国家中。

事实上，援外和保持某种特殊关系，形同国内市场的延伸，本国企业在那些市场中往往可以予取予求。尽管援外在现实中有助于本国产业发展，但是在运作上必须注意两点。[25]

第一，依附型的市场会妨碍企业放眼全球市场的伟大战略。以第 9 章的讨论为例，英国企业的注意力就过于集中于英国联邦市场。反之，瑞典和瑞士企业因为没有殖民地的历史条件，所以很早就展开广泛向国外市场渗透的营销战略。

第二个必须注意的问题是，通过援外和特殊关系所创造的市场很少是发达的或主动型的市场。当一个国家的企业把目光集中在依附型市场时，它们的能力将无法迎合其他发达国家更严格的需求。无论是发展殖民地贸易关系的英国企业，还是以拉丁美洲为主要市场的美国企业，都面临相同的问题。这并不是说政府不要有对外的经济援助政策，只是强调经济援助政策绝不能成为产业发展的主要工具。

政策对相关产业与支持性产业的影响

政府政策在扩张相关产业的国际市场，以及发展整体竞争优势上，也扮演着重要角色。前文提过，一般有助于提升产业竞争优势的政策，基本上也适用于特殊性或相关产业。以日本半导体产业为例，由于它是许多产业的上游，所以它的成功也成了很多下游产业成功的保证。

接着要讨论的是一些有特别关联性的政策领域，它们会影响到许多相关产业的表现，或关系到产业集群的成型。以下就是关于这些相关政策的介绍。

媒体政策

本书所指的媒体，泛指企业体可以加以运用，而对客户介绍它们的产品或服务内容的各种媒介，包括电视、广播、杂志、报纸、邮购和电子购物系统等。

拥有进步和富有创新能力的媒体，将可强化国家的竞争优势。这种类型的媒体会使企业暴露在高水准的市场渠道中，也会引导该国市场不断创新，形成国家的竞争优势。以美国为例，它的媒体民营化，以及对广告和相关营销活动的限制不多，使电视等重要媒体首先在美国诞生。而美国企业因为能充分运用电视媒体发展营销战略，又造成美国在民生日用品和服务业的辉煌战果。因为这两类产业的成功强调的不是产品或服务的独特性，而是大众营销方法。

其他国家对媒体（尤其是电视和广播网）往往是管制较严格，最极端的例子是瑞典，瑞典的电视和广播禁止播映广告。这种做法也许有社会价值上的理由，但却忽略了对产业造成的无形伤害。当政府的政策限制了消费者利用某些方式取得商品信息时，不论它的社会理由是什么，对该国产业的国际发展都有不利的影响。产业如果不能在本国发展进步的营销战略，也很难成为国际市场中的营销高手。瑞典企业就很少在需要大型市场营销的民生日用品或服务业中扮演强势的竞争角色。

如果更详细地剖析各国对媒体使用的程度及限制情形，大型市场营销和消费品及服务业竞争优势的共生关系就更清楚了。日本和英国都拥有先进的商业媒体，并且也允许电视大量播出广告，因此这两国成了少数能与美国在民生用品和服务业上较量的国家。

形成产业集群的重要性

国家的竞争优势不只存在于产业内部，也表现在产业集群上。一个国家如果拥有世界一流的客户，供应商和相关产业也会产生自我强化、产业发展的效果。在滋养和强化产业集群上，政府也扮演着重要的角色。

产业集群的萌芽和成长通常是自然形成的。美国的硅谷与意大利机械商业云集的摩德纳的成型，起初完全没有政府政策的影子。然而，一旦产业集群开始成型，政府就有强化它的责任。最好的做法是在大学研究所、职训中心、资料库、专业性基础设施等专业性生产要素上进行大量投资。以德国为例，地方政府通常会主动参与和地方产业有关的教育机构或发展计划。而美国则是联邦政府或州政府，将支持产业集群发展看成理所当然的事，北卡罗来纳州的三角科技园就是个很好的例子。在产业集群的成型过程中，州政府和地方政府扮演了不可或缺的角色。

有些国家除了加强或扩大现有的产业集群外，也试图衍生出新的产业集群。以韩国为例，韩国政府在龟尾地区成立了一个专业工业园区，凭借提供专业性的基础设施和技术中心，希望吸引各类型电子企业来此投资，以形成地理集中性的自我强化效果。日本的筑波也是一个类似的科技城，不过它的企业对象不像韩国那么明确。一般而言，当新的产业集群围绕着大学研究机构或先进的科研集中地时，它们的发展最有效率。工业区对企业类型的限制越小，使用价值会越高。反过来说，限制越多的工业区，越容易出现反效果。

当产业集群开始萌芽、运作时，政府政策的功效很容易看到。如果产业集群并不存在，单凭政府政策，让新的产业集群由无到有的机会并不大。尽管如此，很多政府会基于国家声望的考虑而进行这种徒劳无功的努力。举例来说，像丹麦这样的国家应该加强现有的医疗、环境管理等产业集群，而不是试图发展航空工业。政府应该了解，每块土地都有适合它发展的产业。中央在形成产业集群的政策上，最好是支持各地方的努力，而非重点式地专注于几个地区。

在选择什么产业对国家竞争优势有帮助的层面上，政府的绩效一向不佳。既有的产业集群的表现，代表着当地拥有的竞争优势的关键要素，但当政府投入资源时，这个产业集群成功的机会也会更大。相形之下，凭空创造一个新产业的想法是不切实际的，因为每个产业集群都包含传统和现代的产业，即使成熟型产业也有应用新科技的情形。像食品加工等成熟型产业，还是可以引导出从生物科技到加工材料等新的产业领域。

要促进竞争优势，政府最好在提升产业集群、客户、供应商和相关产业等政策上齐头并进。[26] 政府可以为机床企业成立一个技术研发机构，但是除非它能引发本地制造商参与技术研发过程，并取得更进一步的机械设备，否则效果有限。更广义来看，政府的任何政策都应该能牵动钻石体系的所有部分，才能产生真正的竞争优势；政府在施政时，必须认清的是只有产业相互联系才能创造竞争优势。像日本的自动缝纫机系统计划，目标虽然是成衣加工自动化，但是却具有鼓励许多上下游产业参与的效果。这也是以政策贯穿产业，引导发展的好例子。如果这个计划成功，所有与缝纫机相关的产业的竞争优势都将因此而增加。

进行区域发展计划

国家经济很少能有均衡发展的，经常是有些地区或城市的经济发展会超过其他地方。德国和英国的不景气地区大多在北部，意大利的经济问题主要在南部。要解释这种差异，必须回到每个地区拥有的生产要素、需求条件、相关产业表现等钻石体系上。

国家往往会对很不景气的地区进行振兴式的区域发展计划。由于区域发展计划往往以补贴、劝诱或优惠等行为吸引企业到当地发展，所以它的效果通常也不大，英国和意大利就是最好的例子。

利用补贴政策引诱企业在不被看好的地区发展，不仅经济体制不扎实，也无法创造出竞争优势。

事实上，要使原本已经不景气的地区转变成企业能自我强化的竞争优势，进而影响其他企业的生产力，甚至刺激出新的产业集群，基本上也是不可能的。

产业集群的形成有它的一定模式，按照这个模式进行，区域发展计划成功的可能性比较大。产业集群的磁场是大学、研究机构、专业性基础设施或优秀熟练的技术工人，它们对产业的吸引力远大过补贴的效果。最好的区域发展计划是标出产业实力的核心所在，并且在产业集群形成时投入资源，鼓励形成有地理集中性的产业集群。因为一个产业会创造另一个产业的高水准需求，也会为另一个产业提供零件材料。这比漫无目的地鼓励一些企业，到它们没有兴趣的地点设立工厂或区域总部，要高明得多了。

政策对企业战略、企业结构、同业竞争的影响

政府政策会影响到企业如何成立、组织、管理以及发展目标和竞争方式上。20 世纪 80 年代后期，许多国家在这方面的政策一直在变，但并不见得就比从前更好。

国际化

竞争优势如果要持续提升，企业需要具有全球视野的发展战略。政府通过引进外商、汇率和进口管制等规范机制，可以在企业全球化过程中扮演重要的角色。例如，政府的政策应该朝鼓励企业出口和建立主动的全球观点上努力。做法之一是为业界提供关于国外市场和技术的信息。最具代表的例子是日本的日本贸易振兴机构。这个机构有许多官员和国外专家参与，共同协助日本企业发展出口。此外，当产业集群彼此有串联时，这种扩展出口的活动最有效率。政府要避免妨碍企业国际化，做法上应避免货币、外商投资、技术人力的移入移出等限制。

企业的国际化有时会引起一些疑虑。有些人会以二分法区别国家需求和企业需求，并振振有词地指出企业在海外投资或借助外力，是无国家观念的证据。当企业以收取专利费方式出口技术时，也会被看成是泄露国家机密的不忠行为。

这些说法多少带有主观的情绪。因为对企业需求和国家需求强加区分，长

期来看是错误的认知。当经济要往更精致、更高级的竞争优势推进时，其过程中必然包含全球化战略和引进外国的次级产品和原料。只要经济处于发展状态，国际化就不会威胁到本国的就业机会，反而会提高生产力，而国际化也会减低国家对汇率的敏感程度。以日本为例，1986 年以来，由于日元大幅升值，日本人曾对企业应否快速国际化展开激烈的辩论。不过，20 世纪 80 年代后期，由于企业应用国际化战略巩固海外市场地位，日本在经济增长和出口方面的表现反而更强。[27]

企业与国家长期利益之间的真正冲突，主要出现在企业国际化或外移时，移出的是高生产力而非低生产力的活动。会出现这种情况，大多是因为本国的钻石体系不健全，企业无意在国内持续投资，或国内缺乏竞争压力，影响到创新的发展。同样，企业把优秀的人才往外送，意味着本地生产要素的创造力不足，重要的相关产业太弱或有其他缺点。

这种形态的企业国际化，不但对提升国家竞争优势没有帮助，长期而言，也会影响到企业本身的能力。如前一章提到的，在本国进行创新所产生的竞争优势持续力，绝对高于在海外发展生产和工艺流程所产生的，培养本土供应商的竞争能力也优于对外商的依赖。

如果反生产力的国际化现象出现时，利用政策来封杀这股潮流的效果也不显著。政府如要阻止企业出走，除非采取永无止境的补贴政策，否则纵使为今天留住几个工作机会，也会丧失创造更多就业机会的可能性。阻止企业国际化并不能解决问题，政府该做的是虚心检讨企业为什么不能留在国内进行发展，这才是对症下药的做法。

目标的重要性

国家的竞争优势要能扩散开来，无论企业还是个人都必须要有目标借以鼓舞士气，并保持对产业的忠诚度。只要企业希望改善和创新，社会希望新企业持续出现，目标是绝对必要的。目标本身往往也能反映出政府政策影响力所不及的状况，其中包含对于提高财富和社会地位的态度、历史中商业的角色、宗教信仰、社会结构，以及社会繁荣程度等。不过，如果政府的战略应用得宜，也会影响到民众的个人目标。

个人的发展目标　政府可以通过下面几种途径影响个人的发展目标。

赋税政策是第一种。政府的税制应该要能鼓励个人努力，而非通过高额累进税撷取百姓的工作成果。近年来，有些国家利用税法优惠政策让民众感受到收入与工作表现的关系。在广义上，这是很不错的做法，因为它有激励个人努力和对事业忠诚的效果。不过做法上却必须小心，因为这也可能产生适得其反的效果。假如税制所鼓励的是给予员工短期利益，产业在长期投资和创新方面就会相对受到伤害。

政府影响个人目标的另一个途径是，以政策影响国内的劳动市场。劳动市场的运作方式虽然超过本书的讨论范围，不过，在本书所研究的产业实例很清楚地显示出快速流动的劳动力对经济发展并无帮助。当产业的生产率不高时，员工固然可以考虑离开，但是只要竞争优势的升级动作仍在进行，员工就应该对本身的职业和所属的企业忠诚。产业的生产率并不像许多劳动力流动理论所假设的是天赋或一成不变的，相反，生产率可以从正确的个人工作态度或合作行为中提高。意大利和日本的劳动力流动率不高，而它们表现出的高度经济增长，正是有力的说明。

要使员工和管理层对企业和产业效忠，公司和产业也需要相对付出心力。不管是从个人还是企业的观点来看，除了企业发生紧急状况必须裁员外，企业应多采用终身雇佣制，这种制度会使人才聘用更谨慎，并加强员工的培训、提升员工能力；人事变动也应以调整岗位而非解雇为考虑，这会同时鼓励企业朝相关领域的多元化经营迈进。日本的情形正是呈现出这种做法的正面价值。不管是劳动法还是教育培训的抵税规定，只要是能促进劳资相互承诺的政策都是好的。除非是经营困难的产业或已出现结构性崩溃的产业，否则任何鼓励劳动力流动的政策都是不妥当的。

政府还可以通过“社会地位的晋升”鼓励个人努力。这种做法对经济发展的效果非常具有实质性作用。如第 9 章所讨论的，美国企业家中，绝大多数并非来自上层社会。英国最成功的企业，其经营者也很少出身贵族世家，反而是一般中下阶层背景的人。要形成个人追求成就的风气，政府应该培养社会对建立技术、承担风险、不寻常努力的投资和奖励的共识。开放的教育体系、助学贷款、进阶培训和严惩歧视（不公平对待）等政策，都有助于这些效果的实现。

企业的发展目标 政府政策对企业目标的影响，是从投资者的目标、公司组织形态、资深经理人的专业等方面进行。由于竞争优势需要产业内的持续投资，投资人不应该成为企业投资的阻力，更不该因股票价格起伏、短期收益表现，而影响到企业对新产品、新设备，或其他有助于竞争优势的投资。[28]日本、德国等国家，由于资方股票很少买卖，而以长期增值为主要目标，所以对企业经营的帮助很大。这种情形也使经理人的工作士气高昂，既不必担心投资问题，也无须在提升生产率时承担不必要的风险。

公司持续在研究发展、新设备、培训教育等方面的投资，对国家经济的帮助大于其他形态的投资。研发等形态的投资可以提高产业生产率，还对相关产业有所帮助。这类做法不但有助于投资人的回收，还有提高员工薪资的效果。和其他对社会回馈较少或只对投资人有利的投资形态比较，政府有责任鼓励企业进行良性的投资。有些国家可能因为社会结构问题，造成投资人缺乏长期投资意愿，此时政府有必要以政策鼓励研发等类型的投资。但必须注意的是，降低投资的交易成本，使金融市场更有效率地运作，虽然有助于提升短期周转的利润，但也会伤害企业的长期投资意愿。因此，政策的目标应该是不要因过度零散的投资而分割了国家的资源。通过合理的分配投资以达到最发达的国家生产力，可说是一种理想，因为在现实环境中，大多数经济所面对的问题不是过度投资，而是最需要的领域投资不足。

政府要鼓励产业进行大量而持续的资本投资，政策应该倾向在公平原则下，通过税制保障长期资产所得。这将使投资人在投资或筹建公司时，更有耐心改善竞争优势，并专注于企业的长期表现。[29]许多发达国家并没有资本利得税，有征收资本利得税的国家，政府对短期所得的课税也会比长期所得的税重。美国从 1986 年税制改革后，对资本利得的课税比例高于其他国家（英国其次），而且一般所得税依然存在。更糟糕的是，美国的退休基金是免税的，这使得企业在寻找短期收入的兴趣大于长期股息所得。美国之外，其他国家的共同趋势是，平等看待资本利得和所得的税制，英国已经实施这种制度。然而，这种做法的缺点是它所依据的是狭隘的金融市场效率观点，对产业有反生产力的效果。[30]

高层管理的目标 公司运作模式也会影响投资人和经理人的行为。如果投资人除了买卖股票外，对公司毫无影响力，结果必然导致股东的股票交易和公司易手行为频繁。在这种情况下，经理人也会倾向减少投资以稳定股价、避免公司易主。公司易主虽然有助于降低成本，出售利用不足的资产，以及由新东家带来更多的事业动力，但是它只能算是两害相权取其轻的解决办法。最好的做法是增加投资者在经营决策上的筹码，而经营模式也能激发经理人的干劲。事实上，公司易主往往会使企业在尚未开始投资前就已经背上一大笔债，并因此无法走上有利的竞争位置。另外，资金外流的压力也会引起创新速度减缓的危机。新东家对公司的兴趣可能是再转卖出去，而非将它发展成世界级的企业。

当公司管理结构中，代表投资人利益的董事会，以及大股东有权对管理事务发言时，这种组合是强调投资人的长期利益。因此，政府的法规应支持股东在经营管理上的参与决策权。日本和德国也允许债权人有同等的权利，同样有助于企业持续发展竞争力，不必为了债权或担保问题而陷入僵局。

高层管理者的目标也会影响到公司的目标。当高层管理者的收入是建立在公司短期经营的表现上时，不但会扼杀他对投资和创新的勇气，也会对公司的长期发展产生负面效果。政府在这方面可以利用所得税制进行矫正。例如，当所得税和资产税制双管齐下时，一方面可以导正股票长期持有人的投机行为，也对赢利分红有所帮助。此外，政府应该鼓励企业允许经理人持股，原因是它不会伤害到公司真正的所有权，而且又不像分红那么有煽动力。由于长期持股有助于高层管理者对企业经营的忠诚度，政府在这方面不应该随意降低限制。

另一项影响公司目标的政策是企业准备金的会计制度。企业准备金是由营业额中扣除，主要是用在增加资产上。在日本、德国、瑞典、瑞士等国家，企业可以保留大量的准备金以应付困难时期的需要；准备金制度也可以避免企业过分在意短期利润。根据瑞士的经验，这类制度的危险性在于当企业缺乏有效竞争时，准备金本身会成为企业重整和创新的障碍。

保持国内竞争的重要性

政府在产业发展中最重要的角色，莫过于保证国内市场处于活跃的竞争状态。国内市场的竞争不仅对培养创新能力有帮助，更为本国产业和产业集群带来多项好处。维持激烈的国内市场竞争，也将使本国业者从主动性客户、转换不利因素等钻石体系要素中产生竞争优势，而不是杀鸡取卵，寻求政府援助或出走了事。

要从国内竞争中产生国家竞争优势，市场必须避免垄断，政府政策尤其应该关心企业的合并或联盟等行为。不过，产业全球化或企业合并产生规模经济等观点，也一直在挑战反垄断的必要性。

企业垄断的声浪每隔几十年就会飙涨一次，目前正随着欧洲联盟的发展，形成疾风横扫欧洲之势。经理人基于减少国内竞争对手、提高短期利润的考虑，往往是第一个举双手支持企业合并或联盟。

事实上，“制造”出一个主导国内市场的企业，不会在国际上具有必然的竞争优势。在国内无法竞争的企业，也很少能在国际上扬威。同样的道理，规模经济最好以全球市场作为考虑的基础，而非将目光局限在国内市场（见第 3、第 4 章）。

根据历史经验，把小企业合并成一两家大企业，以使竞争更有效率的理论，基本上都通不过历史和实践的考验。以英国为例，礼来、ICL 等公司就是企业合并反而不振的写照。[31] 反过来说，前面几章有许多例子显示，积极的国内市场竞争则会带来真正的国际性成就。

泛政治化的民族意识也会成为产业政策的噩梦。当国内一两家企业独大时，政府对企业的态度往往会以它们的需要为主，相对地忽略掉产业发展的真正诱因；产品标准也是依这些大厂的能力而设，甚至还威胁国内其他企业购买这些质量不佳的大企业产品。当企业在国内缺少竞争对手时，它的目光往往锁定现在，而非努力提升竞争优势。当它的创新速度减缓时，它必然转向政府，寻求更多援助以维持现有的市场地位，因此鼓励企业合并的政策也有自我强化的效应。一旦合并动作开始，后续的合并案会越来越多。

政府如果对卡特尔形态特别宽大，也会掉入丧失竞争力的陷阱。在卡特尔形态的产业中，几乎找不到真正具有竞争优势的例子。在没有反卡特尔的瑞士，手表和啤酒等卡特尔形态的产业对国家竞争优势的伤害甚巨。卡特尔会妨碍国内竞争所产生的自我强化和发展力量，虽然能维持暂时的暴利，但同时也使产业开始在国际市场上衰退。

禁止企业并购 强有力的《反托拉斯法》对横向合并、联盟等方面活动的规范，才是经济发展的主要来源，在产业领先群之间并购和结盟的行为应该禁止。例外的情形是当企业并购的对象是相关产业中的小企业，并借以提升本身技术时，这种并购行为是被允许的，因为这种做法有助于提升竞争优势。[32] 此外，政府对合并或结盟的规范，应该同时适用于国人和外商，以防止国内市场竞争受到重大威胁。政府不但应该禁止企业并购，还应该特别鼓励产业在本国和海外发展新企业。政府应该牢记，企业间的联手行动是非法的，竞争者合作开发的活动更应该受到严格的监督。

美国、意大利、瑞典、瑞士、德国等国家，都是因为对企业合并、结盟甚至垄断的行为不太在意，以至于妨碍了生产率的提升。过去10年来，反托拉斯的政策往往被攻击为“浪费”和“过度”的竞争。事实上，“浪费”和“过度”的竞争才是提升国家竞争优势的主要动力。在我们所看到的例子中，产业一旦失去竞争行为，结果将是资源不断外流、产业结构崩解。

政府虽然应该禁止企业横向联合或合并，但这并不表示它可以一味地保护既无效率又大幅落后的企业，但是这种情况却在不少国家出现。以日本和意大利为例，小杂货店一直以政府保护做后盾，这使得更有效率的连锁商店无法发展。美国的伊士曼柯达公司一再被业者控告，认为它推出的新产品不利于新竞争者的建立和发展。然而，如果企业不断投资，推出新产品带动创新与提高生产率，即使因此造成其他竞争者丧失市场占有率，也不应该加以干预。

《反托拉斯法》也应该避免妨碍有助于创新过程的上下游合作活动。一般而言，除非产业集群中的纵向合作已造成竞争者接近客户、营销渠道、供应商等的屏障，否则不应加以干预。同样，只要产业协会的培训、基础设施、研发等创造生产要素的活动并没有排他行为，《反托拉斯法》也不应该加以干涉。在美国，《反托拉斯法》认为行业协会有抵消生产力的效果，而应加以规范，而这些规范使大多数行业协会成为毫无效率的组合，对提升国家竞争优势毫无帮助。当行业协会发现自己无事可做时，自然会把所有的精力放在国会游说活动上。

如何制定竞争规范 竞争需要规则，但是大多数的政府规范着眼于维持国有垄断、设置产业门槛、固定价格等方面，对提升经济竞争优势并没有帮助，甚至有双重的负面影响，而使竞争和创新为之窒息。企业如果失去公开的竞争压力，接着就会失去动力，最后沦为与制定规范的单位讨价还价，以保障现有的利益与地位。

如前文指出，对竞争加以规范往往使产业成为被动的供应商或客户，产业缺乏活力和创新时，企业对引进高级或精细的零件材料毫无兴趣，它们能给本国客户或下游产业的，也只是没有创意的过时产品或服务。

凭借本书的研究发现，对产业竞争规范越少的国家，往往也是在国际性产业中，拥有盟主头衔较多的国家。以保险业为例，英国的自由放任政策使这个产业出现了非凡的创新成绩，伦敦也一直扮演着国际保险业的龙头角色。如果竞争规范涉及保护消费者、劳动者安全，或环保性质的规范，这是必要的，但是会妨碍新产品、新制造工艺竞争的规范，则是多余的。

国有企业民营化和市场自由化通常会刺激国家竞争优势的提升，它们产生的效果甚至波及相关产业。例如，美国电话电报公司民营化的过程虽有瑕疵，但此举造成今日美国电信服务业的大幅改进和创新。必须注意的是，假如缺少活跃的国内市场竞争，民营化或自由化策略不可能成功。

因此要达到自由化和民营化的目的，还需要《反托拉斯法》的搭配。英、美两国民营化和自由化的效果不明显，正是因为对市场竞争忽略的结果。

政府除了应该取消对产业结构的限制外，还应该抛弃妨碍创新的政策。这类政策包括妨碍劳动力转换工作的法令，或限制企业选择发展地点的命令，比较好的做法是在法令上反映社会的需求。

该不该用保护政策 政府通常利用各种形式的保护政策，以避免本国企业因面对国际竞争对手的压力而受挫。这种情况举世皆然，连美国也不例外。[33]保护政策最有力的说辞是，它有助于本地的新产业，或能为转型中的产业带来喘息的空间。[34]这两种说法都是从寻求产业的短期保护为出发点，结果却演变成长期保护。根据本书的研究，绝大多数的保护政策并不适合产业环境。

产业萌芽期 当一个产业刚刚萌芽，还处于缺乏竞争状态，而国外已有强力竞争对手时，保护政策是有效的。如果能延后外国竞争者进入国内市场的时间，本地业者有可能通过内部的竞争而茁壮发展，启动自我强化机能，造成国家钻石体系的发展。不过这种萌芽期产业必须保护的理由，往往只适用于产业基础不扎实，而发达国家竞争者虎视眈眈的发展中国家。

更重要的是，保护政策虽然有其正当性，但是成功的概率并不高。它通常只适用在以下三种情况：[35]

1. 本国市场必须有竞争性和效率。激烈的国内市场竞争通常是国际市场竞争压力下的征兆。本国市场的竞争与市场本身的快速成熟，将使业者把注意力转移到国际市场。如果国内市场结构具有这种形态，保护行为是不至于阻碍创新和发展的。

保护本国的重要企业，很少能转换成真正的竞争优势。在缺少竞争的情况下，被保护的产业将不可能在国际市场脱颖而出。日本和韩国的保护政策能够奏效是因为产业处于发展阶段，而且国内竞争相当激烈。这两个国家的保护产业能产生竞争优势，理由都是国内具有激烈竞争的市场结构。日本的汽车、钢铁、机床、电子等产业便是证明。令人觉得讽刺的是，通产省因为追求规模经济和避免过度竞争，试图对一些重要产业设计进入障碍，日本企业能幸运避开这种做法所带来的伤害，是因为它们拒绝依照通产省的指示行事。[36]在韩国，所有重要的出口产业如果不是群雄逐鹿，至少也有四大集团的参与。它们之间激烈的战斗带动了快速的创新，以及在海外市场的成功。

2. 国内必须具备有利的钻石体系。当本国缺少适当的需求条件、充沛而专业性的生产要素，以及其他鼓励持续优势的条件时，产业通常无法在国际上和他国竞争。

3. 保护措施必须要有限度。保护是一种令人无法自拔的毒品，它通常也带来政治的借据，并限制了本国的企业活动，使得本国企业将注意力集中在国内市场。

在韩国和日本，因保护而成功的产业往往最后还是面临被淘汰的命运。企业把注意力放在构筑防止外商进入本国市场的壁垒上，这个举动削弱了它们在创新方面的爆发力。以建筑设备业为例，在保护政策下，小松的产品质量不佳，生产效率也差，但仍在日本市场稳若泰山。但是当卡特彼勒与三菱合作，进军日本建筑机械市场时，新的局势变化使得小松进入密集创新和发展的努力阶段，后来终于使它成为国际市场上的一员。[37]

保护成长非良策　如果市场从低层次领域开始开放，而且逐步调整保护过程，这将有助于产业的发展。以日本为例，机床产品进口限制的解除，是从最简单的手工操作型逐步进展到数字控制机型的。这种做法之所以能成功，主要是靠本国市场的钻石体系其他功能的不断发展。

前文曾提过，保护政策若要能放能收，政府的稳定和独立运作能力很重要。在许多国家，“暂时性保护”往往是名不副实，而且很少有企业能借由保护而达到产业成型的。重要的是，成功产业一旦丧失竞争力，往往很少能卷土重来。还不太坏的结果是，产业逐渐退到最具持续力的核心部分。

以保障成长空间为名要求保护，可能不是产业衰退的主要理由（产业衰退是钻石体系运作有问题），但是保护会延缓（而非激励）产业建构竞争优势的过程。它会使企业停在原本就缺乏竞争优势的产业环节，延后因为外在冲击而产生的竞争优势。当企业得知在政府帮助下可以避免改善时，基本上企业是厌恶改善的。然而，保护政策并非恩泽广被的德政，当企业面临破产或严重衰退而需要援助时，政府常常是袖手旁观的。

尽管保护政策预定的期限已到，其通常也会以公开或化明为暗的形势持续进行。美国汽车业就是一个活生生的例子。直到今天，美国的汽车业依然缺乏实质的竞争优势，是因为日本对手的“手下留情”才得以生存。很不幸地，美国的半导体产业也正面临相同的命运，在这个产业中，先是出现管制进口的市场协定，其次是由政府补贴、产业共同研发生产技术组织的成型。近年来，企业间进一步发展生产内存的国际性集团，并努力使这种组织不受《反托拉斯法》的规范。日本在这方面的例子更是不胜枚举，通产省发展出数十个重组式或隐性的卡特尔，但是它们当中具有国际竞争实力的很少。

应该如何合作　在避免重复投资或提高经济规模的前提下，企业之间以各种形式进行共同投资而提高竞争力的风气正在流行。其中，有些合作计划确实会带来好处，不过大多数却不是这么回事。竞争者之间的直接合作，通常会伤害彼此长远的竞争优势。因为这种做法会减少成就动机、削弱竞争力，最后使进步速度缓慢下来；它也会降低企业寻求不同做法的兴趣，产生寻求保护的心态。直接合作不仅是一种危险政策，也是错误的战略（见第 2、第 11 章）。主要竞争企业之间的共同生产也会产生上述的恶果，因此同样应该禁止。

在某些情况下，企业之间通过具体的第三者进行间接合作，是有助于竞争优势的。像前面提过，通过独立性的机构进行合作研发是可行的。利用行业协会成立培训中心、发展专业性基础设施，或援助大学作研究以创造生产要素，也将使产业获益。如果合作研究计划是经由独立机构进行，将制造大多数企业的参与机会。同理，商展或对海外市场的促销活动，也能产生产业动员的效果。德国、意大利、日本等国家的行业协会，在商展和市场开发方面都很有效率。合作计划的最佳组合是由中立者推动进行，具有详细的规划和进程，并广泛吸纳不同动机的业者参与，而参与企业无论在生产过程、价格和其他战略上，仍要面对同业间的激烈竞争。

最后，供应商和客户之间的纵向合作，只要没有排他行为，是有助于国家竞争优势的。纵向合作具有带动整合创新过程的效果。共同生产正好相反，因为限制了合作双方在投资和工艺流程上的能力，使彼此的竞争方式倒退，最后对整个产业竞争优势造成伤害。

注入新血液

新企业的加入是提升经济、带动竞争优势的因素之一。新的竞争者会使用新技术、找寻新的产业环节、供应新的零件材料或提供特别的服务。由核心产业发展到相关产业的多元化经营会带来新的资源和技能，使产业竞争绽放出创新的火花。对国家的钻石体系和产业集群的相互强化而言，新企业的加入是非常重要的。

新企业的加入不仅对经济发展很重要，也会减少可能伤害经济进步的危险。新企业的加入会提高生产率，因此可以协助处于成熟期的产业释出多余的劳动力和工作机会。如果新企业加入情形不踊跃，缺少新的工作机会，工会和员工往往会骚动不安。同样，在劳动力充沛、薪资上涨压力不大的情况下，企业对投资改善劳动技术和提高生产率的兴趣也不大。如此一来，政府将被迫使用一些有害的政策——为保障工作机会的短期利益而牺牲长期竞争的优势。结果，企业缺乏向全球投资的兴趣，大量补助金将流入有危机的产业部门、成熟型产业更开始不断寻求排除国外竞争者的保护政策。

前面提过，政府是通过目标管理间接地影响新企业的加入。企业活动中最重要的条件就是冒险的意愿。冒险不仅是成功的奖赏条件，也是面对失败的一种态度。美国和意大利的企业家因为不把失败看成耻辱而勇往直前，德国、瑞士、英国、新加坡等国家则把失败看成是一大灾难。所以，政府应该在培养国民的冒险态度上，扮演局部而且长期性的角色。

新企业需要竞争空间才能茁壮成长，而政府更得取消对成熟企业的相关保护，进入门槛也必须比业者间的合并标准更低才行。

点子是形成新企业的另一个重要因素。政府在各种技术学校、大学和研究所的持续投资，以及学校和研究机构在创意上的努力，都是培养新企业和新产业的重要力量。政府对大学教授的研究活动或专利权的管理方式上，更不应该反其道而行。以日本为例，大学教授要进行研究活动比其他国家麻烦，师生因研究成果而自行创业的情况更是少见。

形成新企业的另一个重要条件是资本。政府为风险性投资所准备的基金，或是对新企业的补贴，通常效果不大。官僚体系加上缺乏正确的规划选择能力，更会导致错误的选择。比较好的做法是通过减税鼓励长期的资本利得，进而带动风险性投资活动。不过，有风险性基金并不意味着新企业必然成功，这还得看钻石体系的其他关键要素是否处于有利状态。

最后，政府政策必须对新企业的动向有强烈的敏感度。因为一般新企业的规模较小，当相关规范和条件过严时，小企业遭遇的障碍也比较多。因此，政府在如何制定阻力最小的规范，或在基础设施发展上进行协助，将是比较适当的做法。

正面的贸易政策

对国家整体来说，除非企业能够打入国外市场，否则将很难完全展现它的竞争优势，所以政府的任务就是积极协助企业打开其他国家的市场。换言之，贸易政策并不是抱怨声中的被动行为，或是拥有政治力量产业的意愿，它应该是寻求国家竞争优势的市场开放活动。同样，谈判不应该夹带历史仇恨或袒护竞争力有问题的产业，而应对现实环境和产业问题作平衡的处理。

贸易政策目标不应该片面保护本国产业，而应开放市场并取消不公平措施，政府干预的标准应该参考其他类似国家的贸易限制做法。如果本国企业在财务能力上比不上外国对手，未必可构成贸易保护理由，因为本国企业竞争力不足的原因可能是缺乏创新与活力，而非不公平的国际竞争所造成的。

碰到这种情形，政府所开的药方应该是集中力气消除原本的贸易壁垒，而非直接规范进出口活动。人为的市场秩序或自动设限的卡特尔效应，通常风险高、缺乏效率，而且造成消费者采购成本的大幅增加。[38] 政府舍弃促进产业加速创新的事不做，反而对缺乏效率的企业进行市场保障，或对其他进出口提出特定数量管制的做法，是不明智且会带来负面效果的。

反倾销是个危险的做法。美国反倾销的行动越来越多，只会钝化竞争价格、保护缺乏效率的企业。政府要实施反倾销的先决条件，应该是在竞争对手持续以低于生产成本的价格进行市场竞争时。

在一些发达国家，对个别市场进行限量管制的“管制型贸易”做法正在流行。日本的高额出口和低量进口就是最典型的例子。但是管制型贸易是一种卡特尔式的贸易，它会减缓产业和经济发展的步调。日本目前的进口压力正在快速增加，而且通过其他渠道而产生的进口压力，也高于政府能管制的程度。

关税补贴会伤害到进口商，但是它的伤害程度比限量进口低一些。像本国竞争已经国际化，但仍禁止对手国企业在本国投资设厂或并购，其目的在于防止竞争国企业将不公平的贸易手段带入规范较少的本国市场。

然而，这些不公平的贸易做法都会遭到反击。事实上，要准确掌握某种政策究竟会降低企业创新和出口的意愿，还是避免本国客户遭到暂时性伤害，是一件很困难的事。因此，这些做法的掌握尺寸，不应该看它在短时间内有多少效果，而是看它能改革和调整的速度有多快。每种做法都应该有个时间表，以减少实施过程中因政治的介入而使得“暂时”成为“永久”的问题。

要在复杂的国际贸易中进行成功的贸易谈判，本国的谈判代表不但必须是一流人才，而且必须对讨论内容有充分的了解。在美国对日本和韩国的贸易谈判中，日本、韩国往往是精英尽出，而美国代表几乎每两年一换；而且美国以外的其他国家谈判代表，往往具有对行政首长直接汇报的权限。另外，贸易法案也应该为本国谈判代表提供最大的谈判空间。在任何贸易谈判中，允许对手进入本国市场往往是谈判的焦点所在，因此必须灵活、选择性运用这项筹码。对其他国家的政治现况来说，能不能在谈判中有所收获，往往和国家的施政成绩有关。

外商投资的问题

长期以来，政府的重要工作之一就是处理外商在本国的投资事务，它涉及到国家主权和本国产业的发展。由于外商投资可以成为提升本国经济生产力过程中重要的部分，同时也带动本国竞争的全球化脚步，所以对此需要有全球化战略的考虑。外商投资涉及本国企业所有权的转移，因而与政府政策有关。当企业是以本国为发展基地时，它的国籍与经济发展与否关系不大。[39] 如果外商投资是以设厂或并购本国企业等形态出现，目标又是本国市场或生产加工，那就意味着外商在这个产业中的竞争优势高于本国企业，同时也具有刺激本国业者改善、带动竞争效率等提高国家生产率的效果。

发达国家对外商投资的干预，应该在下列两种情况下进行。第一种是外商投资可能伤害到本国市场的良性竞争，例如外国竞争者并购本国的领导企业。第二种是外商在保护自己市场的同时，还想单方面进入他国国内市场，形成国际法上的不公平贸易。当贸易行为被扭曲时，限制外商投资不仅是一种处分，也将使他们回头解决自己国家的贸易壁垒，产生良性的互动结果。

限制外商在本国投资是毫无理由的，因为大量的外商投资也会带来重要的商业信息。外商投资要产生绝对的负面效果，其前提是本国企业已完全没有竞争能力，任由外商支配。英国在 20 世纪 80 年代后期有大量的外商来此投资，只是这些投资绝大多数都是初级加工和装配作业，所提供的薪资也较低廉。这类就业机会对英国经济虽有帮助，但也显示出英国经济已落后于其他发达国家。美国的情况也差不多，只是程度上不如英国这么严重而已。

在竞争优势上的问题是不能靠外商投资来解决的。政府对外商投资的干预虽然应该审慎面对，以免妨碍生产率的提升，但是如果国内市场由外商充斥，就意味着本国产业政策应该加强新产业的培养能力。

政策与竞争优势发展阶段的关系

政府的产业政策，应该随国家处于哪个竞争优势阶段而进行调整，亦即任何时间的任何政策，都应该与现阶段的产业竞争优势相互辉映和互动。

深入的阶段

政府在国家竞争优势上，影响最直接也最大的是生产要素导向和投资导向这两个阶段。政府握有资金、补贴、暂时性保护等政策工具，在这两个阶段的国家竞争优势上，能发挥的作用也最大。在产业发展初期，政府在生产要素的创造上必须扮演领导者的角色。它应该鼓励储蓄或对外举债以积累资本、提升教育和基础设施，以期为本国奠定发展技术的基础。

政府在这个阶段的角色很重要，它要做的事包括：如何分配有限的资金给选择性的产业，通过公开或暗示的保障与协助鼓励企业发扬冒险精神，刺激或影响企业采购外国技术，运用暂时性保护以培养本地的竞争优势，以及建立现代化的设备。日本和韩国的情形也显示，这个阶段的政府应该多用挑战和规劝的方式，引导企业进行发展。产业发展初期，货币贬值与汇率干预，对于依赖价格竞争而打入国外市场的企业也有帮助。在整个阶段中，政府是推动前进的最主要力量，但是除非能够展开本地竞争，企业和个人都支持投资活动，政府的努力才有所帮助。

角色淡出的时刻

然而，当国家希望从早期的投资导向阶段进入创新导向阶段时，企业必须成为发展动力的主角。它们必须自行决定想要发展的新产业，而且有足够的自由走向全球化。原本各自独立运作的企业和教育机构，此时必须在创造生产要素上投下更多的力量。此外，开放的资本市场和独立竞争的银行体系也必须成为资本调度的主角，以确保资本能广泛并有效率地流向有潜力的产业部门。

在此阶段，政府必须快速淡出，或顶多扮演间接性的角色。早先的有效政策工具此时不但没有帮助，甚至可能妨碍生产力的发展，例如货币贬值会限制发展，对企业暂时性的保护只会使已经茁壮的企业产生更多的依赖。此时产业界需要的生产要素是高度专业性的，如果中央对教育和研发等领域持续严密监控，将使这些生产要素无法发挥，同时也无法协助及满足地方性的需求。

在创新导向阶段，政府的基本任务是创造企业持续创新和保持动力的环境。它的角色必须从演员、决策者，转为拉拉队、信息发布人和障碍排除者，在此一阶段，政府最重要的影响力在于创造高级的生产要素、提升需求质量，例如设定严格的产品标准，并提高健康保险和环境保护等领域的水平，使经济权力分散化，保障竞争并不断提供市场信息。原本可能无足轻重的反托拉斯动作，随着国内竞争者的持续壮大，开始显示其重要性。

本国企业在国际竞争上的成功，也会加速淘汰政府在早先阶段的政策工具。企业想要打入国外市场，最终还是需要本国市场的相对开放，如此一来，原本保护本国企业的政策自然就不合时宜了。企业具有国际公民角色时，它对本国一些条件同样会产生新的标准。当企业规模越来越大，国际化程度也越来越高时，它们受国内总体经济因素的影响程度也越来越小，对政府的声音也越发不理不睬了。最后，产业间相互依赖所构筑出的复杂又纵深的经济体，将完全舍弃早先微观管理的成功经验。

除非政府的产业政策随时配合国家发展步调，否则将会延误产业的发展。很多国家的政府违反了这个原则，主要原因是政府不愿意放弃权力或对产业的影响力。此外，政府也不了解当企业开始寻求高级竞争优势时，原先的成功政策反而成为生产力发展的障碍。保护——贬值——补贴的循环政策，是不容易打破的藩篱。

政府政策必须走在经济发展的前面，政府在很多方面必然超前大多数企业，并引导它们进步。只是由于企业抗拒调整的惯性态度，政府也面临很大的压力。

何谓重点产业

到目前为止，本章广泛地讨论了与产业相关的政策，但是还有一个近年来引起争议的重要问题：政府应不应该确定重点产业？一般而言，政府确定重点产业发展目标是基于特定产业需要支持和优先发展的考虑，这种做法明显违反了政府应该是产业环境创造者的角色，并且否定了任何产业或企业都应该有机会发展的概念。然而，日本、韩国和一些国家却常根据国家经济计划而标明优先发展的重点产业。

重点产业绝不是一个单一政策，它必然包含了补贴、选择性保护、融资等其他政策。虽然政府制定了经济白皮书，对专业性教育机构进行投资，提升大学研究能力，并支持举办商展等活动，不过民间企业所关心的仍是政府的补贴、保护、打破市场细分或企业合并等直接行为。

不论承认与否，每个政府心中都有它的重点产业，因此无可避免地会厚此而薄彼。以美国为例，联邦政府的国防科技研究，实质上协助了一些产业。因此，重点产业的讨论不在于该不该制定，而在于应该如何制定。

水可载舟亦可覆舟

制定重点产业不仅会改变民间企业的竞争诱因，也会扭曲产业所发出的信息。例如，政府可以通过提供资金、提高本地需求等做法，改善预期性的回馈。重点产业也透露出政府对该产业的未来期望，以及支持该产业的信息，因而吸引银行等民间资金的投入。因此，当政府挑明某项产业是优先发展的重点产业时，其不需要其他动作就已达到吸引民间企业投资的兴趣。

重点产业的推动需要许多政策的配合，但是持续性补贴、保护、国内市场竞争降温和保证采购国产低级品等做法，只会使重点产业无法茁壮成长。所以，不论国内产业正处于何种阶段，前述的做法都是不明智的。

适当的重点产业，是与业界本身的目标以及国家竞争优势的发展阶段相关的。政府明确表示哪些产业是重点产业的做法本身就带有风险性，因为政府暗示了将资源分配到重点产业后，将对整体的产业发展带来好处，但实际上并非如此。例如，韩国的重点产业计划，已造成国家资源被几家大型企业集团所吸纳，相对地牺牲掉许多极有发展潜力的中小型企业。

如果政府要明确提出重点产业，最好是这类产业已具备可以发展出国家竞争优势的关键要素，如果产业本身已有良好的表现自是最佳状况。一个反面教材是韩国在经济计划中明列重点的化工工业，表现一直平平。会出现这样的结果，是因为化工工业需要高度专业性技术、精致化需求以及知识型的消费者。这类产业的劳资成本比例相对较低，而且国际上已有难对付的竞争企业。面对这些问题，政府的政策工具几乎帮不上忙。反之，韩国在造船、钢铁等重点产业上却相当成功。这些产业的成败关键在劳资成本和大型新式工厂上，韩国已有能力发展劳动力密集型的产业，因此也很顺利地胜过设备已过时的欧美竞争对手。如前面所提过的，日本在发展重点产业上的成绩也是优劣参半。

如果政府以重点产业扭曲市场上的信息，那么想要依赖企业投资以建立健康的产业基础，几乎是不可能的，这也会造成政策规划者在了解潜在的国家竞争优势时的障碍。由于大多数政府是依赖生产成本或经济规模来规划重点产业模型，因此，它们的发展是可以预见的。最常见的情况是，一个国家紧接着另一个国家向相同的产业、相同价位的市场环节前进，努力设置大型、受资助的工厂，结果造成产能过剩。[40] 重点产业的另一个问题是，计划一经发动往往难以停止，在利益团体可以出入政治决策过程的国家，这种情形特别显著。

当国家处于投资导向阶段时，重点产业最有希望成功。在政策规划和执行都得宜的情况下，重点产业会明显打下竞争优势的基础。然而，如果重点产业执行方式过于直接，将会妨碍国家取得创新导向的经济优势，原因是不能反映出竞争优势中的真正关键要素。因此，政府的政策应该朝提升产业的需求条件、人力资源和科技专家等间接性的支持活动方向思考。同样，政府在提升基础产业的专业人才和技术水平上责无旁贷。当许多评论者还以日本的重点产业发展成功为典范时，事实上，日本的政策早已向间接性支持的角色迈进了。

发展中国家的政府政策

本书内容虽然集中在产业发达的国家，但有关理论同样适合发展中国家。发展中国家的形态和差异性很大，很难用一个完全或概括性的方式讨论。本节介绍的是适合产业初期发展的一般性应用观念。它们的大前提是，发展中国家本身已具有一些发展基础，并且正在寻求更进步的状态。

发展中国家面对的最基本任务是脱离生产要素导向的国家竞争优势（见第10章）。发展中国家的竞争优势几乎千篇一律地依赖天然资源、廉价劳动力、地方特色和其他破碎不全、容易失去出口能力的产业。由于这些产业对价格非常敏感，国家对汇率和生产成本变动的应变能力也很脆弱，所以当需求更为精致化而资源无法应对经济发展时，这些产业大多也就停滞不前了。

最后，发展中国家只好在这些产业中竞争，当它们遇到发达国家的保护政策时就一筹莫展。而且当纺织、农业等部门的贸易壁垒撤除时，这些原本应该是发展中国家初期出口产业的主力，往往经不起发达国家的轻轻一击。[41]

发展中国家要进步，最艰巨的挑战是必须让国家钻石体系的四个关键要素同时跨过门槛，在高级产业中竞争。事实上，本书的理论不只是以生产成本、生产质量、规模经济等模型为基础，而且为发展中国家提供了一个大胆的挑战。本书曾一再强调，关键要素间彼此要有相互依赖性。因此，只要其中一项无法发展就会限制其他关键要素的形成。在发展中国家里，首要任务应该是创造高级的生产要素，教育、地方上的技术能力、信息化环境和现代化的基础设施等都是先决条件。日本和韩国就是在投资导向阶段加速发展而成功的例子。

发展中国家要进一步发展，还需要建立领先产业和精致化的国内需求。一般的发展中国家，往往缺乏如日本、意大利、韩国那种由历史和文化发展出来的需求优势。前面提过，技术变迁已取代传统人力和天然资源方面的国家优势。[42]

但是在当前的发展中，有两项变化对发展中国家是有利的。第一，如电机、新材料等全新的科技，丰富了产业和产品的面貌。第二，发达国家的人口增长趋缓（甚至出现负增长），所以发达国家的人力资源问题，带给发展中国家不少机会。

这里所谈的虽然不是发展中国家如何制定政策，但是钻石体系理论仍有不少值得借鉴之处。这些做法和考虑同样也适用于地区性的经济发展行动。

计划经济与市场经济

国家竞争优势的关键要素并不适合计划经济理论，因为计划经济缺少太多钻石体系的基本条件，它创造专业性生产要素的功能也不足，限制了客户面对高端需求的压力。计划经济因为缺乏竞争更造成相关产业间无法互动，产业界也缺少流畅的信息和发展的雄心。更重要的是，计划经济下的世界，缺乏市场竞争。

计划经济会使产业走上标准化的环节和价格竞争模式，使国家的竞争优势无从表现。它们当中如有例外，也是因为产业本身原本就已存在某些钻石体系的力量。因此，计划经济下的产业如要进步，经济结构的完善势在必行。

优先顺序

发展中国家要脱离生产要素导向的国家竞争优势，首先要做的就是选择。由于资源条件的限制，发展中国家不可能面面俱到，它们的力量尤其应该集中在创造生产要素上。一般性的生产要素虽然是发展高级生产要素的先决条件，但是无法提供现代化国际竞争中的优势。

有一派的理论认为，发展中国家应该从进口替代品开始，这需要建立如钢铁、化工等核心产业。支持这种论点的人认为，自由化的汇率可以使本国采购先进设备，为产业发展过程提供所需的技术。

钻石体系理论则持不同的看法。[43] 进口替代理论会引导国家发展吸引力不大或没有多少国家竞争优势的产业。保护主义虽然能保证本国市场的竞争力，但会使本国企业缺乏国际市场的竞争优势，不完善的产业处境相对也会削弱产业面对景气周期和币值变动的能力。

以天然资源为基础的产业战略，也面临相同的问题。它的优势同样缺乏持久力，也限制了提高生活水平的潜力，挪威就是掉入了这种困境。挪威由于水力充沛、发电成本低，加上大量依赖北海石油，因此走上能源密集型产业之路。加拿大、澳大利亚、新西兰等天然资源丰富的国家，也碰到同样的问题。由此可以看出，缺少丰富天然资源的国家，在经济发展上反而较具优势，因为它能避开过度依赖天然资源的诱惑。

产业集群概念是设定产业发展优先顺序的最佳模式。国家经济要成功不能仅靠一两个孤立的产业，而是要发展出完整的产业集群。一开始，国家就必须标出确实具备某些竞争优势的生产要素，以及其他潜在或待开发的关键要素，这部分在第 11 章已有明确的介绍。被选出的重点产业，如果关键要素确实存在的话，那么进口替代将会成功。不过政府接下来该做的事是赶快提升这些产业的初级生产要素竞争优势。

以这些产业做基础，国家要做的下一步是刺激产业的上下游和相关产业；教育、研究和基层建设的投资，也应集中在与产业集群有关的部分；本土企业开始朝国际化发展，并以取得技术、技能及直接进入国外市场为目标。

除了由生产要素导向产业建立外围的产业集群，政府还必须注意同步发展市场需求的重要性。政府和本地企业应该标明具有需求条件的产业或产业环节，尤其注重客户比较挑剔或有特殊性的本地需求。以新加坡为例，最适合当地发展的是热带地区使用的产品，以及修船和补给等相关产品或服务，这些通常是其他国家企业最容易忽略的环节。本国企业的进入障碍减少了，自然容易建立更广阔的国际领域。另一个例子是，一般发达国家很少重视发展中国家需求的低质量燃料设备或家庭五金等产品，这也给了发展中国家机会。[44] 凭借提升本国市场需求以打入先进国外市场是件艰巨的任务，也很容易出现扩张的限制性。

必须注意的是，无论政府多么用心，它都不可能在设定产业发展优先顺序的同时，做到良好的评估分析；官僚体系结构和政治压力，终究会使它处于无法客观评断及选择的不利地位。

本土企业与跨国公司

发展中国家的另一个重要课题是：究竟应该扶植本土企业，还是鼓励海外跨国企业在本地投资？跨国企业有它迷人的吸引力，它可以快速创造就业机会、引进技术资源、培训本地人才，也可以避免本地有限资金的使用风险。爱尔兰和新加坡在吸引跨国公司上就很成功，这两个国家在 20 世纪 70 年代初期也有快速的经济成长表现，不过自 80 年代起则出现一些问题。[45]

在经济发展过程的初期阶段，跨国公司确实扮演了重要的角色。不过，一个国家想要从先进产业发展中产生国家竞争优势，绝不能只靠外商的经济活力。外商在当地的国家价值链中的经济活动，往往是本身全球化战略的一部分（见第 2 章），它们的投资着眼点在于打开当地市场或基于生产成本考虑，并不是为了提升当地的国家竞争实力。

虽然外商当中不乏持续在本地投资或发展的情形，但很少有国家能成为跨国企业核心研究发展或精密零配件的生产中心，这一类型的部门通常是设在跨国公司的母国，或是市场诱惑力足以使外商作出重大让步，或需求条件有利于创新的国家。此外，这些子公司也无法协助当地培训出口和管理人才。

发展中国家的经济战略如果以跨国公司为主力，可能会使本国经济一直停留在生产要素导向阶段。如果完全依赖跨国企业，这个国家不可能成为任何产业生根落脚之地。当本地工资太高，或生产成本巨变时，跨国企业将选择新的地点。跨国企业虽然能使本国经济快速进步，但无法持久；跨国企业就像经济发展的紧箍咒，令高级形态的竞争优势无法出现。

和引进的跨国企业相比，本土企业的成长速度比较慢，风险也较高。不过，如日本和韩国经验显示，本土企业一旦成功地站起来，国家经济将开始脱离生产要素导向阶段，进而创造高级而专业性的生产要素。当第 4 章所描述的情况出现时，本地企业将把国家竞争力提升到初级生产要素之上。在这段过程中，如果政府不作太多的干预，本土企业将发展出自己的全球化战略，并能持续竞争优势和发展。最后，随着成本过高的生产活动移到海外进行的脚步，国家生产力也继续提升。

因此，在国家发展的经济战略中，外资应该只是因素之一，而且必须随时调整。当经济发展到某个阶段时，重心应该转移到本土企业身上。新加坡和爱尔兰的调整发展重心行动太少也太慢，对本土企业的发展也缺乏足够的耐心。

当本地企业在某些产业或产业部门发展出竞争优势时，政府应该争取外商加入。此时，外商的角色是促成产业集群的种子。它们可以扮演国内市场中的挑剔型客户，刺激本地企业进入相关产业或朝新的产业环节发展。不过，引进的外商数目必须很多以形成竞争局面，并将竞争的效果扩散到国内产业界，以提升支持性相关产业的水平。政府也应该鼓励本地企业学习外商在相关产业中的运作模式。这不仅是为了产生进口替代效果，更可促使本国企业成为国际级的竞争者。可惜的是，发展中国家要做到这一点并不容易，除非它能从人力资源、技术、科技水平和支持高级竞争优势的基础设施等方面多管齐下，才能使发展效应同时产生。

如果跨国公司进入本国投资，不只考虑初级生产要素，政府应该对这一类的外商多加鼓励。反过来说，如果只以廉价劳动力成本为考虑因素，这类跨国公司的投资稳定性并不高。发展中国家必须意识到，如果本国是整个区域或特定产业环节的生产和营销中心，外商的投资意愿会更强。经由这种投资，该国也将成为跨国公司的准“基地”。

定位与转型

发展中国家的政府和企业的另一个选择难题是：究竟应该成为外国客户的半成品加工基地，还是发展自己的全球化战略？尽管大多数国家采取双管齐下的战略，但运用程度可能有很大的差距。以韩国的政策为例，它基本上是鼓励企业朝自己的全球化战略努力。韩国企业虽然仍以廉价劳动力成本见长，但是几家龙头级企业集团，莫不试图创造具有国际知名度的品牌，发展海外营销组织，甚至在海外设厂。中国台湾的情形刚好相反，台湾企业是循半成品加工的路线发展，许多台湾产品出口时并没有自己的品牌。

要使本国从初级生产要素提升到具有持久力的竞争优势，成为全球竞争者的做法是比较理想的途径。全球化战略不仅会创造竞争优势的新资源，还能使自身脱离听命于海外客户的被动状态。在这方面，台湾企业除非能更积极大胆地修正战略，否则企业的发展终将受到限制。

政府角色

许多讨论到国家竞争优势的观点，都对政府赋予了极重要的角色，不过在本书研究的 10 个国家当中，结果并不支持这样的观点。国家竞争优势是各种条件交织成竞争优势关键要素的作用。政府在影响“钻石体系”上虽然扮演重要角色，但并非绝对的。只有在各项关键要素都已齐备的情况下，政府的影响力才会成功显现。

在提升国家优势上，政府最适当的角色正好与一般的看法相反。很多人认为政府应该是产业的帮手或支持者，但是像补贴、鼓励企业并购、支持企业高层次的合作、保证国家采购机会，或人为地货币贬值等“协助”行为，只会伤害本国的企业。这种类型的政策意味着企业将错失创造持续竞争优势的契机，也将减缓经济发展的速度。政府若给予太多的协助，也会造成企业如果没有政府的承诺，就不敢投资和承担风险，并拼命提出更多的保护需求。

什么是真正的协助

政府最适当的角色是推动者和挑战者。在国家竞争优势的创造过程中，它应该站在与企业对立、形成企业压力的角色；这是习惯提供甜头的政府常常忽略的。政府的角色应该引导和充实“钻石体系”的力量，并协助关键要素的发展。尽管健康的政府政策会给业界带来强大的竞争压力和不舒服感，但它的目的是努力支持产业创造生产要素，这也是国家寻求竞争优势必要的工具。政府的适当角色是鼓励（甚至催促）企业提高它们的自我期许，并通过可能不确定或不愉快的过程，向更高层次的竞争努力。

从最广义的层面来看，政府最根本的角色是扮演信息提供者，这样企业才能找出发展优先顺序和察觉将面临的挑战，并且展开竞争准备。政府在界定国家重要课题和改变产业态度上，舞台是很宽广的。像日本政府便不断通过宣传和各项运动，提高全国人民对质量的重视，扭转日本货是廉价品的刻板印象。在日本政府的质量运动中，“戴明奖”是最有名的。这个拥有无上荣耀的奖，告诉日本企业竞争成功所需要的条件。

德国、日本、韩国等产业出现困难或经济发生问题的国家，常以建立追求经济成功的共识为要务。长期享受繁荣的英、美等国家，却将竞争的威胁与挑战解释成外来的不公平竞争，完全缺乏自省与着手解决问题的行动。这也显示出，当国家面对竞争时，领导人有责任扮演创造和解释国家发展优先顺序的角色。

要影响国家竞争优势，政府最有力的工具是创造高级生产要素、鼓励国内竞争、调整国家发展的优先顺序、影响精致型需求的渐进动作、刺激新企业加入竞争、提高生产成本以创造升级压力等。但许多政府往往忽略这些政策的重要性，反而强调补贴、保护、总体经济操控等特效药，这些特效药不仅照顾层面少，甚至还有破坏生产力的倾向。当国家在产业发展共识还不强烈时，有效但费时的产业政策往往会激起利益纠结的政商的强力反弹。

合作不一定是力量的相加

当前一个危险趋势是，许多人认为只要政府和企业（甚至不同国家的企业）彼此间充分合作，就可以创造企业和产业双赢的局面。然而，只要合作超过一定程度，各国产业就没有真正的赢家。

政府制定产业政策时也必须认清，“钻石体系”是一个使各种产业政策在很多领域中相互依赖的系统。当它们彼此之间的相关性低时，经济发展将受到限制，进步与否则系于各个关键要素的表现。同时，若事前考虑不够周详，针对国家环境某一点进行改善的政策将会不自觉地牵扯出另一个问题。例如，如果人力资源不足而企业又以短线形态经营，激烈的国内竞争只会造成企业向外求助。

若以国家竞争优势为考虑，那么不应该过分强调和重视政府的角色，如果政府的角色太重，会导致经济向政治靠拢，企业将因退缩不前而失能。政府也必须认清哪些领域才是它可以合法运用影响力、创造繁荣经济的地方，这些领域与当前热门的政策课题是有很大出入的。

国家竞争优势并不是一个零和游戏。甲国企业的成功不会必然地建立在压倒乙国的表现上面。如果我们从生产成本、规模经济等狭隘的国家竞争优势角度来思考，确实很容易掉落到“你死我活”的陷阱里。[46] 事实上，竞争优势由一系列更复杂的力量主导着，持续竞争优势的基本原因是改善和创新。整个世界经济的繁荣，系于发达国家的快速创新；除了一方面创造新产品外，另一方面也把相对简单的生产工作交给发展中国家。如果“你死我活”的态度导致补贴、保护和贸易壁垒，最后形成发展动力不足、减缓创新速度，结果对发达国家和发展中国家都是不利的。

13 国家行动指南

迈克尔·波特 大国根据本身需求努力发展经营的产业环节，即使只算是大国的次要市场，照样可以为小国带来产业上的竞争力。

相比拥有庞大市场的国家，小国的自强之道是完全开放市场和采取全球化战略。

“未来的行动指南是什么？”每个国家最关心的经济课题，不外乎是经济发展能力。经济能发展，企业才能产生更强的竞争优势和更高的生产率，生活水平才能持续提升，经济也才能不断繁荣。在经济发展的过程中，本国企业需要不断改善自己的技术、能力并调整战略，在面对领先的国际级竞争者时，才能维持自己的竞争优势。政府则扮演了奠定基础的角色，制定人力资源、科技和基础设施的政策，使经济具有发展的条件。政府的另一项重要任务是鼓励、挑战甚至给予压力，使企业不断追求进步。

无论处于何种阶段，每个国家都面临生产力和竞争优势发展的压力。如何迎接这项挑战，是当前每个国家经济发展的中心议题。设定并探讨这些议题，可带动企业努力，提升国家经济竞争力更上层楼。各国之间，由于产业形态的不同、竞争优势条件的差异，以及根据不同环境发展出的不同战略等因素，所面对的发展议题也必然不同。处于投资导向阶段的国家，渴望进入创新导向的新境界，进入创新导向阶段的国家，则须严防富裕导向国家的弊病。

每个国家都有它的历史文化、社会结构和政府体系，因此在经济发展方面，不但做法有所不同，所面对的课题也有其独特性。完全抄袭其他国家的企业战略和政府政策，或许对处于早期发展阶段的产业和国家有帮助，不过要凭此跻身先进产业或发达国家之林，却鲜有成功的。本书曾介绍过各国企业和政府政策的特性，它们之间的差异才是最关键的因素。此外，政府政策和企业战略应该随国家进步而时时调整。

本章所要讨论的，是利用钻石体系理论检视并确认政府和企业在提升竞争优势过程中，将面临的问题，使它们有长期发展的依循方向。首先，我们来快速回顾一下前面对各国的研究，思考它们所面临的障碍。只要这些国家希望经济继续蓬勃发展，就应该找出自己特有的发展课题。曾在第 10 章出现过的图 13–1 是以下讨论和诊断的基本依据。

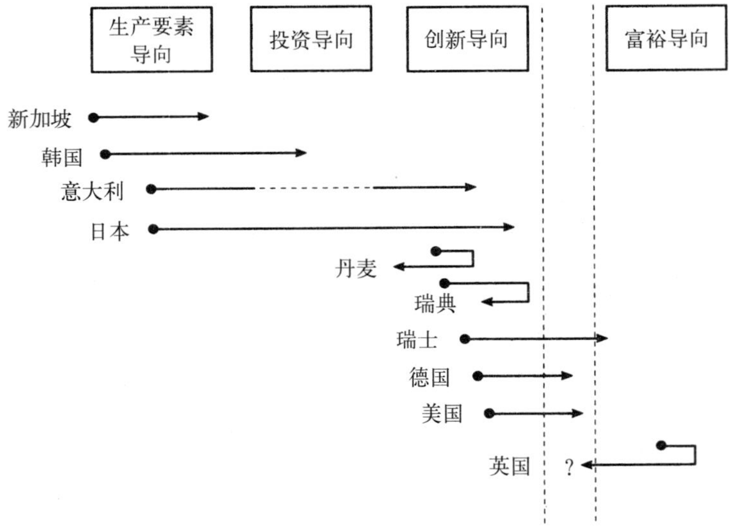

图 13–1　第二次世界大战后各国竞争力的发展情形

本书的目的是指出各国的问题所在，而不是说服或建议这些国家应该采取哪些方法。解决国家所面临课题的政策工具，需要参考各国特有的环境，考虑本身经济、政治、社会等各方面需求的平衡才能决定，绝非外人可以任意论定。毕竟，产业发展离不开大环境中各项机制和它们之间的关联性。经济繁荣有时也会被国家的其他目标所取代。此外，一个国家应该选择哪些经济活动，怎么发展，发展进度快慢等事情的决定权，应该掌握在这个国家的人民手上。

本章因为无法涵盖经济发展的所有层面，所以列举的议题是有所选择的。处理这些问题的困难在于，在这些问题之间，有些是相互矛盾的，过分注意解决问题的处方，将会模糊思考竞争优势的本义。不过，我们将协助决策者和企业对自身问题作更多的讨论。

如果产业发展的限制能够松绑，每个国家都可以改善本身的经济，达到繁荣的境界。现代人往往把国家竞争视为竞技，胜者的战果必须来自败者的付出。[1]这是一种片面的竞争观点。笔者一再强调，国家竞争绝不是一个零和游戏。新产业不断出现的同时，既有产业也不断有新的需求。先进技术是每个产业的生产力能够不断提升的原因，而创新与变革也将造成市场大饼越来越大的情形。每个国家的进步，除了一方面使经济活动向下、向外延伸外，同时也会促成世界经济和全体人类生活水平的改善。

韩国的行动指南

韩国是一个经济发展成功的例子。和“二战”后其他发展中国家的情况比较，韩国已经大步超前，正走向创新导向阶段的门槛。韩国的产业规模明显地不同于其他亚洲新兴工业国家和地区。其中，表现比较出色的是中国台湾，其竞争优势主要是建立在产品的初级生产要素上面。中国台湾的产品能够在国际市场上竞争，是通过日本和欧美国家的贸易商，许多台湾产品也不是当地设计的。

韩国则早已脱离国家竞争优势中的生产要素导向阶段，进入投资导向阶段。它的企业大多积极投资于现代化的生产流程和生产规模，并开始全力发展自己的生产技术，培训高级工程师与研发人员，及建立自己的产品品牌和国际营销渠道。这些都是发展高层次竞争优势的必要条件。另外，韩国企业也已开始在海外设厂。

然而，韩国的产业虽然努力朝创新导向阶段迈进，它们在本质上还是处于价格竞争的状态。和发达国家比起来，韩国在产品和流程创新方面的表现仍然落后一截。韩国产业如果没有出现重大变化，并且能持续成长进步，是有可能成功跻入发达国家的领先行列的。不过，如果韩国要成为第二个日本，它的产业就必须作重大的调整。种种迹象显示，韩国政府和企业正在抗拒未来进步所需要的变革。[2]

韩国的情形有助于我们了解国家和企业要从投资导向进入创新导向所必须面对的问题。以下就是韩国企业和政府的主要问题所在。

技术发展刻不容缓 韩国在人力资源和科技基础上，已具备了一个好的开始，这是它经济发展和发展创新的主要动力。但是，如果韩国想掌握更高层次的竞争优势，它的课题是如何在特定产业上落实更精细的培训，发展技术和增强国内的科技研究活动。韩国的企业应该主动设立和支持高水平的研究机构，加强发展专业性生产要素的能力，并增加企业内部的培训与研发活动。除非韩国能在人力资源与技术能力上赶超日本或西方国家企业的水平，否则它将很难脱离在低价位产品领域竞争的局面。

加强创新，调整战略 当产业快速发展时，随之而来的是生产成本上涨和货币升值的压力。许多国家遇到这种情形时，往往倾向于抑制这些市场机能，以减少短期可见的损失。然而，工资上涨和货币升值对经济发展的影响是正面的。它们会鼓励企业加强创新并重新合理调整战略。同时也由于这种形势，韩国企业必须扮演主导的地位，要求更高质量的材料，而使得上游不得不求发展，以提供更好的设备及零件材料。

工资上涨还有其他相关的好处。它会带来创新的压力，因为它会改变消费者对产品质量的需求态度，及扩大新产品的需求层面，因此促使更高质量和多元化产品的发展。另外，由于工资上涨增加劳动者购买力的诱因以及提高员工上进的动机，企业加速了改善的步调。

然而，和其他国家情形相同，韩国正在对市场进行干预，试图压低工资与生产成本，并抗拒货币升值的压力。以工资为例，韩国政府和企业对工资的底线似乎有某种程度的默契存在。可是近年来韩国工人与资方为工资和工作条件而爆发的一连串冲突显示，政府和资方继续压抑生产成本，已经形成经济的危机。显然，通过渐近的方式，让工资和币值调整步调配合现今产业的状况，绝对是韩国经济想有进一步收获所不可缺少的条件。

维持有效率的资本市场 韩国如果要使有潜力的企业获得资本的支持，进而带动经济的发展，其资本市场的机制必须更有效率。资本市场有效率才能确保竞争和新产业的持续发展。在本书研究的国家中，韩国的利率是最高的（见

表 7–3)。传统上，韩国政府就以贷款与补贴等方式，直接主导资本投资，但这些资本大多流到财阀手中。相反，某些产业因为不被韩国政府列为重点产业，所以往往缺乏渠道取得资金，造成原本具有竞争力的企业想进一步发展的障碍。

随着外债由赤字转盈，民间储蓄率居高不下，资金大量积累，韩国政府应该引导这些资金到更有效率的市场，并发展健全的股市。当一个国家的经济多元化后，政府不可能继续扮演资金分配者的角色。资本市场也应该开放，由所有具有潜力的企业进入角逐，而不是继续由财阀垄断。这样的资本市场，政府只需要注意它的结构，并做些适当的规范，确保投资人与企业家对此资本市场的信心即可。

创造需求面的优势 当一个国家试图进入创新导向阶段，钻石体系内所有的关键要素都必须动起来才行。在这方面，韩国还缺少一个很重要的条件，就是强劲的国内市场。如果本国市场对各类产业的需求程度不够精致，韩国企业很难真正走入创新的境界。韩国产业由于传统上与市场的距离，以及无法掌握真正的需求特性，因此无法产生对新需求的敏感度或发展新产品市场的能力。

韩国要使国内市场朝高级和精细的方向发展，最有潜力的项目是已具有国际竞争实力的工业与服务业。这些产业的供应商也将是韩国未来竞争优势中的主要候选者。

同样，韩国政府要使消费者趋于精细化，国内市场必须有丰富的产品种类，以及较高的消费信息流通率（包含其他国家产品发展的新闻）。韩国的消费者必须能对新产品耳熟能详，并且还能实际接触到那些产品和服务。要达到这个目标，韩国政府必须先放宽进口与外商在本地生产或营销的限制。

对韩国和大多数希望进入创新导向阶段的国家而言，国内需求的精致化是优先发展条件之一。但是，韩国政府和企业一直积极发展外销市场，反而忽略了这方面的需求。如前几章所提到的，国内市场要精致化，政府应该依序提高国内的需求水平，避免高级产品或先进产品的课税过重。以汽车业为例，除非韩国取消对中、高价位汽车的重税，否则韩国汽车业将很难在这些市场上竞争。可喜的是，韩国已经展开这方面的解禁动作。

深化产业集群 韩国和其他处于投资导向阶段的国家一样，它在相关产业的相互支持上做得不够。如果韩国希望进入新的阶段，它的产业集群就必须深化。韩国企业目前在机械设备与零件材料方面仍依赖进口，但是却很少有人正视这个问题的严重性。纵使零件成本或汇率损失表面上并未伤害韩国经济，它们却会影响创新的进展。韩国企业如果缺少强有力的上游供应商提供支持服务，它们将在生产流程上继续落后，即使有心研发新产品，也将因缺少必要的零件材料而半途而废。

另外，韩国的机械设备和其他上游产业应该独立于财阀之外，否则，集团内部的保证销售将减少创新的诱因。单靠企业集团内部自行发展上游体系，也将限制国内市场的竞争规模，减少其他供应企业的发展空间。韩国由于财阀的规模太大，其所占的产业比重过高，因此在这方面的改善尤其重要。

有些迹象显示，韩国的造船、汽车等产业已逐渐正视这个问题，并在机械设备与上游产业方面进行加强工作。但是，大多数韩国企业的注意力还在下游成品上面。和日本企业相比，韩国在自行发展生产设备的意愿上，显然不够强烈。韩国想要在零件材料和机械设备等产业上成功，不但需要新而突出的专门性技术，产业本身也需要进行垂直整合。在这些方面，韩国产业的发展尚未成型，也未经历真正的考验。

重新设计企业战略　产业竞争优势要从投资导向阶段迈入创新导向阶段时，企业应该摒弃过去看重成本竞争的做法，采用层面更广的竞争战略。韩国企业在价格敏感的产品环节中进行成本竞争的获利率通常不高。而且一旦劳动力成本更低廉的国家兴起，或类似马来西亚、泰国等政府主动补贴现代化大型工厂的情形出现，这种战略就不堪一击。

韩国企业目前千篇一律地奉行低价竞争战略，它们应该学习在产品差异化的领域竞争，才能提高竞争优势。要做到这个程度，可能需要花上数十年的时间。不过，韩国企业不能再一味模仿日本与其他竞争对手的产品和生产流程。它们的要务是发展自己的创新能力，并同时加紧展开区分自己和其他同业的战略。过去，韩国人倾向于一窝蜂地彼此抄袭，并在相同的产品上竞争，拖延了韩国企业创造更持久竞争优势能力的脚步。

调整多元化企业方向　韩国的企业集团已经演变成不灵活的大财阀。它们想在未来成为全球性的竞争者，必须先砍掉一些并无太大关联的多元化产业，专心发展具有整合效果的战略。每家企业集团都应该要有自己的目标，在更明确的领域中发展，使自己成为在技术、营销或客户方面的世界领先企业。

企业要砍掉周边产业，发展核心产业时，必须评估本身的资源，并将资源用在改进技术，发展产品知名度，加强生产能力并巩固海外营销渠道等领域。这些是企业从成本优势走到创新和差异化优势的基本步骤。这样调整战略，不但对企业集团有好处，韩国的经济也将受惠，如日本的经济便是在大财阀解散后开始繁荣的。韩国的财阀一旦调整战略，也将为韩国带来相同的好处。

经济的分权化 无须讳言，韩国的经济能够有今天的成就，企业集团是一个很重要的因素。它们有能力灵活地获取资源，承担一般企业担不起的风险，并且成功地为韩国在一些产业领域攻下桥头堡。其企业集团之间激烈的竞争，更是韩国经济活力的根本源头。

不过，处于当前阶段，韩国经济如果希望继续快速进步，企业集团的角色不但要改变，还要分权化。如果韩国出现独立性较高、更重视专业领域能力的企业，将有助于产业创新，并成为提升竞争优势的力量。未来韩国的经济发展必然要以更富有原动力，能提供潜在客户新产品及新服务，以及较不依赖政治影响力的中小规模企业为主。这种情形在机械、特殊零件材料、半成品、消费日用品与服务业等产业尤其重要。

发展国内市场竞争力 韩国与许多先进的经济体一样，产业的成功来自于自然、激烈的国内市场竞争。竞争不但助长韩国经济的活力，也使得它不同于以国有事业或垄断型企业为主的国家。

但是，韩国也不能完全免除抑制激烈竞争的因素。尤其是企业集团的规模、企业集团与政府的密切关系，往往阻碍其他企业进入相关产业。韩国政府必须要承受国内竞争所造成的短时间的“无效率”，并时时提醒自己，竞争对经济发展的根本贡献。不仅如此，韩国还需要强有力的《反托拉斯法》，以及防止产业集中化。韩国政府尤其应该禁止有些产业因为不断的并购，只剩下一两家大企业的情况发生。

1981 年时，韩国通过了《反托拉斯法》与《公平贸易法》，此举显示出韩国政府努力取缔联合价格或其他妨碍公开竞争的商业行为。然而，前述的法案执行效果不佳，并常常对特殊利益低头。因此，维持并开展更自由的竞争，将是韩国未来发展很重要的一步。

政府角色的转换 韩国要转入创新导向的另一个前提是，政府的角色必须重新调整。第10 章和第 12 章曾讨论过，在产业处于发展初期时，政府对个别产业直接干预，依赖企业集团带动产业活力，进行广泛保护措施，强调生产成本或对特定企业直接融资等做法，是可以接受的。不过，考虑到今天韩国产业的表现，前述做法就不合宜了，政府应该重新拟定政策优先顺序。

韩国要形成下一阶段的竞争优势，经济问题的决策权必须下放到各个产业中。政府的角色要从直接干预，调整为奠定良好资源的发展基础，使企业在更有挑战性和创造力的环境中竞争。政府应该是规则的制定者和信息的发布者，而不再是决策的主角。今天韩国政府的主要工作包括：努力刺激产业界投资于高级而专业化的生产要素、提升国内需求程度、引进世界级的产品和环境标准，并将经济权力分散以保持竞争活力，如此才能使产业进入创新导向阶段。韩国政府过去习惯担任生产要素的创造者，今天，这个角色应该尽快交棒给产业或与产业有密切关联的大学和研究机构。

政府要从主动角色转为无为而治并不是件容易的事。韩国政府能不能做到还是未定之数。作者想要强调的是，韩国的整个未来将取决于韩国政府如何自我调整。

意大利的行动指南

意大利的经济在短短几十年间，从依赖廉价工资、普遍补贴、广泛保护，发展到挺进创新导向阶段，不少产业甚至还具有独特、活跃的动力。转变的媒介来自工资上涨与员工解雇不易所激发的创新压力，以及政府停止里拉贬值的政策。意大利的产业是在逆势的环境下，被迫在产品和流程上努力发展，而且如愿以偿。

在产业创新和精密制造等技术能力上，意大利的中小企业威力十足。国内精细而高级的客户与世界级的供应商更有推波助澜的作用。此外，激烈的国内市场竞争，加上企业对企业的长期忠诚度，对产业的快速变革提供了宝贵的动能。更重要的是，由于意大利的环境有利于新企业滋长，产业因此在开发新产业环节与延伸相关产业的表现上很有成效。

意大利的环境具有推动产业努力向前的条件，但是同样也存在妨碍产业发展的限制。这些限制不但会影响到已成型产业的未来竞争优势，还将使已在国际上成功的产业类型受到限制。意大利的经济体制本身缺乏生产力和竞争优势，这也会限制它的繁荣，并消耗民间的资本。其比重过高的失业率如果不解决，生产力如果不能提升，这个国家的竞争地位要想更上一层楼是很困难的。

意大利的经济问题来自于欧洲单一市场与自由化的趋势。自由化的浪潮会使不少意大利产业受惠，但是其他依赖保护、缺少竞争优势的产业，却将面临严重的威胁。在自由化的浪潮下，过去存在于意大利大企业、员工和政治人物之间的相互包容气氛将难以维持。因此虽然欧洲市场的自由化将为意大利带来机会，并将产生新的产业秩序，但问题是，意大利的产业政策尚未开始有应对措施。

意大利的进步障碍反映出当一个国家的政府未尽到它应尽的责任时，该国企业必须更加辛苦地适应时局。如果意大利希望经济有更进一步的表现，以下的议题是从政府到企业都必须重视的。

发展人力资源 在意大利，成功产业的人力资源大多来自于非正式的教育和培训体系。像纺织、成衣、家具、机械等产业所拥有的专业知识，大多来自企业家族的祖传秘方，或当地产业集群的技术扩散效应。

如果意大利要使现有的产业发展，它必须加强人力资源的培训；如果意大利希望继续提高工作质量，它应该加强在数学、电脑和其他基本领域的能力；特别是如果意大利产业要继续向新的产业环节推进，拥有更多受过正式教育的人力资源是先决条件。此外，像受过完整训练的工程师、科技人员，以及其他专业人才的需求，也都是迫切的问题。

意大利想要让产业继续进步，它的公私立教育水平必须大幅提升，同时也可能需要像日本和德国般鼓励创办私立大学。在大学与研究生院方面，意大利的教育体系还有很大的改革空间。这个国家虽然有技术学校和科系，数量却不够多。大学开设的课程质量也良莠不齐，对新技术或新产业的反应也太慢。另外，在研究生院方面，硕士班的数目太少，博士班简直是凤毛麟角，而关键性技术的研究正处于严重短缺的状态中。

意大利要发展人力资源，不能只靠政府，企业也应该在公私立教育的投资或赞助上尽更多责任，企业更应该开始进行内部培训课程以弥补学校教育的不足。一般而言，公立教育应是传授原理原则，企业内部培训与同业公会的活动则应重点针对产业需要传授技能。

重视研究发展 发达国家中，意大利的研发经费占国民生产总值的比重最低，远远落在德国、英国、瑞典、荷兰之后（见表 13–1）。意大利表现突出的产业，大多是不需要大量研发经费的产业。但在改善现成技术方面，意大利企业表现得积极而成功。

假如意大利要持续提升竞争优势，并且在新的产业中有良好表现，企业和研究机构必须对正式的研发工作投下更多心力。一味改善外国技术只能使意大利产业的表现平平，业界更多需要的是基础领域的创新能力，以及带动新产业的新技术。

表 13–1　1975~1987 年各国（地区）研发总支出占该国生产的比例（%）

	1975	1977	1979	1981	1983	1985	1987
瑞典	1.7	1.8	1.9	2.2	2.5	2.8	3.0
日本	2.0	2.0	2.3	2.6	2.8	2.9	–
德国	2.2	2.1	2.4	2.4	2.5	2.7	2.8
美国	2.3	2.3	2.3	2.4	2.7	2.8	2.6
英国	2.2	–	–	2.4	2.3	2.2	2.4**
法国	1.8	1.8	1.8	2.0	2.3	2.3	2.3
瑞士	2.4	2.3	2.4	2.3	2.3	–	–
荷兰	2.0	1.9	1.9	2.0	2.0	2.1	–
挪威	1.3	1.4	1.4	1.3	1.4	1.5	1.9
芬兰	0.9	1.0	1.0	1.2	1.3	1.5	1.7
比利时	1.3	1.3	1.4	–	1.5	–	–
意大利	0.9	0.9	0.8	1.0	1.1	1.4	1.5
加拿大	1.1	1.1	1.1	1.2	1.3	1.4	1.4**
奥地利	0.9	–	–	1.2	1.2	1.3	1.3
丹麦	1.3	1.0	1.0	1.1	1.2	1.3	–
澳大利亚	–	–	–	1.0	1.0	1.1	–
爱尔兰	0.8	0.8	0.7	0.7	0.7	0.8	–
西班牙	0.4	–	0.4	0.4	0.5	0.5*	–
韩国	–	–	–	–	1.1	–	–
新加坡	–	–	–	–	–	0.5*	–
中国台湾地区	–	–	–	–	–	1.1	–
小计	1.9	1.8	1.9	2.0	2.2	2.4	
合计	1.6	1.6	1.6	1.8	1.8	1.9	

* 1984 年的资料

** 1986 年的资料

注：“全国生产”对一些国家和地区而言是指其国内生产总值，对其他国家和地区则指国民生产总值，实际上，两者差异不大，也不会影响各国（地区）之间的研究发展比较。

资料来源：《最新国际科学与技术资料 1988》，美国华盛顿特区：国家科学基金会，经济合作与发展组织/STIID 数据库，1987 年 4 月。

和其他发达国家比起来，意大利现有的研究能力无论是在经费还是发展上都严重不足。大学的研究方向不但零散、无规划，使用的设备也差世界水平一大截，而民间企业对研发的投资金额也大幅落后于其他国家。顶尖的意大利科技人才通常转往其他国家发展。

因此，意大利的研发情形，尤其是大学方面的研发能力迫切需要加强。有些意大利企业热衷于半导体、超级电脑、生物科技等所谓“高科技”的研发活动，但是把研发重点放在这些上面是不对的。因为它们不见得符合意大利的产业关联性，反而使意大利亦步亦趋地跟在其他国家之后。第12章提过，“泛欧大计划”并不是意大利企业提升研发能力的最好方式。

意大利要使经济有更好的表现，要普遍提升产业的水平和技术能力。可行做法之一是把焦点放在软件、信息系统、新材料、先进制造技术等跨行业的技术领域上。当大学积极发展这些领域的研究时，出来自组公司的教授和学生将刺激新企业的产生。意大利如果把研发重点放在与现有产业集群或已经成功产业的关联技术上，也会对产业发展产生催化的作用。像自动成衣机械、机床生产控制系统等类型的研究计划，对提升意大利产业的既有地位是有效的。

意大利企业如果希望达到更持久的竞争优势，必须更加投入研发工作。前面提过，意大利的研发经费占国民生产总值的比例，远低于其他发达国家，但是意大利政府在研发预算的支出比例却是发达国家中最高的。其间的差值就在于民间部门投入研发的表现太差（见表12–1）。与意大利相比，美国民间研发经费占国民生产总值的比例要高出2.6倍，德国、瑞典高出3倍，而日本更高出4倍。意大利企业要确保现有地位，并和亚洲、西班牙等后起直追的竞争者抗衡，就必须拥有抢先发展新技术的能力。意大利的企业需要更多正式的研究计划，并且应该通过行业协会赞助大学和研究机构，进行委托研究，而官方现有的对产业和学术研究机构合作的限制，更应赶快废除。

基础设施不足 落后的基础设施是很多意大利产业发展竞争优势的一大障碍。老旧的港口、机场、电信设备，以及跟不上时代的金融体系，已经使产业深受其害。另一方面，频频出现的罢工活动造成工厂无法正常运作，公司成本毫无理由地提高，而且产业成功所需的物流支持效率与其他基础设施也相当欠缺。

因此，意大利经济是否能继续进步，其中很重要的一环是举国上下是否有改善基础设施水平的决心，而做法之一是增加投资。例如，在 1989 年，意大利政府和美国电话电报公司签订了一项数十亿美元的计划，分年全面淘汰意大利的电信系统，在改进基础建设上，这是一个很好的起步，并且还可以进一步推广。如果意大利的硬件设施被快速改善，将会带来更多的竞争，因为新加入的企业会主动挑战，并带动国有企业的改革，使意大利的企业家很快出现另一种积极的面貌。开放电视网就是一个很好的例子。意大利的电视网对民营企业开放后，不但增加了消费者选择的机会，也促使国有电视台走上改革之路。

另一个形成基础设施大幅改善的可行途径是国有企业的民营化，这一点对意大利尤其重要。但是除非民营化能带来竞争，否则民营化不一定等于进步。

落后的资本市场　意大利的资金虽然充沛，但是资本市场却是未来意大利产业发展的一大障碍。米兰的证券市场既落后又无效率，几个大户或少数财团就能在股价上呼风唤雨。绝大多数的意大利企业家根本无法从大众化资本市场中取得资本，他们的企业也无法上市。由于海外投资、多元化发展相关产业都需要大笔资金，意大利现有的中型企业要延伸它们的竞争能力，看来是困难重重。

资本市场的落伍对意大利的经济伤害很大。它不但限制现有产业的进步，还影响新的资本密集产业的发展。这种新的资本密集产业除具有吸收失业劳动力、提高生产率等效果外，还是意大利和快速崛起的新兴工业国家竞争的主要战场。如果意大利只有国有单位或少数控股集团有能力进入这些新产业领域，在政府的保护伞下，它们或许能在国际上称霸，但绝不可能成为国际级的竞争者。

同样需要改善的是意大利的银行体系。绝大多数的意大利银行不得办理长期放款业务，它们主要的经营项目是短期贷款。造成这种现象的原因包括，既有银行法规的约束、外国银行加入竞争的限制，以及公立银行的老大性格等，结果造成银行之间没有竞争，缺乏运作效率，更别提创新了。意大利银行在国际上的评价不高，如果再不出现国内市场竞争，它们的前景也不乐观。由于意大利银行害怕冒险，所以它们的资金多数流向政府计划或大型集团。这也使得大多数有活力并需要长期资金的意大利企业受到限制。

令人遗憾的还有意大利在风险基金方面的表现。风险资本市场虽然已经在意大利出现，但它的表现远不如英、美等国，只能算处在幼稚期。事实上，绝大多数的意大利风险资本因为担心风险而未流向新企业。

意大利的菲亚特集团、De Benedetti集团和弗兹公司等大企业或控股公司，正逐渐出现财团的架势。然而，这些大企业在多元化过程中却发展出太多不相干的子公司。公司的高层管理者时时玩弄着并购和出售的伎俩，一般股东却没有发言的权利。这些企业集团若继续如此发展下去，虽然在资金运作上很方便，但是对竞争优势却毫无帮助。

除非意大利能在金融市场的表现上有所进步，否则它想发展更精致的竞争优势使经济更上一层楼是很困难的。意大利的资金配置过程需要更合理、更广泛，而资金的获得层面也应该更开放，银行法规应该允许长期贷款。如果意大利希望保持现有的竞争能力，它必须在欧洲市场自由化时，刺激产业间的竞争。其股市也应该加快脚步，朝更有效率的方向发展，并增加每天的交易服务。股市应该开放共同基金和其他有自由化效果的业务。证券交易委员会应该对内幕交易、上市公司财务报表进行更严格的监督，以保障投资人和吸引更多企业上市。另外，风险性基金的适用范围应该扩大到民间投资人，而不是一味在政府计划中打转。

一个管理良好、开放，并具有自主性的债券市场，将为意大利新一波中大型企业带来生机。然而，这样的变革必须注意避免经营良好的企业被并购，并要鼓励大企业进行合理的多元化经营。欧洲市场的自由化虽然有助于意大利大型企业对外吸收资金，但是健全的本国资金市场将使中小企业受益无穷，而后者才是意大利经济成长的主要动力。

资金成本过高　中小企业的资金成本过高，是意大利产业未来发展的主要障碍。在意大利，中小企业向银行贷款的利率往往比大企业高很多。意大利如果开放资本市场，将会使产业的资金成本大幅降低。然而，如果意大利政府不努力降低财政赤字，也会破坏经济进步的成果。意大利的民间储蓄率虽然很高，但是它的效果却已经被财经法案中不断出现的赤字，或庞大的公共开支所抵消，而意大利合作基金的市场规模太小，又只有少数大企业可以自由进出。这种种情况显示，只有政府紧缩赤字以释放国内资金，使它们能理想地被配置在产业的生产力上。

降低国有事业比例　意大利产业的一个特殊现象是，不论哪一种产业，只要是政府在其中扮演供应商、客户或制造商角色的，几乎都缺乏国际竞争力。

国有企业在意大利产业中占的比重不轻，前面已经提到它对意大利的基础设施和公共服务所造成的问题，而意大利政府经营的制造业也鲜有国际竞争力的表现。这些国有制造业大多来自政府接收的无法经营的民营企业。后者之所以经营不善，往往是因为缺乏竞争优势。

国有企业为意大利产业竞争带来了三类问题。第一类问题是它的效率低，缺少活力，使经济生产率更加萧条；第二类问题是无效率的国有企业会把相关民营产业拖下水；第三类问题是政府所扮演的客户角色表现并不佳。意大利的国有企业如医疗保健、运输设备、电力和传输系统，以及电信和国防等，并未成为国际级的竞争者，原因在于它们常常违反好客户应有的原则。它们的创新速度太慢，在专业化和需求水平上落后于其他国家，每笔采购案的背后都有大量政治干预，而大多数采购案更是在没有竞争的情况下进行的。

意大利的经济要快速进步，必须降低产业中国有企业的比重。国有企业的民营化也应该朝创造良性的国内竞争方向发展，而不是将国有企业让给大财团，形成另一波的民间垄断。这也意味着，意大利政府不能再把国有企业卖给它们在市场上的竞争者，或是会造成它们丧失竞争力的对象。如果意大利有意维持它的国有企业，第 12 章所列的政府采购原则将有助于它与民间产业进行良性互动。

法规：产业创新的障碍　国家法规是意大利产业另一个不必要的成本，它甚至形成产业创新的障碍。令人觉得讽刺的是，意大利的法规虽然多如牛毛，产品却并未因此而更安全，环境也没有受到更多保护，消费者也没有得到更好的服务或选择。意大利的法规只是降低了产业的竞争力，并养成产业的依赖心理。

为了社会整体的利益，意大利的法规应修正得更有效率，以诱导企业开始行动，并减少政府对企业行为的直接干预，如此才会产生更高的效率。法规如果要反映国家利益，不应该只是成为现有产品或企业的保障，而是应该对创新、竞争等行为进行松绑。意大利的立法部门必须建立自己的权威，保留一些政治角力以外的空间，在法律的执行上也需要加把劲。

以国内竞争带动国际竞争　意大利是一个以国内竞争带动国际竞争成功的典型。它的瓷砖、皮鞋、成衣、纺织、家具、餐具等产业，能够在国际上具有高度竞争优势，原因就在于它们在国内市场的竞争都非常激烈。从另一个角度来看，国有企业、银行业等缺乏国际竞争或受到政府保护的意大利产业，鲜有国际竞争的实力。这些产业在保护的环境中主导国内市场，收益率虽然很高，但是国际竞争能力却非常薄弱。

除非意大利的产业能够扩大竞争层面，否则要想迟一步发展将很困难。在发达国家中，意大利是极少数没有立法禁止托拉斯行为的国家之一。但是今天的意大利，其当务之急就是取消限制进入市场的资格或导致卡特尔形成的法规。除此之外，应该禁止产业龙头之间的相互并购，而国有事业民营化的目标也应该放在刺激全体产业发展而非淘汰竞争上。例如，菲亚特买下阿尔法 · 罗密欧，这种做法事实上是在伤害意大利汽车业的生命力。

当前意大利的产业政策将使产业发展趋于恶化。当产业全球化的趋势，以及欧洲市场的整合程度越来越高时，许多意大利企业振振有词地强调，要扩张产业规模才有利于竞争。意大利各种产业的龙头也在进行并购行动。由于国内市场的并购行动只会淘汰有效率的竞争，所以，意大利企业的做法是个重大的错误。事实上，意大利的企业要扩张它们的规模，比较好的做法是并购外国公司以打开国际市场。毕竟，当企业在激烈的国内市场竞争上建立了竞争优势的基础，其在国际化过程中的竞争优势才能持续有力。

发展产业集群　许多国家在经济发展和繁荣之后，出现城乡差距的问题。意大利也不例外。长期以来，意大利政府一直根据资源条件制定区域政策，试图借此缩短南北差距，但是效果一直不佳。问题主要是出在政府喜欢用补贴手段吸引企业到南部设厂，锁定的目标又放在汽车、化工、钢铁等大型产业上。然而，在当地缺少产业集群，及符合产业需求的人力资源、基础设施，以及供应商的情况下，光是靠一两家企业单打独斗就想产生竞争优势的机会，几乎是微乎其微。[3]

意大利政府如果要扩张并刺激产业在南部生根，更有效的做法是发展产业集群。成功的产业必须要有现成而集中的企业、技术以及相关产业。在意大利南部，具有发展成为产业集群的产业包括食品相关工业、旅游业等。虽然目前此地可能发展的产业只此两种，但若政府的协助朝设立专门性教育研究机构、当地大学和研究所、配合产业需求的基础设施以及出口促销等方面进行，一旦本地的产业成型，它自然会刺激供应商、相关产业等的发展。

还有一项能提高产业发展效率的做法是，意大利政府可以取消补贴政策，而以根据企业获利而定的减税措施替代，因为接受补贴的企业往往在发展效率上交白卷。

改变企业的战略和结构 如果意大利的企业要延续它们的竞争优势，它们在管理战略和做法上必须更进步，尤其是前面提过的人力资源和研发方面的管理。传统的意大利管理模式很适合中小企业，它的一些特色如强调对公司的高度忠诚、家族企业结构以及弹性等，至今仍应保留。不过，今天的意大利企业已经不能再依赖领导人的个人魅力，或由领导人掌握全局，今天的意大利企业需要引进受过职业培训的经理人，更优秀的管理技巧，以及现代化的信息技术，以应付更复杂的局面。如果意大利的企业在组织结构上缺少职业经理人，其核心业务在发展过程中会出现很严重的问题。现代化的企业结构也将使意大利的企业家更有效率。

意大利的企业也需要应用更多的全球化战略。如果它们想要延续并扩展现有的竞争优势，很多企业需要发展健全的国际营销渠道，有时，它们也应该在国外设厂从事制造加工。由于资金不足，许多意大利企业在国际化时必须与外国公司联盟。不过就长期而言，这种做法不见得很有利。如果意大利的企业不能掌握自己的命运，从国内发展出攸关竞争优势的技术和资金，单靠借用外力并不能真正解决它们的问题。从这个角度来看，意大利企业可以把联盟当成自己转型的一个过程，或是利用它达到更高层次的特定目标，但不能把联盟当成长期的战略。[4]

意大利的企业正在重复其他国家在多元化经营上的错误。企业在不相干的领域发展多元化经营，已被证明会导致长期的失败。今天的意大利虽然也有财团，但它们是在过去无效率的资本市场与人为的竞争限制下形成的。由于时代已经不同了，意大利的金融集团应该尽快把发展目标从财团转为少数紧密相关的核心事业，并在这些领域中扮演世界级的角色。它们必须认清，竞争优势与规模大小并不相干。在发展新企业方面，尽管有些新企业的成长速度很快，令人心动，可是如果与本业不相干的话，中等规模的意大利企业不应该盲目投入，而应集中力量守住本业和相关产业领域。在意大利企业多元化活动中，贝纳通走进金融服务业、贝卢斯科尼从制作电视节目转战零售业，都是有争议的做法。反过来说，弗兹公司从核心业务出发，逐步向周边进行多元化，并进军全球市场竞争的做法，则是比较理想的产业发展模式。

瑞典的行动指南

在21世纪初，瑞典因为在某些领域技术突破，产生比较精致的竞争优势后，就已进入创新导向的发达国家之林了。瑞典因为在制造业等产业的生产率持续提升，带来经济的繁荣。它的产业已经高度集群化了，这使得瑞典的企业在很多产业中维持它们的竞争地位。而且，由于研发方面的稳定投资和全球性营销渠道的建立，更使得这个小国拥有许多跨国公司。瑞典在生产成本上的敏感度和产业结构上的重组速度，要比其他国家来得快。

然而，瑞典的经济仍然有它发展上的陷阱。比如，即使和瑞士等小国相比较，它在消费性产品、国际市场服务或其他大型产业部门的竞争上，都有不足之处。经济扩张动力关系到生产力的发展，但在瑞典，这股动力却在日渐衰落中。从第二次世界大战后，瑞典就鲜有新企业能在国际市场称雄。瑞典在创新方面的过程日渐缓慢，并且局限在极少数的产业领域。对于产品生命周期短的产业，它更是一筹莫展，而瑞典的公共部门更限制了相关领域民间部门的发展。

在瑞典，传统型产业已经停止成长，部分以天然资源为基础的产业更是开始萎缩。发达国家当中，瑞典是极少数依赖生产成本竞争的国家。尽管它利用货币贬值使很多家居用品产业勉强维持出口能力，产业重组中所释出的劳动力也被政府部门吸收掉，但是，瑞典最大的威胁来自于它的平均主义造成发展失衡，其整体生产力的发展情形正处于贫血状态中。

瑞典的情况说明，当一个国家的社会价值、产业政策以及未来经济发展不协调时可能产生的后果。瑞典所面临的挑战在于如何避免这种失衡趋势继续下去，继而造成全国生活水平的降低。以下则是一些瑞典政府和企业必须面对的课题。

修改产业政策架构 瑞典政府帮助产业改善国际竞争地位的主要工具是货币贬值，许多产业也依赖这项政策维持出口。除了货币贬值外，另一个瑞典人关心的而且与竞争力有关的问题是他们的工资和电价。可是，如果将问题局限在这些方面，似乎是过于重视生产成本，也把国家竞争优势的模式看得太狭隘。

在瑞典的经济中，原材料产业所占的比重确实很重要，但是只拘泥于生产成本等问题，将会延缓瑞典扩张和提升经济基础的过程。瑞典要提升和扩张竞争优势，它的政府与产业应该思考更大的产业计划。如果不修改产业结构，威胁产业的压力会继续存在。

投资创造生产要素 像瑞典这种发达国家，除非加速提升生产要素质量，使其与其他发达国家并进，否则要维持它在经济上的相对繁荣，本身就是件困难的事，所以瑞典应该加速它的投资步调。和其他国家相比，瑞典在教育体系上的表现已没有领先的优势。它需要更专业化的培训计划，特别是像电脑、软件、新材料等跨产业的技术领域，更需要马上着手进行。如果瑞典缺乏高级技术劳动者和专业人才，必然影响到它的经济发展。

瑞典政府虽然倾向于扮演解决问题的主角，但这不是它能独力解决的。瑞典政府应该把大部分政府主导的计划经费转移到大学，而瑞典的企业则应该增加它们在技术和人力资源发展上的投资，形成客户、供应商、相关产业的联手行动。这种创造生产要素的联合投资应该增加。

改善国内的需求条件 瑞典如果不改善国内在消费性产品和服务方面的需求条件，它在发展新形态的事业上将很辛苦。瑞典的税收政策并未鼓励采购高级消费产品的能力，因此这些产业在国内的需求性相对减弱。而瑞典政府在服务业部门扮演主导的角色，又限制了消费者的选择权，以及新事业发展的可能性。雪上加霜的是，瑞典政府还禁止广告及其他现代销售技巧。

事实上，瑞典有发展商业以及消费性服务方面的潜力。它的优势在于瑞典人的语言能力、国家的中立立场、过去在自动化服务功能上的突出成绩，还有大量瑞典籍跨国企业可以提供国外需求等。宜家这样的国际级家具零售商，正是瑞典借制造能力发展出国际性服务业优势的例子。如果瑞典能够提升国内需求条件，培养新事业的发展气候，它的经济基础是可以继续扩张的。

公共部门的角色 瑞典人对“大政府”的共识，使公用事业要大幅民营化很难。然而，瑞典面临的挑战是如何改善公用事业的表现，使这些公共部门的活动为产业发展带来最大利益。因此瑞典的每一项公共企业都应该具备刺激产业活力和创新能力的功能。以医疗采购为例，它就应该强调、鼓励企业发展新的医疗产品和服务。

瑞典要继续提高它的经济生产力，首先必须大幅提升国有服务企业和其他领域的生产力。长期而言，引导这些企业朝民营化发展是唯一的办法。民营化才能保证这些企业持续提升它们的生产率，并加强它们在国际市场的活力。从这个角度观察，Procordia这家国有企业近年来正逐步民营化，这是瑞典公用事业积极改变的一大步。瑞典的社会民主党对民营化的重视，以及修正其他公共服务部门的做法，也有它的重要性。

瑞典应该削减公共部门的比重，除了基于生产力的考虑外，还有其他的理由。例如，公共部门的生产率低，却吸纳大量劳动人口，已经造成瑞典企业面临本地称职员工不足，必须求助海外的现象。这显示，瑞典政府的事业不但限制了国内的生产力，甚至还威胁到民间提升生产力的能力。瑞典如果真的希望经济能够发达，必须重新调配公共部门的资源。

鼓舞企业家 在瑞典的大环境中，经济上的成就并不受到鼓舞，人民和企业的目标也因此受到影响。瑞典的所得税率高得惊人，社会规范也不鼓励人民通过经营企业而致富。因此，瑞典的经理人与工人虽然重视纪律、能力强而且有效率，但是很多时候却缺乏冒险、开疆辟土及创造竞争优势的意愿。

要改善这种工作心态，税制是最容易着力的地方。瑞典在税制方面已经出现很多建设性的讨论，不过要降低税率，重要条件之一是必须缩减公共部门的支出。其他可行但困难度较高的做法包括，鼓励企业积累更多财富，突出个人薪资与能力成就的关系等。有些瑞典企业把净值变成可转让公司债卖给员工，这种做法虽然遭到工会反对，但不失为一种积极的方式。另一个进步的征兆是，瑞典人已开始讨论限制企业准备金免税额度的问题，这对瑞典企业的经营也会产生正面的压力。

国内市场竞争日渐衰落 瑞典产业的最大障碍，可能来自于日渐衰落的国内市场竞争。在瑞典的产业中，虽然有些已经走到开放市场与全球化战略，取代一部分国内市场竞争。但是总体来看，瑞典的国内市场竞争活力正在衰退中。如果国内市场垄断，或竞争者之间相互合作的情形不能扭转，瑞典在产业发展与加速创新的步调上并不乐观。瑞典对企业并购、贴牌生产或技术合作的尺度过于宽容，原因是他们相信合作达到一定程度时，对大家都有好处。产业因此常直接买下国内竞争者，而不是以竞争带动创新，但是后者才是造成整个国家产业都获得改善的途径（有关竞争对生产要素的快速创新、供应商的发展以及其他方面的好处，可以参考第 3、第 4 章）。

瑞典的《反托拉斯法》只管制国内的产业，而不管制其跨国企业，主要是为了保障瑞典企业能以规模经济在国际市场竞争。这个观念并不正确。即使是小国，也不应以成为产业盟主为目标。瑞典应该了解，维持国内竞争，以及开放服务业等原本封锁的市场，才能确保它的竞争优势。

培养新企业 瑞典产业的另一项重要挑战是，如何激发既有企业与新企业，以形成新的产业。即使是已经在国际市场上站稳脚跟的瑞典产业，也应该提高它们的层次，因为如果瑞典缺少新产业与新的就业需求，它既有的繁荣必将受到伤害。

前面提过，若要鼓舞企业家，瑞典必须大幅修正税率。瑞典的企业家目前的税后所得通常不足以冒险再成立新公司，社会对创业活动的评价也不高。更糟糕的是，瑞典的税法不但影响企业家成立新公司的意愿，甚至还鼓励企业主将小公司卖给大公司。

瑞典政府必须把政策焦点放在小企业而非大企业的需求上。创业诱因很重要，可行途径也很多，例如成立一个完全的民间风险资本市场。目前，瑞典的风险资本体系是由政府主导，免不了官僚化和无效率。瑞典需要由政府和企业领袖联合发起运动，教育社会大众认识培养新产业的重要性。这些做法会改变这个国家的一些既定观念，并鼓励更多具有企业家精神的人出现。一些迹象显示，今天的瑞典大学毕业生，对于自行创业的兴趣正在提高中。这个趋势应该被强化而非遭到社会压力的扼杀，以免萌芽中的新一代企业家纷纷出走，到海外寻找机会。

建立母国基地 瑞典企业的高度国际化，使它们能在国际市场上维持既有的竞争优势。不过，潜伏的危机是，在瑞典企业热衷于国际化的同时，它们往往忽略了母国基地的重要性。企业发展全球化战略，有助于竞争优势的加强与延伸，但并不能创造竞争优势。真正的创新还是来自于健康的本国环境。

瑞典企业倾向于在海外市场活动，并且减少投资于国内企业的发展。部分原因是国内缺乏熟练的劳动力（前面已讨论）。但是这种情形若继续发展下去，瑞典的创新能力会受到更多的限制，造成更多新企业发展的障碍。无论国际化的程度有多高，企业需要母国基地以保持它的活力。对于总部仍在瑞典，但形态已经高度国际化的企业，这一点尤其重要。

选择社会价值观 这里所提出的变革建议，基本上与当前瑞典的社会价值冲突。今天的瑞典强调的是收入的再分配、平等主义、高度关心社会福利、合作取代竞争，以及大政府角色等价值观。这些价值观因为经济的繁荣而持续不断。然而未来的国际经济发展趋势必将迫使瑞典人在维护这些价值观与保持现有生活水平之间作抉择。

瑞典的社会价值观是它避开走上富裕导向阶段后所面临的严重问题，它也在削弱维持创新导向经济所需的活力。在瑞典的社会价值观中，重视安全与环保等观念对它的产业在国际竞争上是有帮助的，但是如财富再分配、平等主义、政府经营服务业等观念，则会限制该国经济的未来发展。当前，瑞典已开始针对变革进行规划，这也使它的产业出现了另一波高峰的可能性大增。

日本的行动指南

“二战”后的日本，很成功地由生产要素导向阶段，长驱直入创新导向阶段。日本企业已经从产品价格的竞争，进步到高级产品和流程方面的竞争，这样的成就没有其他国家可与之相比。在日本，由于钻石体系的各个关键要素充分运作，许多产业在创新与活力上有非凡的表现。当整个钻石体系积极自我强化的效应出现后，日本产业间产生良性竞争，彼此刺激而进步，并促使国内需求不断发展。这些源源不绝的动力，使得成功的产业还在不断扩大它们的基础。

另一波提升日本产业竞争优势的冲力，是日元升值。受到日元升值的影响，越来越多的日本企业开始朝高科技、产品差异化以及提高生产力的方向发展；更重要的是，日元升值的震撼促使日本企业终于走上全球化战略之路。过去，很少有日本企业尝试全球化。如今，许多已经是国际级的日本企业开始在海外直接投资，而且动作越来越快。它们将简单的加工产业移到海外后，国内的生产力大幅提高。全球化的行动不但有助于日本企业打破其他国家的保护主义，同时日本也得以摆脱自己经济发展上的弱点，更大大增加了日本企业在投资国的竞争力。

另一方面，虽然日本的国民收入正在不断增加，但是由于日本人的居住条件不佳，并且缺乏休闲时间，许多产品因而无法在日本国内市场推广。在日本政府的鼓励下，这种现象已渐有改变。许多日本大企业开始减少员工的工作时数，这对国内休闲产业的成长也有实质性帮助。[5] 另外，像购买第二栋房子，以及重新装潢现有住宅的风气也在增长（日本人称为“翻修”）。这些趋势也将创造家具和家居用品方面的新需求。日本的国内市场因为受到外商投资、洋货大量进口、本地生产力提高的影响，就业机会一直在增加，也吸收了其他产业溢出的劳动力。更值得一提的是，日本政府正大幅减少它对经济的直接干预。

若是日本经济继续维持这样的优良基础，要保持稳步成长应该没有问题。

然而，日本当前仍迫切需要解决的是在产业奇迹以外的其他无效率的产业部门。因为后者可能会拉下整个日本的生产力。长期而言，日本所面临的挑战是本质性的问题，像如何保持活力并避免走向富裕导向阶段的弊病。目前日本正处于利润不断积累、债务快速清偿、财富不断增加的阶段，然而这些现象所形成的力量往往会使经济走向德国、美国、英国的发展模型。今天的日本，制造业及整体生产力的提升速度已经明显减缓。

日本是一个高度成功的国家，它的挑战是如何维持成功的基础并持续发展。以下就是日本将面对的课题。

再提升教育质量　经济发展需要人力资源的同步发展。日本需要大幅改善的是它在中等教育（尤其是职业学校教育）以及大学教育的体系。到目前为止，日本的教育体系充分支持了产业的发展与提升。然而，日本未来将需要更多高级技能的劳动力、新而专业的技术，以应对越来越多的新产业竞争及全球化的发展趋势。日本若要通过这个考验，无论是员工还是经理人都必须具备电脑、国际企业、外语、市场营销及其他未来产业所应有的基本能力。但是以电脑教育为例，日本在 1987 年时，小学拥有电脑超过两台的，仅占总数的 14%，中学方面也只有 36%；同时期的美国，拥有两台以上电脑的小学占 85%，中学更高达 92%；英国在 1984 年时，不但小学的电脑普及率已达 99%，中学更是 100%。[6]

日本的在职员工培训只在少数大型企业中才有，因此受过良好培训的劳动力只占全体劳动力的一小部分。日本当前应以加强学校教育来填补劳动力市场上的需求，因为企业的在职培训虽然重要，却并不能取代一流大学或优秀的技术职业教育，后者才是培养专业人才、迎合产业需求的主力。

日本的教育体系强调中央控制和标准化。这种做法目前还能满足产业的需求，但会是未来经济进步的阻力。面对未来的趋势，日本教育的课程必须越来越灵活，并考虑学生和地方需求。日本的大学虽然已有基础，但是表现的标准应该再提高，教学的质量应该再改善，课程内容（尤其是非技术性领域部分）也应该更完善、更广博。目前最急切要解决的，就是如何改善大学电脑方面的课程设计。另外，日本的技术职业学校虽然还在发展的初级阶段，但可喜的是，成长速度很快。但是技术职业教育应该往培养专业性产业的专业技能员工方向发展，以弥补公立教育无法满足市场需求的部分。对日本人而言，发展与提升技术职业教育质量，应该是他们努力的首要任务。

奖励大学研究 国家的经济要进步，必须不断提升基础研究与新科技研究的能力。日本的研发体系因此必须减少对大企业的依赖，创造出更宽广的空间。可行的做法就是增强原本薄弱的大学研究计划。如果日本企业要持续其高级技术研发能力，以及提升基础领域的创新能力，日本的大学便需要大幅增加在基础科学方面的研究。因为大学研究是产生新企业的摇篮，也是培养一流产业科技人才的温床。

另一方面，日本企业也需要和大学进行更多合作。目前彼此之间的合作研究计划实在太少。日本企业应该对大学研究提供更多的财力赞助及更多的配合，例如TRON系统的研究计划，即是彼此开始合作研究的象征。东京大学也已经开设企业赞助课程，这样的合作活动绝不嫌多。

日本如果能提升它的大学教育课程与研究计划，将促进培养公立大学和教师研究能力。日本教育部和通产省一样，都需要学习扮演更灵活、更少干预的角色。同时，政府也应该鼓励私立大学更自由的实验和创新。

国内市场需求不断提升 国内市场是引导经济进步不可缺少的条件。日本的国内市场也正在创造和扩大对高级产品与服务的需求。政府有责任排除这个转变过程中所出现的障碍。例如，当日本人的休闲时间已增加，并刺激了新产品与服务的发展时，政府和企业都应该作自我调整，跟上这个具有积极意义的发展脚步。引导今天日本市场需求的重要力量还有住宅翻修趋势，因为它将打开很多新产业的市场需求，为家庭自动控制系统或小型卫浴设备等日本产业提供在国际市场扬威的新机会。基本上，当产业发展重点放在改善生活质量时，它具有双重利益。比如运输、电信、医疗保健、文化建设等方面的努力，不但可改善人民的生活品质，也会激发产业的创新能力。

消除营销体系的障碍 在日本产业迫切追求于国际上的成功时，它的批发与零售体系中不合时宜的部分将成为主要的障碍。对日本企业而言，经营国内市场的企业（例如日用品）必须能应用世界级的市场营销手法，跨不过创新难关的落伍产业可能每况愈下。为了激发国家生产力以及鼓励更多外国产品进口，日本应该取消对批发和连锁店体系的人为限制。

医疗保健有待加强 基本上日本的医疗保健体系，不利于相关产品和服务项目的创新。日本人应该了解，医疗保健体系不仅关系到全民的健康，也在国家生产力上扮演着重要角色。随着国家的进步，它的重要性更是与日俱增。目前日本是所有发达国家中医疗保健问题最严重的国家。除非提高医疗业的采购和服务效率，增加弹性和多元化，否则医疗保健问题将成为日本经济的弱点。日本要改善医疗保健，先决条件是取消中央控制作业，如此才能使供应商接触到并了解何谓高级需求，进而培养它们的国际竞争力。

取消服务业的限制 在国际竞争中，发达国家依赖服务业优势的比重越来越高。许多日本的服务业虽然已经发展成型，但是缺少国际化，这也将限制产业集群的深化和经济发展的潜力。越来越多的日本公民及企业跨国发展，他们将是日本服务业国际化发展的主要潜在力量。但是已抓住这个趋势的日本服务业，例如银行业和贸易业，对争取当地客户的努力仍不够积极。

日本想让服务业在国际上发展成功，不仅需要扩展对非日本客户的服务，也要加强语言能力，并且要建立更系统化的服务流程、更精致的信息系统（这方面日本落后尤其多），并对海外据点和工作人员素质作更多的投资与培训。

此外，日本政府应该取消在营销、建筑、金融服务等其他国内服务性产业的限制。过去的限制只会降低那些产业的竞争与活力，妨碍它们在国际竞争的能力。这样的原则同样适用于日本制造业，因为如果本国制造业缺少活跃的竞争者与自由创新的能力，服务业根本不可能在国际上有所发展。

振兴缺乏生产力的部门 本书曾提过，日本同时存在着两种截然不同的经济形态。一方面，它拥有一些全球最具生产力、发展能力最强的产业；同时，它也存在很多生产力极低的产业，例如营销和零售业。其他像建筑业等广大的服务性产业领域，日本员工的生产率普遍相当落后。卡特尔等妨碍竞争的结构在这些产业中更是司空见惯。[7]

日本的农业与制造业也有相同的情形。它们的生产力和产品质量落后世界一流水平一大截。它们大多避免国内与国际市场的竞争，像化工相关产业、炼铝业、烟草业、食品业、造纸业、人造纤维业和塑胶产业等比比皆是。这些产业能够继续维持不变，是因为它们大多处于通产省有效防止进口或“合理化”卡特尔的保护政策下，结果造成产业界毫无竞争力与效率可言，几乎可说是没有打入国际市场、争取一席之地的条件。

事实上，这些范围大又缺乏生产率的产业领域，已降低日本经济的整体生产力。从总体经济观察，日本的平均生产力落于美国、德国等国家之后。以

1985 年为例，日本制造业的平均产能落后美国 32%。[8] 对已具有国际竞争力的产业而言，这些落后产业所产生的负面影响只会日渐扩大，甚至难以克服。如表 7–1 所显示的，日本国家生产力的提升速度已渐减缓，日本人的生活水平也将受到伤害。

日本要改善这个问题，处方之一是开放这些缺乏生产力的产业部门，让它们自由竞争。如果日本希望继续提升国民生产力，势必要扩大进口规模。第 1 章所探讨的内容说明了一个事实，进口不但会刺激本国产业改善生产力，还会释出劳动力和资本等资源，使它们转入更有生产力的部门。日本在 1987 年时，进口只占国内生产总值的 6.9%，这个数字是本书所研究的 10 个国家中最低的 (即使美国都有 9.5%)。过去几十年间，当其他国家都在快速开放进口产品时，日本市场却交了白卷。然而，加紧开放市场不仅会帮助日本解决它与其他国家的贸易摩擦问题，还将保证本身经济的持续改善和繁荣。20 世纪 80 年代后期，日本的进口贸易虽然开始增加，但举国上下却对此举抱有不满的情绪。日本人民应该认清的一点是，日本经济要进一步提升，前提之一就是克服这种偏见。

转变发展目标 国家经济一旦成功，几乎无法避免国民、投资人与企业转变发展目标的趋势，而当这个趋势蔚然成风后，又会危及产业的活力。今天的日本便存在着目标转向的危机。

今天日本国民的工作意愿正随着收入提高、国家财富快速积累而改变。许多日本人都指出，年青一代的日本人对生产线工作以及对公司的忠诚度都降低了。中年转行的现象则在不断增加。最近的一项调查显示，从 1986 年以来，日本理工科大学毕业生选择制造业的意愿正在持续下降，而投身财务管理、保险或房地产等行业的人数却增长了两倍。[9] 日本人的个人理财态度，也从创造财富转为享受财富所带来的最大利益。目前市场投资选择的自由化更使得这样的转变日渐火热。日本人在工厂现场的工作意愿，正在逐渐消失。

日本的新一代管理人，也正替代那些战后白手起家的企业创办人而入主产业核心。第一代企业家敢为前景冒险的精神，正被职业经理人与保守主义倾向所冲淡。

另一方面，日本企业也发现，从股票市场或房地产上赚钱似乎更容易。并购其他企业，也比创新产品与流程来得轻松。事实上，一项最近的调查发现，东京股市的 1 010 家上市公司中，竟然有 55% 在玩所谓的“金钱游戏”，这也是历年来调查中比例最高的一次。[10] 这样的转变显然将减少日本企业对生产和创新的投资。经济要持续增长，财富必须用在生产力上。

由于全球金融市场的变革，日本的资本市场也在发生变化。这样的转变也将对日本的投资者和产业目标产生重大影响。在日本的债券市场中，过去没有经营权的法人投资者，正在扩大他们的影响力。他们一改过去几十年消极的心态，开始关心企业的投资回报率，并成为改善企业经营的压力源头。在东京股市，野村、大和、山一和日兴这日本四大证券商就占了整个交易量的80%。它们不同于一般银行或保险公司，它们的兴趣主要在于交易以收取佣金。一些迹象显示，这种法人投资者之间的债券、股票买卖正在增加。

日本股市的持续成长已带来可观的股票利润。不过，日本资本市场的发展，加上外商持有日本企业股票的增加，将会降低日本企业对持续投资的意愿。

在资本市场的规范上，日本政府应该避免步美国的后尘，形成鼓励企业一味追求短期利润的偏执行为，或纯粹就财务表现进行企业并购活动。日本的税制更应该保证投资人维持合理的投资意愿。在现行日本法规中，对长期资本收入课税就是抵消生产力的行为。

全球化战略 日本企业已经脱离成本竞争的格局，转入追求产品差异化，以及更高级的技术创新阶段。它们的下一个挑战将是实施全球化战略。全球化战略的第一步是将本国的产品销往海外，第二步是分散生产活动，尤其是将加工层次较低的项目移到海外据点生产。前面提过，日元升值是日本企业全球化的媒介，不过全球化的风险是，一旦建立海外据点，它们很快就会成为高度自主性的个体。这种情况在美国和欧洲的跨国企业中屡见不鲜。因此，全球化战略下的日本企业必须解决的一大问题是，如何协调与整合海外子公司之间的活动。

日本企业的另一个重要问题是未来如何多元化。日本产业过去创造的竞争优势，大部分来自于产业循环，以及由核心事业跨入相关产业的内部多元化。然而有迹象显示，这种多元化形态正受环境的冲击而在改变中。

会出现这种变化，一部分原因是财富快速积累，使日本企业正加速发展不相干的新事业。传统上，日本企业因为将投资的利润再投资，以维持事业成长，所以实质获利并不高。如果获利无法增加，公司的股票价格又主导公司形象的话，企业朝不相干领域的多元化及财团化发展的步调必然加速。这种现象已经在日本的大企业中出现。例如，索尼公司涉足保险业，新日本钢铁发展邮购服务。在企业进行多元化的同时，日本企业的并购活动也越来越多。在日本，企业并购的数目已经从1984年的140件，增加为1988年的223件，同一时期，日本企业在海外进行并购的案例也由44件增加为315件。[11]

如果这个趋势不断扩大，根据美国自20世纪70年代以来的经验，日本经济的创新速度将开始减缓，企业的重点也将从创造竞争优势的投资转为资产买卖。日本人应该牢记，绝大多数不相干的并购活动，最后多以失败收场。前面提到的几宗日本并购案例不是已经宣告失败，就是前景暗淡。

维持产业的活力 在整个日本产业版图中，具有国际竞争力，并在国际竞赛中站稳脚跟的产业还是不多的。更值得关心的是，已经在国际上占有一席之地，也积累了相当多资源和能力的企业，却开始失去竞争的动力。对处于成熟期的市场，日本企业习惯性地要求政府保护以减轻竞争压力。今天的日本，所看到的是并购日渐普遍，股市压力日渐扩大，产业也开始僵化。1989年时，三井银行与太阳神户银行合并成为日本第二大银行，充分显示了日本产业发展的未来趋势。同时，日本经济的其他部门因为长久以来受到保护与竞争隔离，也在抗拒变化。

过去，日本因为许多产业的内部激烈竞争，《反托拉斯法》似乎可有可无。但是绝不能因此认定日本不需要《反托拉斯法》。不久前，日本产业界在大型产业集团主导下，刚刚出现讲求效率的产业联合体系。最近日本政府更试图对一些重要产业设立进入门槛，促成集团化的活动。通产省的原则还是倾向于以设立门槛或封杀，以保障有序竞争并防止垄断。不过，例证清楚显示，这类政策对产业发展生产力并无帮助，更不可能促使产业在国际上成功。

日本从第二次世界大战后就有《反托拉斯法》，以今天的产业现象来看，该法中有关并购的规定非常重要，但是其中对制造业和服务业的竞争限制应该取消。日本要维持产业的活力，还可以借由打破政府或非关税的贸易壁垒达成。但今天的日本绝不能忽视过去的竞争形势。维持竞争是它克服挑战的依据。

降低贸易摩擦 日本在出口上的辉煌成绩，与其产业在国内市场竞争激烈有关，但也导致它与其他国家之间的贸易摩擦。对于贸易摩擦，日本惯用的解决方式是通过谈判达成“市场秩序协定”，或对个别国家限制出口。最典型的做法就是根据日本产品在该国的市场占有率，制定出口“配额”。

日本这种做法是有瑕疵的。它维持产业现状，减少了日本产业内部竞争。这种做法如果流行起来，日本在竞争活力上将受到威胁。同时，日本市场还是个相对封闭的市场，与欧美国家相比，它的非关税障碍明显误导进出口贸易情形，也导致它在欧美国家的强烈抨击下无法招架。

相比之下，日本要解决贸易摩擦的最好对策是开放进口。原因是开放进口不但能堵住外国保护主义批判的声浪，也会导致日本经济生产力发展。日本人排斥进口的因素很复杂，最棘手的是日本上下普遍视“开放进口”为平息外国人怨气的工具。事实上，以日本现阶段的经济发展来看，它确实具备迎接进口产品的本钱。20 世纪 80 年代后期，日本进出口银行史无前例地对进口商贷款，日本政府也以减税鼓励消费者采购进口商品，这显示出进口活动已经活络。因此，类似的政策应该列为优先推动项目。

日本不乏充满好前景的产业，例如竞争力非常旺盛的进口产业部门、投资人也是股票长期持有人的产业，或一些经理人宁可持续投资、巩固企业，也不愿意跳入追逐短期利润的产业。不过，没有人能保证这种好前景能够一直持续下去。

日本人对他们的竞争体系作过许多假设，同样的假设也曾在美国出现。然而美国人在国内外竞争环境日新月异的情况下，反应却过于迟缓，我们可以肯定地说，只要日本希望产业持续进步，它的政府政策和企业战略就必须配合环境，随时修正。

瑞士的行动指南

瑞士很早就进入创新导向阶段，也因此繁荣了数十年。其国家经济实力带出产业的国际竞争力，辽阔的国际市场成为瑞士经济的基础。在瑞士企业中，许多已经高度国际化，这又使得它们能应对生产成本和汇率的变化。

瑞士的企业在需求条件方面的优势会持续存在，是因为瑞士国内市场不但高度精致化，也能接受其他发达国家的产品趋势。当国际市场的需求被区分得更细微，且对产品质量、销售服务等要求越高时，瑞士企业的实力更得以发挥。像正在国际上兴起的环保概念与员工福利措施，瑞士企业早就接纳实施。在瑞士，劳资关系一直维持着和谐与灵活。

然而，瑞士的产业活力不是没有问题，这些问题甚至可能导致产业成长趋缓。例如，太多瑞士企业保守地维护既有成就，而不去开拓新优势；它们也抗拒变化或以妥协方式抵消变革的冲击；更致命的伤害是，瑞士产业正集中力量在并购活动上，创业动机逐渐减弱，冒险家和企业家精神也减弱了。其人均国民收入与生产力的成长速度长期趋于缓慢。

瑞士的整体情况是，这个国家正奔向富裕导向阶段，而这个阶段的弊病将使国家繁荣的现状受限，再者，随着欧洲自由化风潮兴起，欧盟其他国家也加快它们的竞争步伐，瑞士的产业可能将大幅落后于德国、意大利等国家。

瑞士的例子说明，一个国家即使在持续繁荣中，也会面对许多危机。以下就是一些会限制瑞士未来发展的课题。

人力资源 瑞士产业在过去如此成功，关键在于它拥有提升产业的能力，还有在精致化和差异化的产业环节中竞争的能力。瑞士本身是个天然资源缺乏的国家，要做到这一点，主要是因为它的人力在技术与专业能力上举世无双。

虽然传统上瑞士很重视提升人力资源素质的投资，但在今日的变局中，它的教育体系仍显得过度僵化和官僚化。它能否迅速回应信息科技、新材料、现代化制造技术和电信科技等领域的崛起，值得观察。

瑞士必须重视的另一个问题是，它的劳动力严重短缺。虽然外籍劳动者可季节性地在瑞士打工，但是瑞士移民法在技术人力的移入上，依然维持严格的限制。往好的方面想，这种做法会强迫产业走上发展之路，也减少对廉价劳动力带动生产力的依赖。

基础科学不敷所需 本书所研究的国家中，瑞士政府的研究经费占国内生产总值比例最低。虽然瑞士的企业扛起大部分的研发工作，但是在基础科学的发展上，瑞士的步调显然不如其他发达国家积极。这会导致新领域的技术发展过慢，也造成教育体系所培养的科技人才和工程师不敷产业需求。

更有效率的公共服务 国有企业部门也是瑞士发展的一大障碍。瑞士的国有企业不但生产力低，还吸收了原本有限的、企业殷切需求的人才资源。

庞大的瑞士国有企业造成的另一个问题就是整个瑞士必须为高成本、低创新的电信、交通及其他公用事业付出代价。由于政府介入太深，瑞士的劳动者几乎等于公务员。因此，瑞士有必要重新检讨政府的角色，很多领域也应该开放给民间。国有企业民营化不但会改善服务质量，还将带动国内市场的需求质量。

法规限制了创新 瑞士的法规强调稳定和维持繁荣，但逐渐减缓了产业创新和发展的速度。著名的例子是它的员工法规限制加班，还允许员工在年轻时就可以申请退休。另外，像金融服务业的交易税也适用于海外的瑞士企业，更控制产品价格等。瑞士目前的首要任务是，将法规还原到“不干预政策”的老传统。

企业垄断减损了竞争力 瑞士传统上就对企业垄断行为持比较宽容的态度。虽然有时它也会以“君子协定”来约束企业之间的合作活动，但这方面的法律一直不很严谨。例如瑞士政府设立各项非关税障碍以保护本国工业，又如允许本国企业直接采购等。最近，以并购来创造优势的行为正威胁瑞士的长期利益和竞争能力（例如，在瑞士国内市场中苏乐司买下鲁迪及苏尔的纺织机业务部门，威尔第和肯恩的测量设备部门合并）。因为这会降低企业的创新速度，也会因此暂缓改善生产力的动作。

瑞士要有新的竞争政策，态度上必须作 180 度的调整。瑞士人必须认清的是，即使是小国，卡特尔和并购行为都不一定会带来竞争力。瑞士的企业必须有所体会的是，国际上的常胜军建立在良性竞争的基础上。随着欧洲竞争者的增加，培养这种认识也更加迫切。

调整发展目标 大约十多年前，瑞士企业的发展目标就从发展壮大改为保护防御。传统上，瑞士的银行与其他法人投资者有权影响企业运作，企业经理人因为受限于此，倾向于保守地发展。因此虽然造就了长期的繁荣，却也相对地减少了企业间的竞争。公司不担心竞争问题，大量的盈余转增资本，还有股票被少数人把持，使企业在不知不觉中身处险境。许多企业的管理层以安全为由拒绝任何实质改变。

因此，使竞争活跃起来是瑞士制定产业政策时最应优先考虑的。政府借着降低企业的保护和持股身份的限制，以及要求企业在财务报表上公开资产中的准备金数量，将使企业的活力因而复苏。瑞士不应该学习美国或英国的资本市场形态。如果瑞士增加投资人对持股的管理权责，将有助于产业的实质改进。

瑞士人的工作动机不佳由来已久，原因包括劳动市场僵化，休闲意愿高于工作动机，还有产业对冒险的消极态度等。瑞士要提高国民的工作动机与产业活力，应该将所得税的级距降低，以工作表现反映工资收入（目前瑞士的经理人薪资虽高，但是没有分红），企业也应该奖励员工的特殊表现。

恢复企业家精神 比较瑞士和美、日、意、英、韩等国家的环境，它的新企业发展条件最差。原因之一是瑞士没有风险性资本市场，它的银行作风保守，毫无发展风险资本的意愿。另外，瑞士人天性不喜欢冒险。这种国民性格造成许多瑞士企业稳扎稳打，不大起大落，不利于他们抓住变革的机会。当不变就是死路一条的时代来临时，这个问题尤其严重。

如果瑞士不能在新企业上有好成绩，它将无法创造新的工作机会，支撑国内市场竞争，并为未来产业打基础。恢复企业家精神是瑞士政府与企业的共同责任。

德国的行动指南

19 世纪末的德国，科学和技术都是世界一流的，它那时已经是世界产业发展的发电厂。它的经济也是从那时起进入创新导向阶段的。德国的竞争优势表现在广泛的产业上，这也使得它的经济在国际竞争中健康而强劲。德国企业的竞争力，是靠产品的差异而不是成本低的优势。德国因为许多产业已有坚实的基础，例如国际营销服务网络健全，并已形成国际分工制造形态，因此它一直在国际市场上扮演抢先创新的角色。另一方面，德国拥有快速创造生产要素的能力，加上化弱点为优势与需求的压力，形成了它产业的生命力。

不过，德国经济的活力正面临几项威胁。德国经济已经持续繁荣 30 年，人民生活水平多已达到世界最高的层次，但是目前仍保有世界盟主地位的产业，在市场占有率上却是不进反退。同样，它创造新企业的能力，赶不上国内居高不下的失业率；企业在商品化技术和科学上的突破也越来越少。甚至在新的消费性产品或服务产业方面，德国人只能靠边站。

此外，在德国的企业内从上到下的事业目标正在改变。例如德国人越来越关心生活，每周工作的时数较之从前相对减少。德国的投资人与经理人对分享利润和并购等兴趣也在增加，竞争则相对衰落。德国企业内部弥漫着自满的情绪。当德国照相机产业面对日本竞争时，它的反应异常迟钝，而钢笔和铅笔企业更是已经失去了创新产品的能力。

随着自满而来的是对变革的抗拒。世界大战造成德国经济的解体，但也打破了既有的结构，刺激德国在全球经济中不断创新而独树一帜。长期成功的滋味，使德国全面恢复到战前状态。持续的繁荣更使工会抬高姿态，一味追求维持现状，抗拒变革，仿佛德国以外的世界并不存在。由于劳资双方无法建立共识，德国企业在董事会的决策流程上也越来越不顺畅。

这些现象都指出德国正走入富裕阶段的陷阱中。表 7–1 的数据显示，20 世纪 80 年代的德国经济，不但国民收入增长缓慢，生产力提高迟缓，就连投资也在下跌。这些都是经济活力松弛的征兆。如果德国想在未来几十年中保持产业发展的步伐，它的政府和企业必须认真面对下列课题。

掌握新科技领域 许多德国产业的根本威胁是由于缺乏半导体、电脑、软件、生物科技等新科技的人才与技术，使它们无法继续创新。德国产业要易守为攻，只靠企业在海外取得相关技术，再应用到本身专门领域的做法是不够的。德国政府和企业必须针对这些新科技，进行从教育到基础研究的全面投资，并在新产业中开花结果。

德国想让新科技在国内生根，不但需要举国上下对它们的肯定和重视，还要克服几十年来只专注物理科学和工程技术的偏见。以生物科技为例，由于当前德国的法律对生物科技有严格的管制，巴斯夫和赫斯特等企业必须把相关研究计划移到美国子公司进行，还有一些德国药厂则在英国发展生物科技研究。

德国和其他国家的一个相同处境是，由政府资助主要企业进行的大型研究计划很少能够成功，即使泛欧的跨国研究计划也不例外。因此，德国推动新科技的最好做法，是让企业彼此间活跃地竞争，并促使它们与大学及独立的研究机构密切合作。

加强服务业 德国跨国服务企业的发展迟滞不前，国内市场对服务功能的需求落后于各国，各项服务活动也多倾向在国内执行；要设立新的服务公司，也面临了重重问题。雪上加霜的是，德国的教育在社会科学和管理科学方面很薄弱，而政府的服务性事业又阻碍民营企业的发展。

德国缺少具有国际竞争水平的服务业，所以很多产业以及国家经济的发展速度将不会有明显的突破。

缺乏现代营销工具 德国如果缺少现代化市场与营销工具，它的企业想在最高级的消费性产品和服务上发展差异化产品，事实上是非常困难的。今天的德国，无论是在精细化的市场调查、消费者行为研究还是其他营销技巧上，都显然落后。原因之一是大学在社会科学和管理训练上的薄弱；此外，德国的法规限制电视广告、商店的营业时间和邮递速度等，也造成德国经济不能大步向前。

强化企业动机　各种迹象显示，德国的投资人、经理人和员工对事业的忠诚度正在衰退。这种情况如果持续下去，将会伤及德国产业发展的能力。几十年的繁荣，德国上下都有一动不如一静的情绪，其中最明显的就是工会的态度。德国工会过分强调维持现状，已成为产业发展的绊脚石。今天的德国人享有全世界最少的每周工作时数，这固然与社会繁荣有关，但也会影响到未来生产力的发展。

德国的经理人和投资人对事业的态度也不如前。他们越来越注意短期的股票价格，财务管理成为大多数企业中最重要的一环，而通过并购发展的企业多元化，有时也会出现在毫不相干的领域中。从几家毫无关系的企业合并成AEG公司这个案例来看，德国企业进行与本业不相干的多元化，必然以失败收场，这种现象举世皆然。

对德国而言，这些变化已出现一段时间了。德国在税制上的变革，对投资人与企业的发展将有更不利的影响。从 1990 年 1 月 1 日起，德国取消对长期资本所得的免税规定，此举造成投资人在投资时间上的缩减。新税制已导致好几家德国企业卖掉自己的企业，并使产业内部的并购风气滋长。这种民营转国有的变化，会降低投资的速度，也将削弱德国人对核心事业的忠诚度，市场上的风险性资金与民间资金更因此而裹足不前。如果德国希望在减税的同时增加国库税收，与其提高资产所得税率，不如提高短期资产所得税，取消累进级差距以扩大税基，并缩小国有企业和政府部门的规模。

挽救竞争颓势　今天的德国产业，尤其是大企业，很容易令人想起美国产业未走下坡前的情景。在许多重要的德国产业中，扩大规模的行动正不断进行着。德国人过于热衷并购与联盟战略，有时甚至会威胁到整个欧洲的产业竞争形态。德国产业另一个逐渐浮现的问题是，由于每家大银行在各大产业的重要企业中都有决策席位，不论动机如何，它们绝不希望所投资的重要企业处于相互竞争的局面。这种由财务考虑出发的现象，也助长了前面提到的企业相互并购的风气。德国企业的经理人正为了争取董事会上的发言权而奋斗。

“不求战”的文化会使德国产业很快失去原有的国际市场地位，无论政府官员还是企业决策者都应该正视这项危机。补救之道是，不但不能放松从第二次世界大战以来严格执行的《反托拉斯法》，还应该鼓励放宽更多竞争行为。涉及竞争者之间连锁的所有权和经营权应该明确于法律中确定，人为的进口限制措施应该取消，而产业内部主要竞争者之间的联盟行为必须禁止，某些情况下允许卡特尔行为的相关法律也应该修正。如第 12 章提到的，垄断国内市场并无助于德国的竞争力。最后，德国人应该反对欧盟在高科技产业上合作与集中发展的趋势。

自由化与民营化 德国要保持现有的产业竞争优势与创造新产业的竞争力，现成的工具是自由化和民营化。德国在民营化上已经小有成绩，但类似电信、交通等方面还有很大的发挥空间。民营化不仅会刺激这些产业直接竞争，还会带动相关领域的供应商或客户也跟着进步。不过，预备要民营化的国有企业绝不能卖给该产业中的主要企业。

发展新企业 德国在发展新企业方面的表现并不理想。它的大企业鲜有第二次世界大战后才成立发展的。部分原因是德国人天性不爱冒险（这一点与瑞士一样）。对德国人来说，失败是件难以接受的事，人民更倾向于在已经制度化的企业中找份安稳的工作。德国人并没有意大利企业家独立经营的活力，更缺少像美国人那种突破限制的冲劲。此外，20 世纪 70 年代以来，受到当代哲学思潮的影响，德国人不但不认为企业家是经济发展的主导力量，反而视他们为剥削其他人财产的恶霸。问题的另一个方面是，德国缺少运作良好的风险性资本市场，无论风险投资、民间投资还是银行体系都过于保守。如果往深层分析，这些问题部分源于德国法律为了保护投资人，不当地限制了这些机构对新企业的投资活动。

德国发展新企业的另一个障碍，是它缺乏在新科技领域的突破性成就。在现有领域的技术改善上，德国人的能力是令人钦佩的，然而他们在新领域的技术方面并不突出。在德国，因为技术扩散效应形成新企业的情形并不多见。如果德国提高它在新科技上的投资，不但对现有的产业有帮助，还会带动新企业的发展。

过去几年当中，德国已经开始发展风险资本市场，这对德国是重要的一步。此外，各主要大学在新科技的研究也促使一些新科技的公司产生。如果这些起步的措施能延伸，并扩及重要科技领域，德国产业会出现转机。同时必须进行的是，限制风险投资的法规应该放宽，鼓励长期投资的诱因应该恢复。

重建经济活力的课题看似庞杂，但德国具有一项一般人常忽略的资源。从两德统一后，政治变革所激发的活力正成为德国经济上难以估计的新力量。今天的德国，无论产业还是劳动力都面临着巨大的挑战（例如迎接新市场需求等）。德国究竟要选择开放竞争、重新起步，还是寻求政府干预、实施经济集中措施，决定权掌握在德国人自己手中。

英国的行动指南

英国进入富裕导向阶段后的弊端困扰已有一段时间了。这也导致英国人尤其是一般工人的生活水平每况愈下。在英国，竞争优势的失落甚至已经形成一种惯性，从一个产业传染到另一个产业。人民收入减少又侵蚀到需求方面的质量。国家税收不足更导致政府在创造生产要素、基础设施、公共服务上的投资减少，进一步减损了未来的竞争优势。这种逆向的惯性一旦发动，很难停止。

不过，一些蛛丝马迹也显示，英国的竞争优势在某些方面正在复兴。它在石油、化工、制药、软件、出版、金融服务、消费性产品等方面的地位仍然维持着。企业在这些产业的零售实力正在增强，制造能力在回升，生产力在提高，投资情况也在改善。

英国政府的政策明显偏向刺激经济复兴，所以使经济发展产生了如此巨大的动力。另外，社会价值改变、经济挂帅、国有企业民营化或转向等风潮，或多或少也有助于英国产生新的力量。

不过，英国的产业复兴仍然是脆弱和零散的。它的失业率依然居高不下，许多产业中的复兴行动也有局限性，它们只是一个小战略的改变，或是生产成本的降低，或是劳资双方开始寻求更合理的权力平衡而已。并购活动虽然盛行于企业之间，但是对产业发展竞争优势的效果却不显著，尤其在制造业方面，并没有令人刮目相看的表现。英国的企业虽然已不再犯一些过去的错误，但并未因此发展出有利于未来竞争的新基础。英国真要脱胎换骨，它的产业需要新的产品和流程。简单说，英国需要创新。

促成英国就业率提升的一个因素是外商投资，但是绝大多数的外商着眼于降低生产成本，因此重点放在以低工资、非专业性工人进行产品装配作业上。这种类型的外商投资对改善英国经济虽不无助益，但是过度依赖装配加工的外商，同样会限制英国生产力的提升。

英国的案例，显示出一个国家要想重返经济发展过程所遭遇的问题。如果英国想要维持它在发达国家的位置，它必须解决下列问题。

投资于人力资源 英国想重返创新导向阶段，必须具备世界一流的教育体系。这里面包含社会经济学科、科技领域以及技术职业教育。要做到这一点，英国现有的教育不但需要社会财力的大幅支持，教育水平也必须提高，技术领域也要得到更多的关注。这是英国目前最迫切需要改革的地方，却也是政策反应最慢的部分。

撒切尔夫人在任的时期，英国已经开始提高教育的水平。在 1988 年的教育改革方案中，英国政府负责制定教育标准并且设计部分核心课程的统一教材，是一项很大的进步。教育改革方案也要求一些城镇的技术学院提高职业技术教育的水平，不过真正付诸行动的学校不多。

英国的教育改革，最大阻力来自决策层本身。或许是基于新体制尚未成形，不敢贸然投入太多预算，政府已经裁减教育改革的经费。这种做法对处于清贫状态而且人才严重不足的教育界，不但没有帮助，还会造成优良师资的淘汰，造成教学与研究的质量更难提升。重建教育体系，对英国来说已是刻不容缓的课题。

英国企业同样面临严重的人力资源问题。英国企业必须明白，没有充裕的、受过良好培训的人力资源，它们的竞争优势会持续地受到限制。在拥有大学学历的各级管理人才中，英国在各发达国家中的比例最低。如果英国企业能和当地大学密切合作，共同制定课程，赞助学校发展相关领域的研究，并网罗大学毕业生到企业服务，企业本身将获得莫大的帮助。到目前为止，英国企业对大学的投资非常有限，它们对新的职业技术学院的补助也是若有若无。和其他发达国家比较，英国企业更应该对员工作更多的在职培训。这些都是英国应做而未做的事。

英国不但应该提升它的人力资源素质，还需要改善管理模式。基本上，英国的劳资关系对双方都不利，他们之间互相猜忌，同一家公司内部甚至有好几个工会组织，劳动力的怠工战略只会妨碍企业的改善和创新，使英国产业持续衰退。

增加研发预算 英国在研发经费占国内生产总值的比重上，落后于其他发达国家。英国政府所编列的研发预算虽然不逊于本书研究的其他国家，但是这笔预算的半数投入了国防科技研发工作，产业界并没有得到什么好处。因此，英国固然应该继续维持研发方面的投资，做法上则必须放弃直接补贴，改由通过大学和专业性研究机构进行研究。

英国企业投入研发的比例较政府更低。英国想要重返成功者的行列，就要打开产业和经济发展的大门，政府或企业都应该重新部署它们的商品化研发工作与资源分配。

提升需求品位 英国产业如果缺少要求质量高而精致型的客户，它们的创新和活力必然受到影响。今天的英国，对高级商品和休闲相关产品的需求品位并不差，主要挑战是如何提升一般消费者和产业面的需求，并提升整体需求品位，形成产业发展压力。前面提到的加强劳动者与经理人的教育培训，就有助于达成这个目标。

英国如要发展新的消费者需求条件，繁荣的伦敦和东南地区的市场是有利的桥头堡。如果国有企业垄断局面能逐步打破，限制消费者选择的法规能逐渐取消，则将创造更多的需求。

解除金融市场的限制 伦敦的金融市场曾在英国产业兴起时，扮演重要的角色。它一方面为新企业的成长提供所需的资金，同时也帮助老企业更新本身结构。然而，今天的伦敦金融市场，对产业发展竞争优势却是限制大于帮助。

英国的法人投资者和美国一样，对所投资的企业没有忠诚度，也不介入管理经营。英国的税制更鼓励企业之间主动合并，使企业的经营目标一直绕着短期财务表现打转。这种情况下，英国已经出现了好几家大型财团，它们不断买卖毫不相干的企业，然而积累的财富对英国产业的长期竞争力却毫无帮助。大财团当中如英美烟草公司（世界最大的香烟公司）和罗荷集团拥有 800 个以上子公司的英国综合企业集团）已经遭到社会强烈的批评。

1988 年时，英国纳税人的长期资产所得税率（扣除通货膨胀因素）和正常所得税相等，这使得英国投资人对持续投资特定企业的意愿大减。英国向美国模式看齐的结果，使它的经理人笼罩在短期获利的压力下。长期下来，这种偏差已严重影响到国家的经济利益。英国政府必须通过政策来扭转这种现象。

国有企业是绊脚石 英国的产业发展也避免不了其他国家的毛病。在电信、健康保险、交通等重要活动或垄断性事业方面都有法规保护，导致这些领域的创新活动不但迟钝，还伤害到与它们相关的其他产业的竞争优势。

虽然有些可喜的是英国国有企业民营化的脚步正快速迈开，但问题是，国有转民营并没有改变它垄断的本质，而这些本质仍是竞争的绊脚石。[12] 以航运业为例，英国航空公司的民营化只是和英国金狮航空公司进行合并而已。

如果缺少有效的竞争，国有企业民营化政策只会造成更多经济问题。英国政府也发现了这个问题，因此英航民营化还保留了一些其他竞争者的发展空间。电力系统民营化更针对发电厂性质，将电力公司拆成两个独立的公司。这种维持竞争力的做法应该持续下去。

刺激国内市场的活力 要打破英国企业积累数十年的自满心态，唯一的办法就是促使它们进行激烈的国内市场竞争。在英国，当一个产业出现一两个企业独大的局面时，要求政府干预或保护的压力就升高了。今天，英国企业界掀起的接管和合并的风潮并没有巩固产业的现有地位。美国的经验正是前车之鉴。

近年来，英国国内反托拉斯的态度开始出现。1989 年，英国政府曾努力地推动法律业务和健康保险等领域的竞争力，然而，在执行过程中，核心产业的竞争力被严重地忽略掉了。例如，英国政府允许GEC和西门子买下普利西，造成英国原先实力强劲的竞争者反而被消灭。

不能再依赖外资 除非英国能以更快的速度发展新企业，减少国内的失业问题，否则它的经济将很难达到真正的繁荣。既有产业要重振，往往凭借裁员行动，而非增加就业机会。新企业要发展则需要技术能力、创意、正确的意愿目标、主动的竞争精神、资金，以及突破传统的教育等条件。这也是为什么英国急需提升教育（尤其是大学教育）的理由。英国绝不能再依赖外商投资创造就业机会。

美国的行动指南

美国的经济已进入一个未来数十年内很难有重大变化的阶段。20 世纪 80 年代开始，美国经济就处于富裕导向阶段，许多高级产业已经开始萎缩，企业和投资人也不再以持续投资为目标，产业的竞争状态越来越弱，贫富之间的差距也越来越明显。美国的企业一开始时为了疏解竞争压力而寻求政府协助，如今则视政府协助为常态。在美国，整个产业的发展已经由攻势转为守势。

虽然有迹象显示，美国最近在生产力增长和出口方面皆有改善，但这并不意味着它有根本上的改进。美国在生产力方面的增长只是零星产业重整的结果。整体而言，更多产业是处于负增长的状态。有关数字更显示，现阶段的增长虽然创下历史新高，但是好景却不会持续太久。美国产业界的产能虽然已接近完全发挥，但它在投资净值上还是落后于其他国家。另一方面，美国在出口方面有增长是美元急剧贬值与实际工资下跌的结果。长期而言，这两点对生活水平都将产生不良影响。美国经济复苏所需要的生产力，迄今尚未出现。

美国的竞争优势是由许多领域支撑起来的。它拥有一流的大学、在某些市场上具有独一无二的需求条件、国民冒险精神以及活跃的新企业创造能力等特色。另外，美国的人口结构也促使这个国家拥有高生产力。它在技术变革上的快速步伐，则催生出许多创造发明与企业的发展机会。虽然，这些条件都足以使美国有机会再次进入持续繁荣的时期，但是不可忽视的是，过去20年来，腐蚀美国竞争地位的负面因素，也同样正在限制它进步的力量。

美国本身也在辩论自己是否还是超级大国，赞成与反对的声浪都很大。[13]问题是，这个辩论的方向是错误的。从美国的规模、资源以及前面所列举的种种条件来看，它毫无疑问是个超级大国。但是，美国的经济似乎并没有继续提高人民生活水平的活力。换个角度看，这个国家的部分领域似乎也逐渐被其他国家超越。美国能否采取方法努力恢复它在精细型产业或其他产业环节上的竞争能力，或是它将以牺牲工资水平、出口天然资源的加工品并以货币贬值等方式解决它的贸易问题——经济未来的兴衰，将系于此刻产业政策的抉择。

美国政府与企业正面临重大的抉择。这个国家也走到了建传统价值还是回到保护、防御和闭锁经济的十字路口。以下就是目前美国所面对的最重要的几项课题。

错误的政策模式 过去数十年来，美国的政策隐含着一种推论：造成美国产业不振的原因是美元升值、政府管得太多，以及外国的不公平竞争。以这种观点看美国的竞争问题，得到的答案是片面的。用这种观点制定产业政策，必然也环绕着放宽法规标准、允许水平式合并等做法。它们对美国产业的伤害事实上远大于帮助。更重要的是，按照这种政策模式，美国在推动许多更重要领域上的政策反被延误了。美国应该马上改变这个观点，但是目前连边都未沾上。

当然，天底下没有一个能形成完全共识的政策。绝大多数美国人都认为美国产业出了问题，但是美国人却浪费了太多力气来辩论究竟哪里出了问题。因此，要谈美国竞争优势的基础，从美国政府到企业都需要一个更新也更宽广的视野。美国人必须了解，一个国家成功的核心不在于低工资、宽松的法规或频繁容易的并购。美国要成功，真正的关键是改革与创新。

教育问题在质量，而非经费 美国必须认清，除非它的人力资源能够和其他发达国家齐头并进，否则它不可能重返领先创新之林。美国虽然在高等教育方面的实力强大，但它的总体国民素质却落后于其他发达国家。当产业竞争走向国际化，需要更多知识条件时，缺少技能的美国工人必然发现，他们正受到低薪资的发展中国家的威胁。[14] 因此，美国需要从基础教育开始检讨，建立人力资源素质必须提升的信念。

如果将美国和其他发达国家作比较，它的公立教育经费占国民生产总值的比重并不低（1987 年时，美国是 6.8%，德国是 4.5 %，日本为 5%）。[15] 不过，美国教育的问题在于质量，而非经费。美国需要提高教育质量的标准，它必须超越或至少与其他发达国家并驾齐驱。美国的学生每周上课的时数应该增加，教师的待遇、权威以及能力必须提高，培养专业化产业人才的技术职业教育，更需要倾注国力立刻展开。在教育结构上，州政府和地方政府的权责虽然应该维持，但是联邦政府的角色应该合法地加强，以弥补州及地方政府的不足。国家标准对教育体系在最短时间内达成预定目标有帮助，联邦政府的资源更是改善师资和教育质量的重要媒介。

不过，仅仅提高美国的一般教育体系并不够。产业的竞争优势需要针对特定产业培养专业人才。因此，美国企业应该认清它们是在与国际对手进行竞争。长期而言，决胜关键不在于资金成本或美元价位，而在于人力资源的素质。根据这样的思考，美国企业必须更积极地发展员工教育培训，提升员工素质。美国企业也必须与公司所在地的教育机构进行更密切的合作，或参加与产业有关的、全国性高水平的研究计划。美国企业与当地大学或一般学校进行合作计划不但会改善计划本身的质量，也可增加地方与产业的关联。另外，行业协会也必须在发展人力资源，设立培训中心或与教育研究机构合作等事务上，扮演更积极的角色。

事实上，美国在人力资源素质方面也有它可圈可点的一面。形成美国人力资源素质不佳的情形，基本上与美国产业的发展变化有关。过去几十年间，美国产业快速成长、人力需求迫切，企业自然渐渐地忽略了人力资源的素质问题，对提升员工技能，改善生产力的问题也不那么在意。但是未来的数十年里，美国劳动力的增长将快速减缓，劳动力的主要来源是不具备技能的少数民族与外国移民，劳动力短缺的现象逐渐浮现。

然而，这股压力将促使美国民间部门动员全部资源去解决这个问题。企业必然将员工视为公司的资产，会对员工做更多的投资。另外，战后婴儿潮的下一代已经达到入学年龄，他们的父母接受过完整的美国教育，深知今天美国教育的利弊所在，自然成为改革教育的主力。未来数十年间，家庭和企业将扮演重要角色，去改变美国人力资源的发展状态。美国政府也应该善尽职守，鼓励与支持这股改革的力量。

研发投资转缓 与其他国家相比，美国大力投资于大学教育和研发，实力非常强大。问题出在它们的素质、方向、分配比重和发展优先顺序上。美国虽然在研发方面投下大笔经费，但是一枝独秀的国防科技研发工作并不能满足全国的研发需求。例如，1988 年时，联邦政府对民间研发的补助只有 14%，这个数字事实上还低于 1980 年。[16]

要鼓励企业进行更多研发工作，美国政府必须在刺激创新性产品需求方面多加努力。其他国家的经验显示，要刺激本国供应商加强创新，政府必须为本国客户提供更多采购高级产品的诱因。达到这种效果的做法也很多，例如政府可以在企业引进先进的工厂和办公室自动化设备时，予以抵税，或是加速通过与新产品相关的法规等。

美国在大学校园的研发体系上具有独特的实力，大学也成为产生新企业的温床。不过今天美国大学的研究经费与 20 年前差不多，研究设备更亟须更新，原因是设备经费一再被巨幅削减。要扭转这种现象，美国联邦政府的科技预算不该再一味投到联邦研究机构，而应该通过国家科学基金会，辅助大学进行研究活动，毕竟大学研究成果的扩散效应大于联邦研究机构。同时，美国政府也应该发展更多与产业技术相关的研究计划。扮演配置研究经费角色的国家科学基金会，过去太过强调基础科学的研究工作了。

美国的企业与大学之间，也应该提高彼此的交流层次，以刺激大学进行更多应用层面的研究。今天的美国，学术社群屡屡质疑大学与产业合作的密切关系，在程度上已经超过维护学术独立与学术自由的范围。事实上，德国和瑞士的经验显示，大学和产业的合作常常使双方都受益。

美国的大学研究是培养企业竞争优势的有利资源。美国企业虽然就近拥有这份得天独厚的资源，但在应用上却常落于外国企业。[17] 美国企业应该先确认关系本身产业的技术研究重点，主动投资，使研发成果萌芽，进而获得领先或优势的产品差异性。一个可行的做法是，由行业协会出面资助大学或研究机构，或进行委托研究，以便所属企业都能分享研发成果。如第 12 章所提到的，研发效果无法由主要竞争者进行联合研究计划产生。

不过，企业本身是加快美国产业创新步伐的关键角色。如果企业想要维持竞争优势，它们投资于研发活动的比重必须提高。和其他发达国家比较，美国企业研发投资的增长越来越低。1989 年的数字显示，美国企业的研发经费占投资的比例是负增长。

尽管研发活动非常重要，不幸的是，今天美国从政府到企业的兴趣是保护"昨天"，而不是创造明天的研发成果。美国近年来一连串的动作，从努力延长专利权年限，推动严格限制模仿产品设计和造型的法案，坚持以输出技术来收取专利费等，在显示美国缺乏创新的信心，还无形中降低了竞争的力量。历史经验指出，前述的做法没有一项能达到持续竞争优势的效果。创新需要强大的诱因配合，而各国历史与美国产业发展的经验证明，一味防止创新成果的扩散，正是创新诱因的致命伤。美国人必须认清，高级技术的快速推广是产业集群内部技术扩散造成的，它需要经济持续繁荣，生产力不断提高等条件的配合。最好的做法是从培养活跃的竞争力、建立持续投资的事业目标，以及改善人力资源等活动着手。

民间储蓄率低 美国因为民间储蓄率过低、政府预算赤字太高，不但利率因此长期居高不下、股价低迷，同时也妨碍到企业的投资。美国企业在全球市场的地位不断下滑，原因之一就是美国企业持续追逐眼前利益，凡事皆以获利为满足。美国在这方面的问题，明显高于德国、日本与其他本书所研究的国家。

由于形成民间储蓄率低的因素还不清楚，美国想要一下子大幅提高民间储蓄率是有困难的。然而，美国政府应该有效利用税制，例如限制利息支出免税额，提高采购信用的级距，对定期存款提供更多诱因等，持续努力吸引国民储蓄。另一方面，由于政府赤字会妨碍到降低利率、提高股价、刺激投资等行为，美国政府必须在降低赤字上下工夫。许多学者已认识到，预算赤字会危害到国家经济和下一代的幸福。不过，更深一层来看预算赤字，它对产业发展的动因也伤害很大。

改善国内市场的需求条件 如果美国产业想要重新掌握创新的秘诀，国内市场的需求条件必须全面改善。以下是一些立刻该有的行动。

• *检讨相关法规* 由于一些似是而非的错误观念，美国在产品安全、环境质量、能源效率、工作条件等方面的法规，不但未能从严立法并领先国际，反而大开倒车。例如里根政府时代，美国进口能源的比重虽然越来越高，石油造成环境污染的问题却越来越严重，联邦政府竟然还放宽能源运输的标准（老布什政府时又重新评估这项错误的政策，并针对环境问题提出比较正面的改革方案）。如果美国缺乏进步的民生法规，它的产业在相关领域的创新速度将会裹足不前，产品也出不了国门，打不进需求越来越精细的高级市场。对美国而言，严格的产品标准、环境质量等法规不但与社会质量有关，更是关系经济生死存亡的课题。

制定法规的目标应该是鼓励社会对新产品、新技术的需求，但是大多数时候，美国的做法正好背道而驰。因此从联邦政府以下，各级地方政府都应该检讨产品创新过程的相关法规。

与法规标准同样重要的是立法与执行法规的过程。如果美国政府在产业标准、批准新产品、新流程的态度上一再反复、犹豫不决，不但浪费产业的时间和资源，更会成为侵蚀产业创新的毒药。美国要谈竞争发展，就应该对法规的制定过程、执行过程、产品批准流程、监督机构和司法裁决等环节作通盘性检讨。好的立法过程可以包含足够的安全法则，使标准没有模糊不清的问题，并能缩短建立新标准和通过产品上市时间，减少叠床架屋的管制。美国的法规如果能够明确规范产品上市时间表，并将所有法律的议题放在立法过程解决，对美国产品将有非常积极而正面的影响。

技术标准的情况也一样。在目前的美国法令中，技术标准的各个环节常有不同的法规考虑。合理而有效的做法是，建立一个超越地域性分歧并可在基础技术上增进竞争优势的标准。它将加速产品改善和发展，也将使美国货更容易打入国外市场。

• *减少依赖国防采购* 近几年来，美国国防部为了支持产业复兴，不断扩大它对产业的采购行动。但是前几章已经指出，政府以国防考虑支持本国产业固然有其必要性，但是做法上必须要符合一定的原则。一国的经济要发达，绝不能过度依赖国防采购这项政策工具。国防采购的目标也常会误导国内的竞争者，削弱国内市场竞争。它本身就有保护主义的危险性。更重要的是，对大多数产业而言，国防需求与民间需求是有差异的，国防需求的角色扩大，也会打乱产业的目标。

• 加强产品可靠性　目前也是全盘检讨美国产品可靠性的时机。重视产品可靠性的企业，可获得较高质量的产品和服务表现。不过，美国人频频诉讼、企业动辄挨告，必须付出巨额赔偿金的情形，已经违背保护消费者、提升产业的目标。

美国现行体系在处理产品可靠性的问题上，经常窒息产业创新的意愿。以第 5 章讨论过的医疗检测仪器产业为例，当各国都在积极开发闭环控制系统或病人自行检验的产品时，唯独美国企业受制于法规而无法投入。其他国家对这类产品可靠性都有一套既可保障消费者，又不影响企业创新的检查制度，企业在发展新产品上，并不会有问题。美国要改善这些问题，可行的做法是产品诉讼速审速结，建立合理的损害赔偿标准，淘汰不必要的司法诉讼程序等。

永续经营，降温并购活动　美国投资人、经理人和员工的事业目标，也是产业诸多的重要课题之一。在美国，投资人、经理人和员工的事业目标，可以说严重打击了产业的发展。美国的投资人因为金融市场变动而改变他们的投资目标。法人投资者虽然握有企业的所有权，但无法插手企业的经营管理。外界对他们的绩效判断指标，是以他们买卖企业的能力而非是否能够持续投资特定企业来判定。由于企业当下的营运状态会影响股价，逢高卖出不但可以赚得更多，也是法人介入企业经营的唯一途径。具有讽刺意味的是，在经理人竭力避免企业走上合并之路的同时，拆除并购障碍、无意支持企业长期战略的主要力量，就是法人投资者。

美国投资人的态度主要受到资本利得课税增加的影响。绝大多数发达国家和地区为了个人与社会的利益，不但鼓励企业投资，甚至不对资本利得课重税（参见表 13–2）。

另一方面，美国企业的经理人由于所得包含企业每年的运营红利，加上经理人大多任期不长，他们关心的焦点多半只是企业的年度表现而已。为了使企业壮大，经理人很难抗拒不必牺牲太多既有眼前利益的并购诱惑。其次，经理人的薪资依企业规模（而非利润）决定，这更增加了并购行动的吸引力。即使不希望企业被并购的经理人，也必须时时留意企业在股市的表现。至于建立竞争优势所需要的持续投资、承担风险，反而乏人问津。

美国人对所属企业或职业的忠诚度也在下降。由于美国的教育培训投资不足，一般员工晋升发展的机会不在于技术方面的投资，而是不断跳槽，抬高身价。美国企业对员工的责任感也不够，它们随意雇人，任意裁员，在发展人力资源方面的投资严重不足。

如果美国想加快产业发展和创新速度，国民的事业目标一定要加强。如前几章所讨论的，要修正企业所有人和经理人的目标，并购活动只是火上浇油。积极稳健的做法是，鼓励企业盈余转增资，5 年以上的长期资产所得应该得到减税优惠，并将此项优惠从一般投资者延伸到企业的工会等现行免税的法人单位。无论是个人还是企业，不超过一年的短期资产所得税率则应提高，以激励他们持续投资而抵消赋税损失。

表 13–2　领先国家和地区的资本利得税制

	最高的长期税率	最高的短期税率
美国[1]	33%[1]	33%
英国	40%[2]	40%
瑞典	0[3]	70%
加拿大	17.51%	17.51%
法国	16%	16%
德国	免税[4]	56%
比利时	免税	免税
意大利	免税[5]	免税
日本	免税	免税
荷兰	免税	免税
中国香港	免税	免税
新加坡	免税	免税
韩国	免税	免税
中国台湾地区	免税	免税
马来西亚	免税	免税

注：

1. 资本利得与一般所得同一税率。美国许多州和部分城市也向资本利得课税。
2. 最高的长期税率和短期税率于 1988 年 4 月 6 日提高至 40%，等于是一般所得的最高税率。资本利得被当做通货膨胀的指标。
3. 很多类资产的税率在 5 年后降至 0。
4. 资本利得税率计划调至一般所得的税率水平。到 1990 年之前，长期与短期的最高税率将达到 53%。
5. 意大利也正计划对资本利得课税。

资料来源：《华尔街日报》，1988 年 3 月 8 日；作者的补充和整理。

此外，美国的企业管理也应该从其长期需要着手，例如放宽银行持有企业股票的限制，有助于提高企业和资本提供者间的长期合作关系。不过，美国应该继续投资人接管企业不受限制的做法，因为这个模式有助于管理纪律。

重新检讨企业战略 美国企业在国际市场上每况愈下，企业战略是亟待检验的一环。美国企业的最大问题是投资和创新方面的焦点不清。它们应该投资，却走上并购之路；它们应该创新、改善国内技术，却一味在海外采购产品和零件；它们应该加强对关联企业和当地大学的投资，但是力气却用在游说国会制定严格的贸易法案、防止外商的挑战上；它们应该在企业内部发展技术，结果却走上了看似方便但好处却不多的联盟之路。

美国企业一直以多元化为主要战略。数十年来的证据显示，不相干的并购无法增加企业利润，但是美国产业仍在持续并购中。美国企业经常舍弃公司现有技术进行内部创业，而追求徒劳无功的同化异质公司的行动。

如果美国企业想要拥有真正的竞争优势，它们必须重新调整方向。第 11 章所列出的各项步骤值得它们参考。美国企业应该对竞争有全新的认识。

竞争萎缩 竞争萎缩是美国产业走下坡的最重要因素。美国企业过去长期缺乏外商竞争压力，又处于供小于求的市场状态，结果导致竞争活动的寂静。20 世纪 60 年代起，美国企业之间的并购活动巩固了许多产业的市场秩序，政府对托拉斯行为的松绑，更导致产业盟主直接并购主要竞争对手。具有讽刺意味的是，基于提高竞争优势的理由，这种交易行为最近还被正当化。主要竞争企业之间的联盟动作日渐频繁，同样也不被质疑。

企业并购严重违反企业反托拉斯的理念，甚至还会伤害到美国近年来一些自由化的成效。以航空运输业为例，自由化的最初目的是增加这个市场的竞争者，带动创新。但是企业之间相互并购的结果，使得美国的航空版图出现以区域为基础的“准”托拉斯集团。

20 世纪 70 和 80 年代充满保护主义倾向的美国贸易政策，使得美国产业的竞争活动更加萎缩。在贸易法案中，国际市场被切割成各种特殊协议与交易的对象，而 1988 年的《贸易法案修正案》，更使任何产业一旦竞争受挫，无论是否遭到不公平对待，都可以寻求政府保护。这种做法的结果是国内市场竞争的快速消退，企业对来自国外的竞争压力更加麻痹，产业发展和创新过程的速度更为缓慢。以半导体产业为例，美日谈判所达成的协定，只造成产品价格提高，日本企业的利润增加，而美国产业缺乏芯片供应的情形更严重。

美国亟须重视对竞争的坚持。在美国产业在国际市场上节节败退之际，国内市场的竞争尤其重要。要恢复竞争，产业中主要竞争企业间的并购与联盟行为应该被禁止。这个原则也适用于外商并购美国企业的行动。当外商是以并购方式进入美国，并造成妨碍竞争时，这类活动应该不被允许。同样，主要竞争企业间的直接合作也不应该被鼓励，企业联合开发计划则该按照前几章所提示的原则进行。如果为了促成主要竞争企业合作生产而放宽《反托拉斯法》，基本上对产业发展并没有帮助。此外，除非抵触原则，同业公会的活动形态或产业上下游的合作不应被限制，因为这些活动与反垄断概念没有冲突。

破除保护主义的贸易政策　和其他国家一样，美国贸易政策非但挡不住国内保护主义的压力，而且对国际市场有许多不当的干预。这套政策逐渐发展出来的“市场秩序协定”是对竞争本质的实质伤害。美国想要以这种方式解决贸易上的困境，从根本上就出了问题。长期来看，美国企业一味依赖国外保证销售，或维持国内市场占有率的做法，只会造成创新速度的减缓。美国人应该认清，以人为力量操控贸易活动，基本上就是贸易的卡特尔行为，这样解决不了问题。另外，第 12 章提过，政府如果为协助产业界转型，进行“暂时性”保护，成功的情形也不多。

美国如要改正错误，贸易政策应该针对其他国家的不公平补贴和贸易障碍而发，并对这些行为提高进口关税，限制那些国家在美国的投资活动，一步步迫使对方让步，停止它们的不当行为。同时，美国也必须特别注意国内市场是否因此出现垄断行为。贸易政策要有效果，美国对贸易的态度就必须更明确。和其他国家比起来，美国贸易政策的制定与执行过程显得笨拙，太多联邦政府单位带着彼此矛盾的观点在里面运作。贸易相关法案因此常成为企业争取保护、避免投入竞争的工具。如第 12 章所列出的一些原则显示，美国的贸易政策需要作重大的整合。

新的企业哲学　要重回产业发展与竞争之林，美国人的人生哲学也必须改变。美国人现在已逐渐丧失自信心，在美国产业和政府中，只防御不攻击的情绪正在滋长。此外，美国人心中充满利用美元贬值、放宽法规、鼓励垄断、主要竞争企业间互相合作、针对特定技术进行垄断，以及“暂时性”保护政策的念头。这些想法除了短期有用外，只会使美国的竞争优势遭受更长期的损失。

越来越多的美国人希望政府出面解决竞争力的问题，但是只要政府出手，它就不会自动停止，以至于造成产业自信心的全面崩溃。以今天而言，时间虽已稍迟，但美国人应该回归一些逐渐被忽略的传统价值。它们是个人创业、重视教育、竞争、长期投资、严格标准，以及自由贸易等。

新世纪，新课题

每个国家都有它独特的问题、机会与解决问题的限制。但是在本书的研究中也发现，即使有差异，各国之间仍有清楚而相同的部分。每个国家创造生产要素和发展速度的表现，基本上决定了这个国家的经济能不能进步；国内市场竞争的程度又与产业潜力能否发挥有密切关系。当一个国家走到繁荣的境界并想持续下去时，它面对的挑战是如何保持竞争状态。这些又回归到这个国家的企业和员工在事业目标上的正确性。同样，要使企业能够时时察觉客户的新需求与新挑战，国内市场需求条件就必须持续改善。

企业要竞争，它的战略就必须不断进行修正。企业必须克服投入不相干产业多元化经营的诱惑。如果资本市场发挥良好的功能，它应该培养投资人既不见利思迁，还能有打死不退的事业忠诚感。矛盾的是，许多国家为了追求资本市场的效率，却为企业投资带来危机。最后，政府的政策同样必须持续修正，以为创造一个更高级、更进步的经济体打好基础。政府应该要了解，政策修正必然遭遇希望延缓的政治压力、利益团体的抗拒，以及无视国内外竞争形态时时在变而只抱着狭隘观点的人士的阻挠。

本章所分析的这些国家的情况中，每个国家都有它的不利条件，同时它们也往往会寻求保护，或主张经济集中化与追求稳定等方式去解决问题。不管全球经济如何进步，不论各国竞争命运如何，它们的成败事实上取决于抗拒这些趋势的能力。

乐观其成

本书以系统的观点呈现出企业、产业和进步的国家经济的实际运作情形。我希望能以此为起点，重塑一个理论：企业和政府共同构筑强势的竞争力。现今有关企业战略和政府政策的指导原则，多半是建立在片面思考的前提下，这种情况也是我盼望凭借本书而加以修正的。企业成功与经济繁荣的动力是压力、挑战和机会，而非只靠淘汰改善需求的静态环境或“外力”协助。进步来自于变革，而非为稳定而稳定的偏见。

本书的基调是乐观的。虽然不是所有的企业或国家都能走上成功之路，但是它们的机会确实存在。决定企业能否长期享有竞争优势的力量不在其他，而正是企业本身。同样，国家的经济繁荣也不是一国扩张、另一国失守的零和游戏。如果经济发展的过程是良性的，所有国家的生活水平可以同时提高而不相斥。此外，本书也努力陈述一个重要观念：经济要成功，先决条件是做与不做的选择，而这种选择权最后还是握在每个国家和企业的手中。不过，政府制定政策和企业发展战略时，绝不能只考虑目前所面临的问题，必须考虑到完整的竞争观点。

这本书也强调各国和各种民族特点差异的重要。时下很多关于国际竞争的讨论，强调全球一致，“国家”的角色因此变得模糊不清，但真实的情况是——各国间的差异才是竞争成功的核心所在。

许多产业发达的国家，可以追溯到历史上这个国家或民族特点的独特因素。一般企业需要的劳动力、原料、元件、基础加工或工艺技术，往往可以由全球市场供应，但是产业走到知识密集的领域竞争时，国家环境的重要性就浮出水面。国家会影响如何发展资源与专业技术、如何迫使企业以更灵活和更快速有效的方式使用资源、人民如何看待机会。知识固然能决定竞争的成败，但是创造知识和应用知识的过程，却是高度本土化的，这种情形说明了为什么即使在同一个国家内，各个区域的经济繁荣程度也不可能一致，而一些天然资源十分丰富的地区，却出现相对不景气的现象。

有些人的观点则过度维护国家认同，极力对抗开放式的国际竞争。然而，保护主义或其他可能扭曲国际市场自由竞争的手段，非但不会模糊国家的角色，反而可能更显示国家的重要性——全球化只会使国家角色更加重要。

大英帝国曾在其全盛时期四处发展殖民地；美国有段时期也通过媒体、政治军事力量和企业，努力向外扩张。强势国家总是喜欢对外输出它们的文化，使用方式则是以创造外国需求来强化自身的竞争优势。然而，无论英国还是美国的例子都证明：它们试图影响的国家仍完整保有自己的民族特色。即使文化输出的力量再庞大，也不能成为经济成功的保证。

本书有些超过原本预期的发现，这些发现使我确信诱因、努力、坚持、创新，特别是竞争，才是每一个国家经济进步的来源，也是国民展现生产力和追求理想生活的基础。我曾想过，这些说法似乎反映或暗示了某些价值判断，又或许是一种许多人未必能认同的意识形态。不过，本书并不是一本推销意识形态的书，这里要呈现的是撇开国家的价值体系和意识形态不谈，当企业面对全球市场竞争时，应该采取什么样的行动方式，才能获得成功。本书对这些行为的描述是中立的，所强调的是事实的呈现。

全球竞争，位阶重整

用这种观点看经济发展课题，有些人可能会不舒服。本书所强调的个人成就动机和竞争观念，本质上与瑞典所强调的平等主义或社会规范相冲突，也和近年来英国普遍排斥激烈竞争的气氛相反。不过，我确信，就长期而言，要实现这些国家所期许的价值，需要健康的经济以及具有高度生产力和技术的国民。当国际竞争越来越尖锐时，各国在维持现有价值与持续国家经济繁荣之间，势必需要抉择。以瑞典为例，它对环保的重视可以转化并增强为国家竞争优势，但是过度强调财富再分配的态度却将抵消它的优势。同样，日本对杂货店和农民的保护、德国对广告的排斥，都将使它们的竞争成本越来越高。

本书完成之际，国际政治、经济环境正出现重大变动。一些亚洲和东欧的国家为了国家的经济发展与繁荣，已毅然调整原有做法，更强调竞争和激励个人成就动机的经济结构发展。这些做法与国家竞争优势的关系，正是本书中一再呈现的模式。另外，原本醉心于国有企业理论与财富再分配观点的英国与瑞典，也在修正原有的做法。

有些人可能因为这种经济体制渐趋相同的现象而如释重负。毕竟，如果世界上所有的国家（无论其意识形态如何）都能有效率并和平地参与国际竞争，将会是件多么美好的事！不过，面对这些整合趋势，我们只能期望这个世界真的开始变得单纯。

事实上，如同前面几章所呈现的，世界的发展并不如想象中那么美好。经过几十年的繁荣后，在这些一度朝气蓬勃的资本主义国家中，我们看到种种冻结市场、钝化竞争、保障或保护现有状况的行动，甚至形成了新的垄断。这些国家和企业非但不开发新技术，反而努力保护现有技术。合作、联盟、政商一体等说法，只是比较婉转的解释而已，这些行动确实在减缓竞争。有些人甚至认为，即使没有技术和创业动机，国家照样能够繁荣昌盛。

这些现象使得欧洲的未来走向难以预料。欧洲联盟的整合可能会使内部的贸易障碍越来越少，并在创新与活力上出现过去几十年来所看不到的爆发力。但是，另一股合并、联盟、国际财团垄断的洪流也将泛滥，威胁欧洲人在重要产业上的全球竞争力。例如欧盟设定日本进口车的配额，而不少国家更以〝抵制倾销〞为由，限制美国的电视节目进口。如果这些行为占了上风，就是欧洲经济步入歧途的转折点。

美国同样有它的风险。美国在经过一连串放宽托拉斯行为、鼓励合作、管制贸易、利用反倾销规则封杀价格竞争、限制技术扩散的流行观点后，正由竞争的前线撤退。美国人对日本的无名恐惧，还有对政府保护或其他干预形式的错误论断，令人想起在美国人主导的20世纪60年代，欧洲人在想法和态度上也曾犯过类似的错误。

成功与失败的拉锯战

对这些令人泄气的情况，我们不必感到意外。所有努力的过程都隐含着分裂和变化的力量。最初目标一旦达成，成功本身就无可避免地产生另一股阻止它继续前进的力量。当经济发展的逆流出现并成为主导局面的力量时，个人或国家似乎就开始沉于安逸并消费、挥霍现有的国家财富，停止创造新的财富。

国家的态度与这种现象有密切的关联。国家可以成为指导繁荣、带动结构变革和产业发展的力量，但也有妨碍再进步的高度风险。当国家干预过多时，不但对实验和创新没有帮助，反而会延缓生产力的提高；若对产业过度保护，也会降低民间投资与冒险的意愿。

我们其实有能力避开这样的趋势。在中央集权、合作、保护等错误诱惑下，在创新、竞争、奖励努力等新经济的秩序中，企业和政府具有选择的能力。而唯有选择后者才最有可能实现我们保持经济繁荣的愿望。

今日的世界需要大政治家、大企业家而不是大管家。发达国家在人口出生率和劳动增长率上的日渐缓和，将考验它们能否把人力资源和技术能力推到更高的层次。相形之下，劳动力充沛的发展中国家的经济前景，则因发达国家的人口增长趋缓而似乎曙光乍现。信息系统、生物科技工程、新材料、超级芯片等新的技术革命，将使所有的产业步入史无前例的创新和生产力的提高时代。迎向挑战并顺势而为，是我们每一个人的责任。

界定产业集群的方法[1]

在本书当中，有关各国产业集群图的数据主要是来自《联合国国际贸易统计年鉴》。其他参考资料还包括：各国对外投资与服务业贸易的统计数字、行业协会统计数字，以及深入访谈所得。

本书在判定产业集群图的范围时有两个前提。第一点是，它必须是这个国家能在国际竞争中表现优势的产业；第二点，产业的定义从严，尽可能按照统计分类的事业项目（如农场牵引机类），而非广义的产业部门（如农业机械类）。评估国际竞争优势的标准则要看这项产业是否有突出的出口业绩，或是看其凭借本身技术等实力在海外投资的表现如何（而不是所谓海外组合投资）。

制定这些评估标准，是因为我们希望在最接近国际竞争的观点下，找出真正具有竞争优势的产业。从国际竞争优势的角度来看，产业在本国内的获利率并不是可靠的指标，原因是保护主义普遍存在于每个国家。而且各国在会计处理或对企业准备金上的规定也互有差别，既然各国提供的资料标准不一，因此也无法直接比较。最后，由于企业的多元化形态，很难完整加总出产业的收益率。

评估竞争力三原则

至于《联合国国际贸易统计年鉴》的使用方法，我们首先经由三位、四位、五位的标准国际贸易分类法（以下简称SITC）中所得的产业项目加以计算，看看该年度该国所有产业占全球出口总量的百分比是否大于（等于）该国占全球贸易比重的平均值（这个数字也就可以视为该国各类产业是否具有国际竞争优势的临界点）。以日本为例，1985年日本占全球贸易的平均比重是10.1%。根据一般国际贸易说法，出口量超过这个临界点的所有日本产业就被认为具有国际竞争优势。

我们也根据收集到的各种资料，有条件地补充一些SITC未列的产业，我们希望这部分的补充越少越好。另外，为了避免重复计算，当产业在三位、四位分类法上同时出现时，我们只取它在四位分类法上的表现。余额的计算则是以四位分类产业扣除五位分类法中产业同时出现的部分，再计算它的出口比重。如果余额仍超过临界点，就把它列入有竞争优势的产业。产业的名称我们完全按照SITC的用法。当产业同时在四位、五位分类法出现时，操作方法比照前例。

由临界点筛选出的产业是我们制定产业集群图的原始素材。除非这个国家的该项产业出口比重是全球同类产业出口平均值的两倍以上，否则下一步则是剔除其中贸易出现赤字的产业，理由是贸易赤字表示该国相关产业的竞争优势有严重问题。至于为什么允许出口比重超过两倍者例外，则是因为这类产业有可能是该国相关产业集群中最有竞争优势的一环。制定产业出口平均值两倍以上的基准，则是由作者自行判断的。

筛选产业的第二个原则是检查该项产业的出口是否被其国内的外商所主导控制，因为当地可能是外商全球化战略中的生产网点。由于数据不足，经由这个原则剔除的产业并不多。有疑问的案例我们会特别注明。

另外，有一些产业完全只是与其邻近的国家进行贸易，也会遭到被剔除的命运，例如美国汽车底盘产业大量出口到加拿大。当一个产业因邻国贸易而取得优势时，地缘因素的作用往往超过它在国际上的竞争能力的作用，除非我们能证明该国这项产业直接大量投资在邻国，这时我们才会把该项产业保留在产业评估名单之内。

由联合国贸易数据产生的产业名单，还要经过下列的关卡。首先，新添的产业必须有足够的证据证明该国企业事实上已在海外投资，投资内容也以该国已经拥有的技术实力为主。在农业与制造业部门，很少能看到产业方面有显著的海外投资，而出口占有率却偏低的情形。因为企业的全球化战略中，出口和海外投资经常是并行不悖、相互加强的。其次是服务价值如何量化。被列入这份产业集群图的服务产业，参考数据包括各国在无形贸易中的统计数字、其他的出版物资料及访谈所得。最后，一批专业化的产业也被列入。它们的贸易数据通常并在大规模产业部门的次级产业中。我们将这些产业的实质竞争优势抽离出来，目的在于判断该国在相关产业的竞争实力。因其他因素而被列在产业集群图的其他产业，我们会加上星号注明。

有一些产业，由于出口表现形成该国在这类产业中的强势地位，我们也给予发展。这种情况主要是当该国这项产业既有实质海外投资又有显著的全球市场占有率时，符合这些条件的产业就被加上两个星号来强调。

这里的产业集群图还纳入了出口值居该国前五十大并呈贸易顺差的产业，尽管该国的全球出口率可能低于我们设定的临界点。除非我们能证明该国政府对这些产业进行额外补贴或有统计方式上的偏差，否则这些产业也可能是该国在某些产业环节的竞争优势所在。

要由联合国的贸易统计进行产业竞争优势的选择、淘汰或发展，基本上需要本研究的成员自行判断。由于海外投资与服务业贸易数据的大量缺乏，研究人员在判断相关领域的情形时，很难不参考其他方面的材料。不过，我们尽量避免引用《联合国国际贸易统计年鉴》以外的资料，因为其他的资料中，不完整的情形更严重。

我们对于被列入评估但缺乏有力贸易数据的产业持保留的态度。我们希望产业集群图中的产业都有明确的竞争优势依据。当然，疏漏与错误在所难免。我们的遗憾是迄今尚无可以适当表现各个产业状态的材料。

产业集群图

产业集群图可以呈现出一个国家所有具有竞争优势的产业、它们的类型与彼此间的关联。竞争优势体系强调国内需求条件与产业间的垂直联系，因此产业集群图的基本分类系统是从最终的应用产品往上归纳，见图I–1。第7章已介绍过这种分类方式的理由。

在庞杂的最终使用产品类型中，产业集群图强调这些产业之间的垂直关系。我们首先列出初级商家，再分成零件和商品两个范畴。到这个阶段时，对初级产品进行加工的机械产业被列入，紧接着是特殊元件的出现。最后，与这些产业活动相关的服务业也被标明纳入。如果这一系列的最终使用产品很难纳入较大的产业部门，它们将被归类在综合商业类之下。

每项产业与产业集群的关系，主要由本研究成员在多方了解所研究的国家后才决定的。大多数的归类行动都经过该国的专家再作确认。

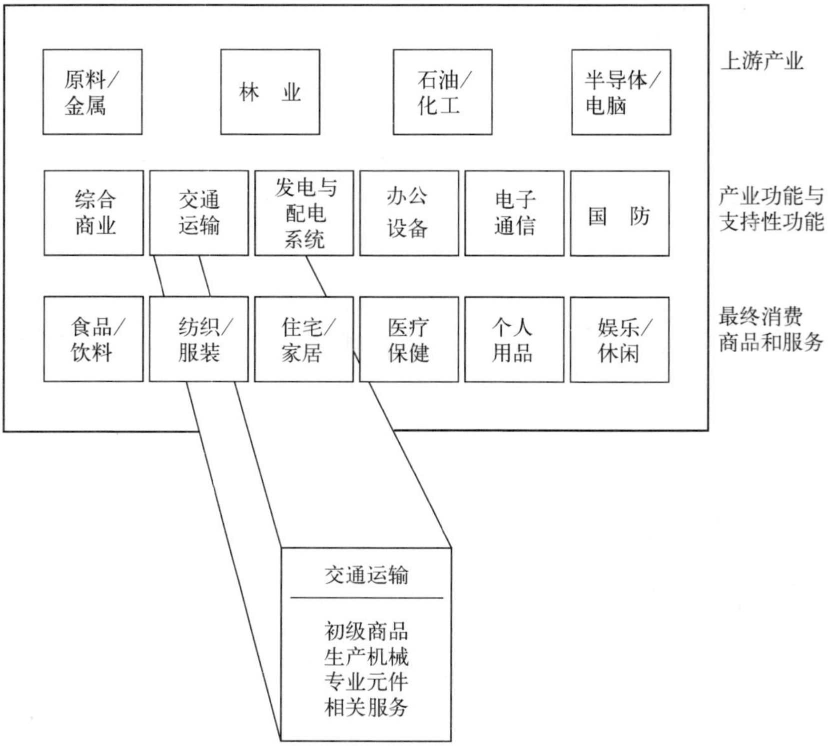

图 1–1　产业集群图

由于各国的竞争优势不尽相同，相同产业可能被列在不同的产业集群之下。以水泵产业为例，如果研究人员了解某国水泵制造商对化工产品加工机械方面很有帮助，它可能就被归类在这个国家的化工产业集群内。但是另一个国家的水泵产业如果没有特定的产品形态，支持性的产业范围也很广泛分散时，它将被列在综合商业类。

有些产业按照传统方式进行分类。在食品/饮料产业部门，以最原始形态销售的食品被归类在基本食品类，经过加工处理的食品则被归在加工食品类，非供人类食用的食品（通常是动物饲料）则被列在特殊元件类。在纺织产业集群中，纤维和纱被列在特殊元件类；在交通运输产业集群中，零件被列在特殊元件类。产品具有产业用途但无法按特定产业进行分类的产业，则被归在综合商业集群之下。

为了显示产业的优势状态，产业集群图内的各个产业分别用三种字体表现。"细体字"是代表产业的出口值超过该国临界点两倍的状态。"斜体字"代表产业出口值是该国临界点的2倍至4倍。而“黑体字”则代表产业出口值是该国临界点的4倍以上。另外，增列或发展的产业则以加星号提示。至于产业集群内各产业间的关系，尤其是它们的水平关联，我们在图表中加上阴影效果来表现产业在水平方向的重要关联。

从每个国家的产业集群图中可以看出，具有国际竞争优势的产业间，存在实质与直接的相互关联。本书的研究结果也令作者深信，如果有更精确、更完整的资料，这份产业集群图将会更清楚有力地呈现机械、材料与最终产品产业间的明确关系。因为机械类与材料类产业都有群集效果。此外，各国可以利用较小范围的产业与产业环节的占有率，堆砌出更大的产业集群。

话说回来，在本书当中，各国的产业集群图只是一个概算值。各界对这套产业集群图的归类方式、主标题、副标题的批评意见，都是我们必须虚心接纳的。尽管如此，作者深信，对本书研究的各个国家而言，这个产业集群图已能提供准确、完整且有用的国家经济形态。我们也期待，后续研究能够对这个产业集群图进行更多的补充与改善。

调整产业的归类

我们设计的产业集群图，分别代表各国在1971年、1978年与1985年这三个时间点的产业发展状态。比较1978年与1985年的数据会发现，许多产业的定位已经有所改变。原因在于1978年是联合国实施更新、更详细的标准贸易分类系统（SITC Rev.2）的头一年。1971年的数据，除了美国部分差强人意外，其他国家的产业由于分类过于粗糙，很难令人满意。

除了变更产业集群图的组合情形外，本研究也分别检查了各国产业出口比重的变化与形态的变迁，分析各产业在产业集群内的变化与产业集群本身形态的变迁。

由于资料不足，我们无法对服务业定位的变化以及海外投资特征显著的产业进行详细的分析。我们在讨论这些产业的时候，主要着重于调查中所观察到的服务质量改变。

贸易形态的计算方式

在贸易形态分析上，本书应用了好几种计量方法，目的在于比较一个国家在某项产业或产业集群中的相关地位。

第一种方式是比较产业出口比重，也就是这个国家该项产业出口占全球相关市场的比重。例如瑞士在手表业项目中得到34.1%的手表出口占有率，这表示1985年时，瑞士表产业的出口产值，刚好比全世界手表出口总值的1/3还多一些，而这样的成果多是来自瑞士的出口表现。

第二种计量方式是就一国之内的情形比较，也就是该项产业出口占这个国家总出口的比重。这是指特定产业或产业集群占该国总出口值的绝对比重。

第三种计量方式是该项产业占全球该产业集群的出口比重。这个产业集群图包括构成全球经济的所有产业。产业是依照大多数国家的最终产品形态进行分类的。各国在每项广义的产业集群中的地位，则是根据它在全球的产业集群所占出口比重、地位变化与规模的比较得来。有时候，一个国家的产业集群可能包含一些全球产业集群图中没有的产业，因为该国的企业可能有特定的别国所没有的目标市场。

全球的产业集群出口比重是某个国家出口值与全球产业集群中所有产业出口总值的比较。例如在美国食品/饮料产业集群下，特殊元件产业占全球出口总值17.9%。这种情形说明，在食品/饮料集群中，占所有特殊元件产业全球出口总值的17.9%。产业集群中的产业分类，有时候会因国家而异。为了比较各国相同产业的表现，产业集群的全球出口值必须先作调整，然后再作计量。

我们进行各国国内与跨国之间的比较分析时，首先会检视基本计量数据的长期变化情形。在产业集群图中，我们选定的标准年份是1978年和1985年，并依此分析一项产业出口比重的变化，以辨别它的形态。我们尤其关切产业崛起或衰落时，它对产业集群纵切面的影响，以及整个产业集群图中，产业如何在三个层级中改变地位。

对天然资源的依赖程度

任何关于竞争优势的讨论，必须区分出天然资源因素与其他资源因素所形成的差异。本书在分析所选择国家的出口表现时，也包含这些国家对天然资源依赖程度的研究。在天然资源项目中，本书共界定出264种高度依赖天然资源的产业（包含农业用地）。根据这些产业本身的定义，以及一般对它们的看法，天然资源最大的特色就是国家无法对其进行再加工。第9章也介绍了关于天然资源的统计数字摘要。

各国贸易类型的补充数据

表II–1 按照全球出口值列出的美国前五十大产业（1971 年）

产业类别	占全球出口总额的比例（%）	出口值（千美元）	进口值（千美元）	占美国出口总额的比例（%）
飞机	77.5	2 552 652	79 887	5.9
汽车零件	32.3	2 175 245	1 105 072	5.0
黄豆	97.4	1 326 819	8	3.1
载客车辆	8.8	1 188 933	5 296 466	2.7
非电动机械	25.8	1 187 741	921 674	2.7
小麦	35.8	1 004 729	648	2.3
有机化工制品	44.1	989 723	400 286	2.3
办公设备零件	55.9	927 810	121 151	2.1
煤（不包含煤球）	53.4	901 598	569	2.1
飞机零件	49.3	852 619	257 888	2.0
玉米	39.6	746 415	7 693	1.7
挖掘用、平土用机械	35.6	711 140	0	1.6
其他非电力机械	17.5	697 413	255 299	1.6
原棉	25.1	583 162	6 568	1.3
货车、卡车	16.3	542 259	437 840	1.2
起重、装卸机械	25.0	497 138	74 704	1.1
其他电子通信设备	28.8	492 649	243 036	1.1
晶体管、真空管	32.7	480 147	259 160	1.1
未加工的烟草	41.1	466 135	88 724	1.1
测量、控制仪器	32.0	463 004	61 750	1.1
计算机	35.2	462 382	196 190	1.1
医疗仪器、光学器材	18.5	431 410	319 364	1.0
化工品	18.0	423 826	95 342	1.0

（续）

产业类别	占全球出口总额的比例（%）	出口值（千美元）	进口值（千美元）	占美国出口总额的比例（%）
植物油渣	41.6	419 954	1 319	1.0
非陆用牵引机	34.2	417 783	87 172	1.0
电子测量、控制仪器	29.7	417 330	83 370	1.0
电子机械	16.8	400 778	241 468	0.9
航空燃气轮机、涡轮喷气发动机	36.8	381 077	34 505	0.9
电动机械	18.1	344 630	145 792	0.8
接电装置	17.2	339 748	116 900	0.8
软性、固态植物油	33.1	326 749	22 457	0.8
聚合物加工产品	12.4	322 943	0	0.7
牛皮纸、硬纸板	37.2	283 110	10 322	0.7
金属加工机床	12.8	272 179	90 302	0.6
公共汽车、陆用牵引机	22.3	267 935	28 540	0.6
粗锯材原木、单板原木	75.5	264 628	3 943	0.6
照相胶卷	27.3	259 298	111 008	0.6
液压机	24.2	242 221	53 321	0.6
动物性油脂	47.4	241 836	11 926	0.6
医药产品	17.7	233 247	109 457	0.5
非家用冷藏设备	39.3	232 303	0	0.5
气压机	23.9	230 507	74 165	0.5
石油冻、矿物废料	10.4	224 011	57 113	0.5
动力工具	19.8	219 113	73 257	0.5
金属制品	13.2	217 831	207 767	0.5
活栓、阀门	18.6	215 762	57 436	0.5
铁屑、钢屑	37.1	215 761	13 551	0.5
浓缩制品	16.4	211 217	0	0.5
一般工具	16.4	210 428	97 774	0.5
纸浆和废纸	24.6	207 933	119 656	0.5
合计				63.9

注：进口值低于 1985 年贸易总额的 0.3%者，不列出其进口数据。

表II-2　美国产业集群及其垂直阶段的出口百分比（1971 年）

	原料／金属		林业		石油／化工		半导体／电脑		上游产业	
	SCE	SWCE	SCE	SWCE	SCE	SWCE	SCE	SWCE	SCE	SWCE
初级商品	2.2	3.0	2.1	7.5	6.1	6.4	2.2	33.9	12.6	4.0
机械	0.5	23.0	–	0.0	–	–	–	–	0.5	13.7
专业元件	0.2	1.1	–	v	–	–	–	–	0.2	1.1
合计	2.9	3.1	2.1	7.1	6.1	6.4	2.2	33.9	13.3	5.9

	综合商业		交通运输		发电与配电系统		办公设备		电子通信		国防		产业功能和支持性功能	
	SCE	SWCE	SCE	SWCE	SCE	SWCE	SCE	SWCE	SCE	SWCE	SCE	SWCE	SCE	SWCE
初级商品	6.9	18.3	13.1	18.2	4.4	19.4	2.2	27.0	1.1	17.3	–	0.0	27.7	18.7
机械	2.1	12.7	0.0	0.0	–	–	0.3	17.5	–	–	–	–	2.4	2.8
专业元件	–	0.0	8.0	28.0	0.6	66.5	–	–	–	–	–	–	8.6	27.0
合计	9.0	15.9	21.1	20.9	5.0	21.1	2.5	25.3	1.1	17.3	–	0.0	38.7	19.5

	食品／饮料		纺织／服装		住宅／家居		医疗保健		个人用品		娱乐／休闲		最终消费商品和服务	
	SCE	SWCE	SCE	SWCE	SCE	SWCE	SCE	SWCE	SCE	SWCE	SCE	SWCE	SCE	SWCE
初级商品	7.2	9.4	0.1	0.3	0.2	1.1	0.7	8.6	0.5	8.6	1.9	5.9	10.6	6.2
机械	1.1	18.9	–	0.0	–	–	–	–	–	–	–	–	1.1	7.0
专业元件	6.1	16.6	1.9	6.4	0.0	0.0	–	–	1.2	10.9	–	0.0	9.2	0.8
合计	14.4	12.1	2.0	2.7	0.2	0.9	0.7	8.6	1.7	10.1	1.9	5.3	20.9	7.5
													73.0	10.3

注：合计数字可能并不完全等于各项之和。

说明：SCE　占 1985 年全国出口总额比例。

SWCE　占 1985 年产业集群全球出口额比例。

表II–3 按照出口值列出的瑞士前五十大产业（1985 年）

产业类别	占全球出口总额的比例（%）	出口值（千美元）	进口值（千美元）	占瑞士出口总额的比例（%）
手表	34.1	1 413 763	47 464	5.14
含激素药剂	12.3	961 084	246 227	3.50
测量、控制仪器	4.9	775 446	335 890	2.82
杂环化合物	14.0	696 186	245 601	2.53
合成有机染料	25.3	664 318	211 208	2.42
接电装置	5.4	613 595	275 710	2.23
切割后用来镶座的非工业用钻石	9.6	585 833	909 277	2.13
特殊产业的专用机械	5.0	474 241	132 651	1.73
金属切割机床	15.3	424 457	55 467	1.54
贵金属宝石	8.1	372 719	531 262	1.36
织布机	45.1	361 864	11 671	1.32
不包括尿素的醋胺化合物	26.6	321 689	34 613	1.17
其他金属加工机床	9.5	314 943	85 821	1.15
未分级的裸钻	89.3	303 694	15 548	1.10
除草剂	20.6	275 488	24 629	1.00
树脂	6.2	263 147	236 642	0.96
电气机械	5.1	253 299	137 625	0.92
乳酪及其制品	6.2	236 760	68 825	0.86
贵金属、宝石、珍珠	23.9	230 464	65 241	0.84
电动机械式手工工具	17.6	228 209	48 674	0.83
漂白棉织品	5.1	224 392	77 982	0.82
聚氯乙烯	5.2	216 765	487 505	0.79
排版、装订机械及零件	10.5	215 268	59 212	0.78
氢氧氨化合物	10.8	212 415	69 353	0.77
含多醋胺的线卷纱	25.9	212 011	36 925	0.77
时钟、钟表零件	13.0	210 745	83 206	0.77
基本金属制品	2.9	204 132	170 413	0.74
其他各种化工产品	2.5	201 124	214 703	0.73
活栓、阀门	3.7	200 934	135 124	0.73
混合香料	17.2	194 333	22 396	0.71
直流电马达、轮转式换流机	6.4	192 597	152 555	0.70
维生素原和维生素	21.9	191 703	74 055	0.70
塑胶制品	2.8	182 566	233 626	0.66
织布、针织机器和零件	24.1	181 030	38 107	0.66
风扇、风箱和零件	19.2	180 650	87 975	0.66
包装、瓶装机器	7.7	179 912	85 955	0.65
手绘画作	10.3	169 447	121 838	0.62

（续）

产业类别	占全球出口总额的比例（%）	出口值（千美元）	进口值（千美元）	占瑞士出口总额的比例（%）
光学仪器	9.9	169 289	65 462	0.62
无线电对讲机、电视摄影机及零件	1.2	168 583	156 930	0.61
珍贵玉石、准玉石	15.2	168 344	210 450	0.61
饰金	2.2	165 753	102 666	0.60
食品	4.7	165 002	59 652	0.60
工具用刀片、可替换的尖头	4.8	161 881	93 149	0.59
燃气发电机、熔炉	3.9	161 457	84 255	0.59
铂系金属	13.6	158 800	90 900	0.58
医疗仪器	3.7	153 235	77 915	0.56
生物碱及其衍生物	32.0	152 366	8 588	0.55
时钟	17.3	151 578	89 838	0.55
助听器	15.9	151 006	37 710	0.55
飞机喷气式发动机	6.8	141 765	49 331	0.52
合计				55.34

注：进口值低于 1985 年贸易总额的 0.3%者，不列出其进口数据。

表II–4 瑞典产业集群及其垂直阶段的出口百分比

	原料／金属				林业				石油／化工				半导体／电脑				上游产业	
	SCE	△SCE	SWCE	△SWCE	SCE	△SCE	SWCE	△SWCE	SCE	△SCE	SWCE	△SWCE	SCE	△SCE	SWCE	△SWCE	SCE	SWCE
初级商品	3.6	0.2	0.9	+0.0	0.8	0.3	0.5	0.1	8.0	1.2	0.7	–0.2	0.0	+0.0	0.0	–0.1	12.5	0.6
机械	0.2	–0.1	1.3	–0.1	0.2	+0.0	2.1	–0.0	–	–	–	–	–	–	–	–	0.4	0.7
专业元件	–	–	–	–	–	–	–	–	–	–	–	–	–	–	–	–	–	–
合计	3.8	0.1	0.7	–0.1	1.0	0.3	0.6	0.1	8.0	1.2	0.6	–0.2	0.0	+0.0	0.0	–0.1	12.8	0.6

	综合商业				交通运输				发电与配电系统				办公设备				电子通信				国防				产业功能和支持性功能	
	SCE	△SCE	SWCE	△SWCE	SCE	△SCE	SWCE	△SWCE	SCE	△SCE	SWCE	△SWCE	SCE	△SCE	SWCE	△SWCE	SCE	△SCE	SWCE	△SWCE	SCE	△SCE	SWCE	△SWCE	SCE	SWCE
初级商品	16.0	0.9	5.0	–1.4	1.6	–0.4	0.2	–0.1	4.4	–0.6	3.4	–1.1	0.6	–0.2	1.7	–0.8	0.0	–0.1	0.0	–1.0	0.0	–0.7	0.0	–4.3	22.6	1.8
机械	8.9	0.9	8.8	–0.2	–	–	–	–	–	–	–	–	1.6	0.1	11.0	–2.7	–	–	–	–	–	–	–	–	10.4	7.8
专业元件	3.3	–0.2	16.7	–7.2	0.4	+0.0	0.1	–0.1	–	–	–	–	0.2	0.2	7.1	1.0	–	–	–	–	–	–	–	–	3.9	1.2
合计	28.1	1.6	6.4	–1.4	2.1	–0.4	0.5	–0.1	4.4	–0.6	2.9	0.1	2.3	0.1	3.8	–0.8	0.0	–0.1	0.0	–1.0	0.0	–0.7	0.0	–4.3	36.9	2.1

	食品／饮料				纺织／服装				住宅／家居				医疗保健				个人用品				娱乐／休闲				最终消费商品和服务	
	SCE	△SCE	SWCE	△SWCE	SCE	△SCE	SWCE	△SWCE	SCE	△SCE	SWCE	△SWCE	SCE	△SCE	SWCE	△SWCE	SCE	△SCE	SWCE	△SWCE	SCE	△SCE	SWCE	△SWCE	SCE	SWCE
初级商品	2.1	–0.0	0.5	–0.0	2.6	–0.2	1.0	–0.4	0.9	0.1	0.6	–0.0	[illegible]	0.2	7.2	–3.4	8.0	–2.2	6.3	–5.5	0.3	0.1	0.1	+0.0	20.8	1.6
机械	1.1	–0.1	2.1	–0.1	3.9	–0.6	12.5	–2.4	–	–	–	–	–	–	–	–	–	–	–	–	0.0	–0.1	2.1	–0.7	5.0	5.5
专业元件	1.5	0.2	0.6	+0.0	4.5	–0.2	3.1	–0.5	–	–	–	–	–	–	–	–	–	–	–	–	0.2	+0.0	0.6	–0.1	6.2	1.2
合计	4.7	0.1	0.6	–0.0	11.0	–1.0	2.4	–0.7	0.9	0.1	0.6	0.1	7.0	0.2	7.2	–3.4	8.0	–2.2	4.4	–1.9	0.5	0.1	0.2	0.1	32.0	1.7
																									81.8	1.4

注：合计数字可能并不完全等于各项之和。

说明：SCE　占1985年全国出口总额比例。

△SCE　占1978至1985年全国出口比例的变化。

SWCE　占1985年产业集群全球出口额比例。

△SWCE　占1978至1985年产业集群全球出口比例的变化。

表II–5　各国具竞争力的产业以全球出口占有率比较收入消长情形

		1985 年 全球有竞争力产业的 出口平均值比较 （千美元）	1985 年 与该国具竞争力产业的 出口平均值比较 （千美元）	1978 至 1985 年间 全球有竞争力产业 出口平均值的变化百分比 （加权后）	1978 至 1985 年间 该国具竞争力产业 出口平均值的变化百分比 （加权后）
日本	增	2 981 099	732 956	55.24	136.22
	减	1 667 419	267 516	36.00	(11.48)
韩国	增	1 932 087	159 706	44.71	287.93
	减	1 587 293	55 700	64.57	(12.44)
瑞典	增	2 632 655	119 379	42.86	78.24
	减	1 983 637	93 831	50.64	0.73
瑞士	增	1 391 817	91 146	29.35	95.36
	减	2 006 804	108 865	54.84	(3.28)
美国	增	1 777 908	562 672	55.74	148.69
	减	1 481 673	255 086	47.70	(14.57)
德国	增	917 058	212 003	21.26	59.83
	减	2 283 197	345 330	59.31	7.77
意大利	增	1 388 338	174 093	26.68	82.58
	减	3 023 434	168 382	60.87	(4.20)
英国	增	4 923 368	545 550	63.53	314.94
	增*	1 837 540	248 035	70.73	170.91
	减	1 798 914	130 998	46.57	(18.37)
平均值	增*	1 857 313	287 499	43.32	132.47
	减	1 979 046	178 214	46.63	(5.55)

* 不包含原油、马达和航空器燃油、液化丙烷、丁烷（只限于英国）。

平均值是依每一组产业的数量作加权计算。

资料来源：《联合国贸易统计》报告。

表II–6　按照出口值列出的、瑞典前五十大产业（1985 年）

产业类别	占全球出口总额的比例（%）	出口值（千美元）	进口值（千美元）	占瑞典出口总额的比例（%）
载客汽车	2.6	2 101 624	986 086	6.90
卡车	4.4	938 790	169 263	3.08
汽车车身、零件、配件	2.2	893 713	722 476	2.94
锯制好的松木板材	26.4	888 112	10 168	2.92
漂白过的苏打、硫酸盐木质纸浆	15.5	818 021	16 369	2.69
电子通信设备、零件	4.7	644 128	210 783	2.12
自动资料处理机	8.4	565 341	655 235	1.86
牛皮纸、硬纸板	41.7	545 304	13 676	1.79
汽油	3.2	539 714	737 835	1.77
新闻白报纸	8.9	514 813	–	1.69
有线电话设备	9.3	489 513	31 043	1.61
压路机/土木工程设备	4.8	460 792	81 504	1.51
医药产品	2.6	405 469	31 178	1.33
牛皮纸衬	31.7	378 772	–	1.24
聚氯乙烯	2.0	361 300	50 013	1.19
测量、控制仪器	2.3	360 963	352 025	1.19
燃油	1.4	359 659	484 837	1.18
工具用刀片、可替换的尖头	9.9	337 832	89 082	1.11
其他散装涂塑纸	12.6	328 646	64 447	1.08
其他纸张和硬纸板	8.7	318 969	47 718	1.05
特殊产业专用机械	3.0	287 183	205 891	0.94
自动资料处理机零件	1.3	277 463	444 782	0.91
接电装置	2.2	244 509	331 298	0.80
预裁纸张制品	5.9	232 765	90 981	0.76
离心机	17.2	230 085	33 056	0.76
未涂塑的笔记用纸	7.1	229 894	13 158	0.76
木制家具	5.7	229 668	64 997	0.75
铁矿砂（非岩块）	4.4	215 835	2 464	0.71
高碳钢条	7.7	211 841	53 283	0.70
铁、钢无缝管	3.5	202 930	52 413	0.67
喷气式飞机燃油（油精）	2.4	200 072	405 689	0.66
作战武器、弹药	4.2	191 485	56 473	0.63
其他货运船舶	1.6	191 154	193 445	0.63
塑胶制品	2.8	183 461	192 980	0.60
涂塑笔记用纸	5.8	182 844	30696	0.60
滚珠、滚柱轴承	5.6	180 596	111 955	0.59
起重、装卸机械零件	4.7	179 081	98 858	0.59

（续）

产业类别	占全球出口总额的比例（%）	出口值（千美元）	进口值（千美元）	占瑞典出口总额的比例（%）
刨过的松木板材	5.5	174 783	251	0.57
其他基本金属制品	2.5	173 840	173 259	0.57
汽车活塞发动机	2.9	172 944	48 699	0.57
其他家用设备	2.6	168 162	124 305	0.55
燃气发电机、熔炉	3.9	163 838	93 459	0.54
非电动手工工具	19.8	159 776	14 088	0.52
塑料涂纸	15.0	159 384	35 919	0.52
组合房屋的预制木材组件	14.0	155 515	17 074	0.51
轻型飞机（2~15 吨）	14.3	155 499	14 949	0.51
油轮	6.1	148 092	1 287	0.49
高碳钢厚板	22.9	147 522	7 066	0.48
其他各种化工产品	1.8	147 521	179 345	0.48
铁矿岩块	7.7	142 702	74	0.47
合计				59.09

注：进口值低于 1985 年贸易总额的 0.3%者，不列出其进口数据。

表 II–7　瑞典产业集群及其垂直阶段的出口百分比

	原料／金属				林业				石油／化工				半导体／电脑				上游产业	
	SCE	△SCE	SWCE	△SWCE	SCE	△SCE	SWCE	△SWCE	SCE	△SCE	SWCE	△SWCE	SCE	△SCE	SWCE	△SWCE	SCE	SWCE
初级商品	9.9	–1.8	2.6	0.1	17.4	–2.4	11.0	–1.4	2.6	0.5	0.2	+0.0	2.1	0.9	0.9	–0.4	32.0	1.6
机械	0.6	–0.0	1.8	0.4	0.4	–0.1	5.8	–1.6	–	–	–	–	–	–	–	–	1.0	2.6
专业元件	2.0	0.1	1.7	–0.2	0.1	–0.0	2.1	–0.2	–	–	–	–	–	–	–	–	2.1	1.7
合计	12.5	–1.7	2.4	–0.1	17.9	–2.5	10.5	–1.3	2.6	0.5	0.2	+0.0	2.1	0.9	0.9	–0.4	35.1	1.7

	综合商业				交通运输				发电与配电系统				办公设备				电子通信				国防				产业功能和支持性功能	
	SCE	△SCE	SWCE	△SWCE	SCE	△SCE	SWCE	△SWCE	SCE	△SCE	SWCE	△SWCE	SCE	△SCE	SWCE	△SWCE	SCE	△SCE	SWCE	△SWCE	SCE	△SCE	SWCE	△SWCE	SCE	SWCE
初级商品	4.2	+0.0	1.5	–0.2	14.7	–0.3	2.3	–0.2	0.9	–0.7	1.2	–0.5	0.5	–0.1	1.1	–0.2	3.7	0.6	5.5	–1.5	0.7	–0.0	3.6	–0.6	24.7	2.3
机械	0.0	0.0	0.0	0.0	1.3	–0.2	12.5	–2.2	–	–	–	–	0.2	–0.0	1.2	–0.4	–	–	–	–	–	–	–	–	1.5	1.5
专业元件	0.0	0.0	0.0	0.0	4.5	+0.0	1.7	–0.2	0.1	0.0	0.5	–0.0	0.0	0.0	0.0	0.0	–	–	–	–	–	–	–	–	4.6	1.5
合计	4.2	+0.0	1.1	–0.1	20.5	–0.4	2.3	–0.2	1.0	–0.7	1.1	–0.5	0.7	–0.1	1.0	–0.2	3.7	0.6	5.5	–1.5	0.7	–0.0	3.6	–0.6	30.7	2.0

	食品／饮料				纺织／服装				住宅／家居				医疗保健				个人用品				娱乐／休闲				最终消费商品和服务	
	SCE	△SCE	SWCE	△SWCE	SCE	△SCE	SWCE	△SWCE	SCE	△SCE	SWCE	△SWCE	SCE	△SCE	SWCE	△SWCE	SCE	△SCE	SWCE	△SWCE	SCE	△SCE	SWCE	△SWCE	SCE	SWCE
初级商品	1.0	0.2	0.2	0.1	0.6	0.1	0.2	+0.0	3.6	0.1	2.7	0.2	2.5	0.6	2.8	0.1	0.1	0	0.1	–0.0	0.5	–0.2	0.3	–0.2	8.3	0.7
机械	0.8	–0.4	1.9	–0.3	0.2	+0.0	0.9	0.2	–	–	–	–	–	–	–	–	–	–	–	–	–	–	–	–	1.0	1.5
专业元件	0.7	0.3	0.3	0.2	0.3	–0.1	0.3	–0.0	0.3	–0.1	1.0	0.1	–	–	–	–	0.0	0.0	0.0	0.0	0.0	0.0	0.0	0.0	1.3	0.3
合计	2.5	0.1	0.4	0.1	1.1	+0.0	0.3	0.0	3.9	+0.0	2.4	0.2	2.5	0.6	2.8	0.1	0.1	0.0	0.1	+0.0	0.5	–0.2	0.3	–0.2	10.6	0.6
																									76.4	1.4

注：合计数字可能并不完全等于各项之和。

说明：SCE　　占 1985 年全国出口总额比例。

△SCE　　占 1978 至 1985 年全国出口比例的变化。

SWCE　　占 1985 年产业集群下全球出口额比例。

△SWCE　　占 1978 至 1985 年产业集群全球出口比例的变化。

表II–8 按照出口值列出德国前五十大产业（1985 年）

产业类别	占全球出口总额的比例（%）	出口值（千美元）	进口值（千美元）	占德国出口总额的比例（%）
载客汽车	23.2	19 118 000	4 344 396	10.42
汽车车身、零件、配件	15.5	6 341 841	2 134 554	3.46
测量、控制仪器	15.8	2 484 492	1 382 339	1.35
接电装置	21.4	2 427 723	984 522	1.32
飞机（15 吨以上）	38.1	2 377 571	2 362 416	1.30
卡车	9.9	2 089 820	449 741	1.14
其他各种化工产品	24.5	1 997 810	964 465	1.09
特殊产业专用机械	18.9	1 781 181	637 921	0.97
办公设备、自动资料处理机零件	7.9	1 661 001	2 063 364	0.91
自动资料处理机配套设备	15.3	1 443 513	1 499 948	0.79
塑胶制品	19.8	1 274 569	653 337	0.69
含激素药剂	16.1	1 258 691	678 727	0.69
活塞发动机零件	14.5	1 207 932	296 223	0.66
基本金属制品	16.4	1 163 157	586 727	0.63
活栓、阀门	21.1	1 156 869	487 103	0.63
铁、钢无缝管	19.9	1 145 710	176 218	0.62
无线电对讲机、电视、摄影机及零件	8.0	1 109 642	807 686	0.61
浓缩制品	25.9	1 094 911	505 275	0.60
其他家用设备	15.8	1 012 347	474 679	0.55
压路机/土木工程设备	10.4	1 010 463	287 696	0.55
车辕、曲轮、滑轮	29.9	960 332	294 859	0.52
燃气发电机、熔炉	22.2	927 559	218 586	0.51
轮转式印刷机	51.1	923 218	50 671	0.50
石油气	8.1	922 456	5 914 597	0.50
铁、粗钢薄板	16.7	896 142	514 027	0.49
汽车活塞发动机	14.5	872 278	754 087	0.48
医疗仪器	20.9	859 792	343 001	0.47
合成有机染料	32.4	849 848	153 271	0.46
橡胶、塑胶加工机械	35.5	849 798	107 651	0.46
金属加工机床	24.6	815 380	267 162	0.44
飞机零件	8.1	811 723	1 177 712	0.44
牵引机	23.5	810 339	94 275	0.44
包装、装瓶等机器	34.1	802 409	125 408	0.44
木制家具	19.8	797 212	526 253	0.43
滚珠、滚柱轴承	24.3	782 989	417 090	0.43
预裁纸张制品	19.6	774 632	387 527	0.42

（续）

产业类别	占全球出口总额的比例（%）	出口值（千美元）	进口值（千美元）	占德国出口总额的比例（%）
其他起重、装卸机械	19.2	731 961	135 819	0.40
微电子积体电路	5.9	720 432	1 323 628	0.39
丙烯乙醇	21.5	713 425	381 830	0.39
杂环化合物	14.3	712 932	496 440	0.39
其他纺织品、皮革机械	30.4	695 938	106 064	0.38
漂白后棉织品	15.5	681 016	355 560	0.37
聚合产品	16.2	679 882	352 908	0.37
工具用刀片、可替换的尖头	19.9	677 492	404 001	0.37
带骨牛肉	22.3	672 096	222 944	0.37
铁、钢板、钢片、铁片	13.6	658 354	279 951	0.36
铝板、铝片、铝条	20.1	654 541	317 370	0.36
电气机械	13.0	653 247	434 304	0.36
开锁用具	26.0	646 838	204 307	0.35
绝缘电线、电缆	12.2	646 668	377 144	0.35
合计				41.62

注：进口值低于 1985 年贸易总额的 0.3% 者，不列出其进口数据。

表II–9 德国产业集群及其垂直阶段的出口百分比

原料／金属

	SCE	△SCE	SWCE	△SWCE
初级商品	8.4	–1.0	13.7	–0.9
机械	0.9	–0.4	16.5	–2.9
专业元件	0.6	–0.9	5.1	–6.6
合计	10.0	–2.3	11.9	–2.5

林业

	SCE	△SCE	SWCE	△SWCE
初级商品	1.6	0.3	6.2	1.0
机械	0.4	+0.0	25.9	–4.8
专业元件	0.1	+0.0	24.2	4.8
合计	2.0	0.3	7.3	2.6

石油／化工

	SCE	△SCE	SWCE	△SWCE
初级商品	8.5	1.3	4.5	–0.7
机械	0.2	–0.0	21.3	–3.1
专业元件	–	–	–	–
合计	8.6	1.2	4.6	–0.7

半导体／电脑

	SCE	△SCE	SWCE	△SWCE
初级商品	0.6	0.3	1.9	–1.4
机械	–	–	–	–
专业元件	–	–	–	–
合计	0.6	0.3	1.9	–1.4

上游产业

	SCE	SWCE
初级商品	19.1	6.1
机械	1.4	18.6
专业元件	0.7	5.3
合计	21.2	6.3

综合商业

	SCE	△SCE	SWCE	△SWCE
初级商品	7.0	0.4	14.8	–2.3
机械	0.0	0.0	0.0	0.0
专业元件	0.0	0.0	0.0	0.0
合计	7.0	0.4	10.8	–1.1

交通运输

	SCE	△SCE	SWCE	△SWCE
初级商品	19.3	1.8	19.2	0.7
机械	3.7	–1.3	22.7	–8.1
专业元件	–0.8	–0.1	1.8	–0.5
合计	23.7	0.5	15.0	–2.0

发电与配电系统

	SCE	△SCE	SWCE	△SWCE
初级商品	3.8	–1.3	19.7	–8.7
机械	–	–	–	–
专业元件	0.0	0.0	0.0	0.0
合计	3.8	–1.3	17.3	–8.1

办公设备

	SCE	△SCE	SWCE	△SWCE
初级商品	0.8	–0.1	12.3	–3.0
机械	0.8	0.1	36.7	–2.2
专业元件	0.1	0.0	6.7	–2.3
合计	1.6	–0.0	16.3	–2.5

电子通信

	SCE	△SCE	SWCE	△SWCE
初级商品	0.0	–0.2	0.0	–7.0
机械	–	–	–	–
专业元件	–	–	–	–
合计	0.0	–0.2	0.0	–7.0

国防

	SCE	△SCE	SWCE	△SWCE
初级商品	0.0	0.0	0.0	0.0
机械	–	–	–	–
专业元件	–	–	–	–
合计	0.0	0.0	0.0	0.0

产业功能和支持性功能

	SCE	SWCE
初级商品	30.9	16.9
机械	4.4	13.6
专业元件	0.9	1.7
合计	36.2	13.8

食品／饮料

	SCE	△SCE	SWCE	△SWCE
初级商品	1.9	0.1	2.9	0.4
机械	1.5	–0.2	19.1	–0.4
专业元件	1.3	0.0	4.0	0.2
合计	4.7	–0.1	4.4	0.2

纺织／服装

	SCE	△SCE	SWCE	△SWCE
初级商品	1.8	–0.3	4.4	–1.4
机械	1.3	–0.1	27.0	–0.4
专业元件	1.9	–0.3	8.7	–1.2
合计	5.0	–0.6	7.1	–1.6

住宅／家居

	SCE	△SCE	SWCE	△SWCE
初级商品	3.0	–0.4	14.1	–2.2
机械	0.3	–0.2	26.3	–3.7
专业元件	0.0	0.0	0.0	0.0
合计	3.3	–0.6	12.0	–1.8

医疗保健

	SCE	△SCE	SWCE	△SWCE
初级商品	1.9	0.3	13.9	–2.2
机械	–	–	–	–
专业元件	–	–	–	–
合计	1.9	0.3	13.9	–2.2

个人用品

	SCE	△SCE	SWCE	△SWCE
初级商品	1.1	+0.0	15.3	–5.0
机械	–	–	–	–
专业元件	0.0	0.0	0.0	0.0
合计	1.1	+0.0	10.5	–0.2

娱乐／休闲

	SCE	△SCE	SWCE	△SWCE
初级商品	0.6	–0.2	1.9	–1.6
机械	+0.0	–0.0	29.9	16.5
专业元件	0.5	0.2	12.4	1.6
合计	1.1	–0.1	3.6	–1.3

最终消费商品和服务

	SCE	SWCE
初级商品	10.3	6.3
机械	3.1	22.3
专业元件	3.7	5.2
合计	17.1	6.8
	74.4	8.7

注：合计数字可能并不完全等于各项之和。

说明：SCE　占 1985 年全国出口总额比例。

△SCE　占 1978 至 1985 年全国出口比例的变化。

SWCE　占 1985 年产业集群下全球出口额比例。

△SWCE　占 1978 至 1985 年产业集群全球出口比例的变化。

表II–10　按照出口值列出的日本前五十大产业（1985 年）

产业类别	占全球出口总额的比例（%）	出口值（千美元）	进口值（千美元）	占日本出口总额的比例（%）
载客汽车	30.8	25 402 210	538 683	14.46
货车、卡车	37.5	7 956 271	16 969	4.53
电视录像、录音机	80.7	6 622 119	9 924	3.77
汽车车身、零件、配件	12.8	5 227 670	187 706	2.98
其他货运船舶	35.7	4 399 729	216 601	2.50
无线电对讲机、电视摄影机及零件	28.6	3 945 888	302 334	2.25
自动资料处理机和配套设备	37.9	3 571 949	427 126	2.03
彩色电视机	49.5	2 691 101	6 899	1.53
电子集成电路	19.9	2 415 252	699 618	1.37
铁、钢无缝管	38.7	2 227 632	6 587	1.27
自动资料处理机零件	10.0	2 105 665	501 908	1.20
摩托车	82.0	2 092 416	16 684	1.19
照相、复印器材	65.9	2 032 389	6 055	1.16
铁、粗钢薄轧板	35.2	1 893 459	84 656	1.08
接电装置	16.5	1 877 891	34 619	1.07
留言记录机	71.7	1 817 413	15 194	1.03
传统式相机、镁光灯器材	62.2	1 608 936	82 174	0.92
录音媒体	41.5	1 589 513	96 184	0.90
测量、控制仪器	9.3	1 459 409	924 601	0.83
无绒毛连续合成织布	34.7	1 456 391	31 808	0.83
铁、钢管、水管	30.6	1 437 337	17 006	0.82
铁钢通用板、钢铁片	29.3	1 419 903	11 577	0.81
其他家用电器设备	21.8	1 401 394	72 247	0.80
有线电话设备	26.2	1 378 545	57 018	0.78
特殊产业专用机械	14.3	1 349 143	290 643	0.77
活塞发动机零件	15.9	1 320 517	45 806	0.75
手提式收音机	48.4	1 171 209	31 718	0.67
其他电气机械	20.3	1 014 478	427 359	0.58
金属切割机床	36.5	1 009 629	111 274	0.57
手表	24.0	997 512	160 139	0.57
麦克风、音箱、扩音器	55.7	981 176	51 602	0.56
自动推进铲土机和挖土机	38.4	964 654	–	0.55
汽车收音机	42.5	908 083	3 052	0.52
公共汽车或卡车轮胎	39.1	860 530	4 411	0.49
压电晶体	14.0	835 800	43 896	0.48
汽车活塞发动机	13.5	813 915	25 749	0.46
热轧钢、其他钢条	24.1	811 754	–	0.46

（续）

产业类别	占全球出口总额的比例（%）	出口值（千美元）	进口值（千美元）	占日本出口总额的比例（%）
油轮	31.7	767 626	13 116	0.44
压路机、土木工程设备	7.8	754 372	56 111	0.43
摩托车零件、配件	53.4	747 246	13 370	0.43
电视显像管	42.2	709 509	35 503	0.40
绝缘电线、电缆	13.3	700 607	58 421	0.40
铁、粗钢线卷	18.5	695 106	337 018	0.40
燃气发电机、熔炉	16.7	694 773	107 846	0.40
电视、广播电波发射机	29.8	692 249	14 810	0.39
钢琴、其他乐器和零件	51.0	687 841	47 188	0.39
液压机	24.1	686 437	63 585	0.39
合成纤维织布	16.0	668 946	77 921	0.38
计算机	69.7	660 432	11 294	0.38
铁、粗钢厚轧板	25.1	653 184	210 305	0.37
合计				62.74

注：进口值低于 1985 年贸易总额的 0.3%者，不列出其进口数据。

表II–11 日本产业集群及其垂直阶段的出口百分比

	原料/金属				林业				石油/化工				半导体/电脑				上游产业	
	SCE	△SCE	SWCE	△SWCE	SCE	△SCE	SWCE	△SWCE	SCE	△SCE	SWCE	△SWCE	SCE	△SCE	SWCE	△SWCE	SCE	SWCE
初级商品	8.9	–5.7	14.2	–1.3	0.2	+0.0	1.1	0.3	1.3	–0.5	1.0	–0.2	4.7	3.6	11.3	6.3	15.0	4.8
机械	0.7	–0.7	11.3	–2.1	0.0	0.0	0.0	0.0	–	–	–	–	–	–	–	–	0.7	11.3
专业元件	0.0	0.0	0.0	0.0	–	–	–	–	–	–	–	–	–	–	–	–	–	–
合计	9.6	–6.4	10.8	–1.7	0.2	+0.0	1.0	0.3	1.3	–0.5	1.0	–0.2	4.7	3.6	11.3	6.3	15.6	4.6

	综合商业				交通运输				发电与配电系统				办公设备				电子通信				国防				产业功能和支持性功能	
	SCE	△SCE	SWCE	△SWCE	SCE	△SCE	SWCE	△SWCE	SCE	△SCE	SWCE	△SWCE	SCE	△SCE	SWCE	△SWCE	SCE	△SCE	SWCE	△SWCE	SCE	△SCE	SWCE	△SWCE	SCE	SWCE
初级商品	2.6	–0.4	5.2	0.0	27.1	–0.9	23.7	3.5	3.3	–0.6	16.6	1.4	3.3	0.4	35.5	10.7	3.4	1.4	28.1	8.8	0.0	–0.1	0.3	–0.1	39.7	19.0
机械	0.9	0.3	5.8	3.2	2.7	0.7	22.4	10.4	–	–	–	–	0.2	0.1	9.1	6.2	–	–	–	–	–	–	–	–	3.8	12.9
专业元件	0.2	0.1	7.0	2.8	7.1	1.2	15.2	4.1	0.0	0.0	0.0	0.0	0.0	0.0	0.0	0.0	–	–	–	–	–	–	–	–	7.3	13.7
合计	3.7	0.1	5.5	0.9	36.9	1.0	22.6	4.2	3.3	–0.6	14.6	1.0	3.5	0.5	28.0	8.5	3.4	1.4	28.1	8.8	0.0	–0.1	0.3	–0.1	50.8	17.4

	食品/饮料				纺织/服装				住宅/家居				医疗保健				个人用品				娱乐/休闲				最终消费商品和服务	
	SCE	△SCE	SWCE	△SWCE	SCE	△SCE	SWCE	△SWCE	SCE	△SCE	SWCE	△SWCE	SCE	△SCE	SWCE	△SWCE	SCE	△SCE	SWCE	△SWCE	SCE	△SCE	SWCE	△SWCE	SCE	SWCE
初级商品	0.3	–0.2	0.4	–0.1	1.8	–0.8	4.2	–0.7	2.0	0.3	8.7	3.3	0.7	0.3	4.7	1.9	1.3	–0.4	6.6	–1.5	10.9	2.6	35.8	9.9	17.0	8.3
机械	0.3	–0.2	3.9	2.9	0.8	–0.2	16.0	2.6	–	–	–	–	–	–	–	–	–	–	–	–	–	–	–	–	1.1	8.3
专业元件	0.1	–0.1	0.4	+0.0	0.6	–0.5	4.1	–0.3	0.3	0.1	6.1	3.5	–	–	–	–	0.3	–0.1	2.6	1.1	0.9	–0.2	15.8	–0.7	2.2	3.2
合计	0.7	–0.1	0.7	0.2	3.2	–1.5	4.9	–0.5	2.3	0.4	8.2	3.4	0.7	0.3	4.7	1.9	1.6	–0.4	5.3	0.3	11.8	2.4	32.7	8.4	20.3	6.9
																									86.7	9.2

注：合计数字可能并不完全等于各项之和。

说明：SCE　占1985年全国出口总额比例。

△SCE　占1978至1985年全国出口比例的变化。

SWCE　占1985年产业集群下全球出口额比例。

△SWCE　占1978至1985年产业集群全球出口比例的变化。

表Ⅱ–12　按照出口值列出的意大利前五十大产业（1985 年）

产业类别	占全球出口总额的比例(%)	出口值（千美元）	进口值（千美元）	占意大利出口总额的比例(%)
皮鞋	32.8	3 285 427	178 156	4.16
贵金属宝石	49.6	2 288 256	19 978	2.90
汽车车身、零件、配件	4.0	1 644 122	865 691	2.08
载客车辆	2.0	1 638 791	3 669 976	2.08
木制家具	25.5	1 026 911	40 390	1.30
瓷器器皿	56.6	866 879	16 437	1.10
木材、玻璃工业所用的机械	8.8	831 627	275 187	1.05
葡萄酒	20.7	803 915	75 121	1.02
自动资料处理机配套设备	8.4	786 775	928 607	1.00
喷气式发动机燃油、其他油品	6.4	781 320	674 639	0.99
合成纤维织布	18.1	753 426	189 393	0.95
活栓、阀门	13.2	726 767	205 779	0.92
加工过的建筑石材	62.2	701 208	5 319	0.89
卡车	3.3	674 554	535 189	0.88
办公设备、自动资料处理机零件	3.3	692 904	760 634	0.88
椅子和其他座椅	30.6	685 124	29 894	0.87
其他种类的毛衣、套头毛衣	24.5	641 799	16 830	0.81
塑胶制品	9.8	632 351	271 758	0.80
合成纤维毛衣	34.0	631 213	5 419	0.80
基本金属制品	8.7	616 699	260 504	0.78
汽油	3.3	533 334	1 649 392	0.70
牵引机	14.9	514 936	43 309	0.65
燃气发电机、熔炉	12.3	514 691	91 237	0.65
其他织布	32.3	510 145	48 634	0.65
接电装置	4.4	502 573	487 539	0.64
羊毛毛衣	33.1	499 221	55 460	0.63
女式外衣	26.2	491 478	50 159	0.62
燃油	1.9	490 142	3 116 200	0.62
家用设备	7.6	485 888	188 573	0.62
木材、陶瓷加工机械	24.7	485 500	35 141	0.61
包装、瓶装机器	19.8	464 507	55 063	0.59
牛、马皮革	17.4	454 579	290 265	0.58
橡胶与塑胶鞋	41.9	452 469	20 402	0.57
皮革	24.6	452 233	2 665 421	0.57
男式外套	19.8	435 710	99 379	0.55
腌渍蔬菜	17.1	430 238	126 441	0.54
测量、控制仪器	2.7	426 624	814 429	0.54

（续）

产业类别	占全球出口总额的比例(%)	出口值（千美元）	进口值（千美元）	占意大利出口总额的比例(%)
其他纺织品、特殊皮革加工机械	18.6	425 736	100 203	0.54
煤油（包括喷气式发动机燃料）	9.2	410 426	–	0.52
无线电对讲机、电视摄影机及零件	3.0	410 425	346 499	0.52
铁、钢结构和零件	8.4	409 784	29 403	0.52
家用洗衣机	38.2	396 595	32 123	0.50
数字中央处理器	7.7	389 930	448 014	0.49
飞机零件	3.8	384 641	300 101	0.49
铁、钢无缝管	6.4	370 376	115 942	0.47
液压机	12.6	360 249	133 105	0.46
马达、飞机燃油	4.3	358 507	52 938	0.45
其他金属加工机床	10.8	358 400	90 504	0.45
其他聚合产品	8.5	358 211	236 037	045
其他化工产品	4.3	354 530	615 330	0.45
合计				42.90

注：进口值低于 1985 年贸易总额的 0.3%者，不列出其进口数据。

表II–13　意大利产业集群及其垂直阶段的出口百分比

	原料／金属				林业				石油／化工				半导体／电脑				上游产业	
	SCE	△SCE	SWCE	△SWCE	SCE	△SCE	SWCE	△SWCE	SCE	△SCE	SWCE	△SWCE	SCE	△SCE	SWCE	△SWCE	SCE	SWCE
初级商品	6.7	–1.9	4.7	–0.5	0.7	–0.0	1.6	+0.0	2.5	0.6	0.6	+0.0	0.4	+0.0	0.4	–0.5	10.3	1.5
机械	1.7	–0.0	13.3	3.58	0.3	+0.1	8.1	1.7	–	–	–	–	–	–	–	–	2.0	12.3
专业元件	0.1	–0.0	0.3	–0.0	–	–	–	–	–	–	–	–	–	–	–	–	0.1	0.2
合计	8.5	–1.9	4.2	–0.4	1.0	+0.0	1.9	0.1	2.5	0.6	0.6	+0.0	0.4	+0.0	0.4	–0.5	12.3	1.6

	综合商业				交通运输				发电与配电系统				办公设备				电子通信				国防				产业功能和支持性功能	
	SCE	△SCE	SWCE	△SWCE	SCE	△SCE	SWCE	△SWCE	SCE	△SCE	SWCE	△SWCE	SCE	△SCE	SWCE	△SWCE	SCE	△SCE	SWCE	△SWCE	SCE	△SCE	SWCE	△SWCE	SCE	SWCE
初级商品	3.1	0.4	2.1	–0.0	2.2	–3.0	2.2	–1.4	0.8	–0.4	4.5	–0.9	0.7	–0.4	3.7	–2.1	0.5	–0.0	1.9	–0.9	0.3	–0.2	7.4	–3.3	7.7	3.0
机械	0.2	0.1	0.5	0.2	2.4	+2.0	12.6	2.3	–	–	–	–	0.2	+0.0	3.2	0.1	–	–	–	–	–	–	–	–	2.7	4.7
专业元件	0.2	0.0	2.4	–0.3	2.1	2.0	3.7	–2.6	0.0	0.0	0.0	0.0	0.1	+0.0	3.0	2.1	–	–	–	–	–	–	–	–	2.3	3.4
合计	3.5	0.4	2.4	0.1	6.7	–4.8	3.5	–1.5	0.8	–0.4	4.0	–0.9	1.0	–0.4	3.6	–1.5	0.5	–0.0	1.9	–0.9	0.3	–0.2	7.4	–3.3	12.7	3.3

	食品／饮料				纺织／服装				住宅／家居				医疗保健				个人用品				娱乐／休闲				最终消费商品和服务	
	SCE	△SCE	SWCE	△SWCE	SCE	△SCE	SWCE	△SWCE	SCE	△SCE	SWCE	△SWCE	SCE	△SCE	SWCE	△SWCE	SCE	△SCE	SWCE	△SWCE	SCE	△SCE	SWCE	△SWCE	SCE	SWCE
初级商品	0.6	–0.1	3.6	0.5	15.2	0.7	14.6	–0.2	8.8	–0.2	17.2	0.8	0.6	0.1	1.8	–0.3	4.3	0.6	9.7	–0.3	0.9	–0.4	1.5	–1.1	35.4	7.9
机械	2.5	0.2	13.5	3.3	1.3	0.3	11.9	3.8	0.5	–0.3	7.6	–0.9	–	–	–	–	–	–	–	–	–	–	–	–	4.3	12.0
专业元件	0.6	–0.1	0.9	–0.0	3.1	1.1	6.6	2.5	0.2	0.0	2.0	0.4	–	–	–	–	0.0	0.0	0.0	0.0	0.0	–0.0	0.5	–0.1	3.9	2.4
合计	8.8	0.1	3.5	0.5	19.6	2.0	12.0	1.2	9.5	–0.5	13.8	1.1	0.6	0.1	1.8	–0.3	4.3	0.6	6.6	1.4	0.9	–0.5	1.3	–1.0	43.7	6.7
																									68.7	3.7

注：合计数字可能并不完全等于各项之和。

说明：SCE　占1985年全国出口总额比例。

△SCE　占1978至1985年全国出口比例的变化。

SWCE　占1985年产业集群下全球出口额比例。

△SWCE　占1978至1985年产业集群全球出口比例的变化。

表II–14　按照出口值列出的韩国前五十大产业（1985 年）

产业类别	占全球出口总额的比例（%）	出口值（千美元）	进口值（千美元）	占韩国出口总额的比例（%）
其他货运船舶	36.9	4 545 449	3 296 174	15.01
皮鞋	14.3	1 436 334	–	4.74
无绒毛连续合成织布	21.1	885 906	69 888	2.93
电子集成电路	6.3	760 213	261 271	2.51
铁、钢结构及零件	14.4	700 826	28 280	2.31
皮衣、辅料	26.7	539 989	862	1.78
载客汽车	0.6	518 789	–	1.71
玩具、室内游乐器材	10.8	475 254	7 283	1.57
合成纤维制的毛衣	24.2	448 201	–	1.48
男式夹克、运动上衣	39.4	417 910	233	1.38
铁、钢管、水管	8.1	381 006	40 035	1.26
彩色电视机	6.9	376 049	5 626	1.24
油轮	14.1	342 319	17 381	1.13
旅行用品、手提包	24.6	337 005	1 274	1.11
燃油	1.1	300 988	271 955	0.99
棉线衫	11.4	299 388	512	0.99
铁、粗钢卷	7.8	293 666	280 343	0.97
合成纤维制的男式衬衫	40.9	292 283	–	0.97
羊毛纤维制针织内衣	13.7	283 956	677	0.94
附路轨的货柜	32.2	279 798	11 815	0.92
男式外套、外衣	11.9	261 603	160	0.86
冷冻鱼（不包括鱼片）	15.7	260 784	58 225	0.86
飞机、摩托车轮胎	9.6	249 212	3 175	0.82
喷气式发动机燃油	2.0	242 708	158 076	0.80
离线资料处理设备	41.8	238 310	73 350	0.79
洗碗机、剃须刀、电器设备	3.6	233 057	16 371	0.77
录音媒体	6.0	231 939	20 412	0.77
新鲜、冷冻贝类	4.4	223 669	17 582	0.74
合成纤维织品	5.3	219 732	119 297	0.73
飞机（15 吨以上）	3.5	215 745	204 617	0.71
单色电视接收器	52.4	215 041	347	0.71
女式合成纤维制外套、夹克	31.8	212 399	–	0.70
男式棉衬衫	15.0	211 624	–	0.70
轧铁、钢条	6.3	210 964	–	0.70
电子通信设备、零件	1.5	209 727	368 652	0.69
电视录像、录音机	2.5	206 562	12 745	0.68
铁、粗钢薄轧板	3.8	202 556	49 701	0.67

（续）

产业类别	占全球出口总额的比例（%）	出口值（千美元）	进口值（千美元）	占韩国出口总额的比例（%）
婴儿推车、零件	7.3	188 476	50 826	0.62
纺织制品	11.2	186 546	2 054	0.62
非电力炉具	9.8	185 942	12 278	0.61
汽车收音机	`8.6	182 887	5 368	0.60
手提式收音机	7.2	174 489	1 023	0.58
电视显像管	9.7	162 286	41 177	0.54
毛皮制品	14.7	161 287	994	0.53
自动资料处理机零件	0.7	157 694	133 357	0.52
真空管、压电晶体	5.2	154 821	74 388	0.51
合成纤维制的女式衬衫	16.4	149 778	–	0.49
铁、粗钢厚轧板	5.5	144 248	140 708	0.48
其他类型收音机	11.9	142 529	9 432	0.47
汽油	0.8	139 262	–	0.46
合计				65.67

注：进口值低于 1985 年贸易总额的 0.3%者，不列出其进口数据。

表II–15　韩国产业集群及其垂直阶段的出口百分比

	原料／金属				林业				石油／化工				半导体／电脑				上游产业	
	SCE	△SCE	SWCE	△SWCE	SCE	△SCE	SWCE	△SWCE	SCE	△SCE	SWCE	△SWCE	SCE	△SCE	SWCE	△SWCE	SCE	SWCE
初级商品	9.6	1.8	2.5	1.5	0.2	−4.0	0.4	−1.3	1.8	1.4	0.2	0.1	3.8	0.9	1.6	−0.2	15.4	0.8
机械	0.0	0.0	0.0	0.0	0.0	0.0	0.0	0.0	–	–	–	–	–	–	–	–	–	–
专业元件	0.0	0.0	0.0	0.0	–	–	–	–	–	–	–	–	–	–	–	–	–	–
合计	9.6	1.8	1.8	1.0	0.2	−4.0	0.4	−1.2	1.8	1.4	0.2	0.1	3.8	0.9	1.6	−0.2	15.4	0.8

	综合商业				交通运输				发电与配电系统				办公设备				电子通信				国防				产业功能和支持性功能	
	SCE	△SCE	SWCE	△SWCE	SCE	△SCE	SWCE	△SWCE	SCE	△SCE	SWCE	△SWCE	SCE	△SCE	SWCE	△SWCE	SCE	△SCE	SWCE	△SWCE	SCE	△SCE	SWCE	△SWCE	SCE	SWCE
初级商品	0.3	−0.2	0.2	+0.0	17.6	10.7	2.6	2.0	1.5	0.5	1.2	0.7	0.5	−0.6	1.0	−0.3	0.7	0.3	1.0	0.5	0.0	0.0	0.0	0.0	20.5	1.7
机械	0.0	0.0	0.0	0.0	0.0	0.0	0.0	0.0	–	–	–	–	0.0	0.0	0.0	0.0	–	–	–	–	–	–	–	–	–	–
专业元件	0.0	0.0	0.0	0.0	2.4	−0.3	0.9	0.2	0.0	0.0	0.0	0.0	0.0	0.0	0.0	0.0	–	–	–	–	–	–	–	–	2.4	0.8
合计	0.3	−0.2	0.2	+0.0	20.0	10.4	2.1	1.5	1.5	0.5	1.1	0.6	0.5	−0.6	0.7	−0.3	0.7	0.3	1.0	0.5	0.0	0.0	0.0	0.0	23.0	1.4

	食品／饮料				纺织／服装				住宅／家居				医疗保健				个人用品				娱乐／休闲				最终消费商品和服务	
	SCE	△SCE	SWCE	△SWCE	SCE	△SCE	SWCE	△SWCE	SCE	△SCE	SWCE	△SWCE	SCE	△SCE	SWCE	△SWCE	SCE	△SCE	SWCE	△SWCE	SCE	△SCE	SWCE	△SWCE	SCE	SWCE
初级商品	3.3	−3.4	0.8	0.0	27.3	−10.0	9.6	1.3	2.6	−0.0	1.9	0.9	0.0	+0.0	0.1	0.1	1.9	−1.0	1.7	0.1	7.4	1.1	4.2	1.7	42.5	3.6
机械	+0.0	−0.0	0.1	+0.0	0.0	−0.1	0.1	−0.1	–	–	–	–	–	–	–	–	–	–	–	–	–	–	–	–	+0.0	0.1
专业元件	0.9	−0.9	0.5	0.0	2.1	−0.5	1.6	0.6	0.0	0.0	0.0	0.0	–	–	–	–	0.3	−0.6	0.5	−0.0	0.5	0.5	1.6	1.5	3.8	0.9
合计	4.3	−4.3	0.7	0.0	29.4	−10.6	6.6	1.3	2.6	−0.0	1.6	0.7	0.0	+0.0	0.1	0.1	2.1	−1.5	1.4	0.1	8.0	1.6	3.8	1.7	46.3	2.7
																									84.7	1.6

注：合计数字可能并不完全等于各项之和。

说明：SCE　　占 1985 年全国出口总额比例。

△SCE　　占 1978 至 1985 年全国出口比例的变化。

SWCE　　占 1985 年产业集群下全球出口额比例。

△SWCE　　占 1978 至 1985 年产业集群全球出口比例的变化。

表Ⅱ–16　按照出口值列出的英国前五十大产业（1985 年）

产业类别	占全球出口总额的比例（%）	出口值（千美元）	进口值（千美元）	占英国出口总额的比例（%）
原油	9.8	16 715 740	5 457 394	16.50
办公设备、自动资料处理机零件及配件	13.1	2 749 948	1 890 312	2.71
汽车车身、零件、配件	6.1	2 511 869	2 124 648	2.48
测量、控制仪器	12.7	2 004 327	1 622 250	1.98
飞机零件	19.1	1 912 422	858 464	1.89
载客汽车	2.1	1 737 123	5 367 945	1.71
已分级、经过简单加工的裸钻	37.1	1 471 103	1 209 695	1.45
威士忌	77.7	1 294 923	9 993	1.28
汽油	7.4	1 246 235	392 256	1.23
含激素药剂	14.1	1 105 672	439 318	1.09
飞机发动机、马达、零件	17.1	1 010 906	730 433	1.00
马达、飞机燃油	11.8	984 500	153 973	0.97
飞机喷气式发动机	44.5	922 434	550 747	0.91
电子集成电路	7.4	894 693	1 169 129	0.88
自动资料处理机配套设备	8.8	826 208	1 975 888	0.82
数字中央处理器	15.2	775 895	1 016 452	0.77
特殊产业用机械	8.1	769 269	573 807	0.76
接电装置	6.6	748 891	790 277	0.74
其他电动机械	14.4	720 408	367 991	0.71
土木工程设备	7.3	710 585	26 180	0.70
其他化工产品	8.2	672 666	533 826	0.66
轻型飞机（2~15 吨）	56.5	615 942	67 163	0.61
书籍、刊物	18.5	609 928	338 993	0.60
液态丙烷、丁烷	7.1	597 260	102 674	0.59
牵引机	16.6	573 576	190 964	0.57
无线电对讲机、电视摄影机及零件	4.0	558 027	648 966	0.55
燃油	2.1	554 542	3 180 750	0.55
作战武器、弹药	12.0	551 806	269 708	0.54
香烟	16.7	541 417	98 558	0.53
基本金属制品	7.6	537 902	582 973	0.53
手绘画作	31.3	513 459	480 170	0.51
活塞发动机零件	5.8	485 606	321 299	0.48
雕刻品、古董	39.8	479 984	293 430	0.47
放射性元素	15.0	471 301	426 915	0.47
活栓、阀门	8.5	465 290	436 710	0.46

（续）

产业类别	占全球出口总额的比例（%）	出口值（千美元）	进口值（千美元）	占英国出口总额的比例（%）
香水、化妆品	13.5	456 565	304 587	0.45
飞机（15 吨以上）	7.3	454 719	1 058 329	0.45
塑胶制品	6.7	429 940	531 499	0.42
杂环化合物	8.6	427 414	408 179	0.42
大麦	16.4	414 202	32 818	0.41
其他铁、钢屑	14.5	411 429	12 738	0.41
铁、钢结构零件	7.9	381 679	126 174	0.38
医疗仪器	9.3	381 457	270 380	0.38
卡车	1.8	376 243	628 097	0.37
润滑油（高量石油成分）	10.4	374 451	361 588	0.37
抗震剂	18.5	369 613	84 342	0.36
绝缘电线、电缆	6.9	365 374	294 587	0.36
汽油和其他轻油	2.8	345 303	719 599	0.34
多元酸和衍生物	17.4	331 110	60 641	0.33
排版、装订机械及零件	16.1	328 878	273 553	0.32
合计				54.47

注：进口值低于 1985 年贸易总额的 0.3% 者，不列出其进口数据。

表Ⅱ–17　英国产业集群及其垂直阶段的出口百分比

	原料／金属				林业				石油／化工				半导体／电脑				上游产业	
	SCE	△SCE	SWCE	△SWCE	SCE	△SCE	SWCE	△SWCE	SCE	△SCE	SWCE	△SWCE	SCE	△SCE	SWCE	△SWCE	SCE	SWCE
初级商品	3.1	−0.9	3.7	+0.0	0.0	−0.1	0.0	−0.2	23.8	15.3	6.9	3.8	3.5	2.4	6.3	−0.6	30.4	5.7
机械	0.3	−0.4	5.1	−1.2	0.1	+0.0	4.5	0.8	1.0	−0.3	9.1	−0.6	–	–	–	–	1.4	7.0
专业元件	0.6	−0.3	1.6	−1.0	–	–	–	–	–	–	–	–	–	–	–	–	0.6	1.6
合计	4.0	−1.6	3.3	−0.4	0.1	−0.1	0.7	−0.1	24.8	15.0	6.9	3.6	3.5	2.4	6.3	−0.6	32.4	5.5

	综合商业				交通运输				发电与配电系统				办公设备				电子通信				国防				产业功能和支持性功能	
	SCE	△SCE	SWCE	△SWCE	SCE	△SCE	SWCE	△SWCE	SCE	△SCE	SWCE	△SWCE	SCE	△SCE	SWCE	△SWCE	SCE	△SCE	SWCE	△SWCE	SCE	△SCE	SWCE	△SWCE	SCE	SWCE
初级商品	4.4	−1.7	5.3	−2.5	3.8	−3.4	2.3	−1.6	2.0	−0.5	8.2	−0.8	1.1	−0.2	7.8	0.5	0.3	−0.1	3.9	−2.2	0.6	−0.1	10.3	−2.7	12.2	4.1
机械	1.8	−0.6	9.0	−1.0	0.3	−0.3	11.4	−7.8	–	–	–	–	0.3	−0.0	8.5	−1.4	–	–	–	–	–	–	–	–	2.4	9.2
专业元件	0.1	−0.0	5.0	−1.0	7.9	−1.6	10.0	−2.6	0.0	0.0	0.0	0.0	0.2	+0.0	12.7	−0.9	–	–	–	–	–	–	–	–	8.2	9.2
合计	6.3	−2.4	6.1	−2.1	12.1	−5.3	4.6	−1.9	2.0	−0.5	7.2	−0.8	1.6	−0.2	8.3	−0.7	0.3	−0.1	3.9	−2.2	0.6	−0.1	10.3	−2.7	22.8	5.4

	食品／饮料				纺织／服装				住宅／家居				医疗保健				个人用品				娱乐／休闲				最终消费商品和服务	
	SCE	△SCE	SWCE	△SWCE	SCE	△SCE	SWCE	△SWCE	SCE	△SCE	SWCE	△SWCE	SCE	△SCE	SWCE	△SWCE	SCE	△SCE	SWCE	△SWCE	SCE	△SCE	SWCE	△SWCE	SCE	SWCE
初级商品	3.4	−0.9	3.1	0.0	1.1	−0.6	1.8	−0.7	0.9	−1.0	3.9	−1.6	2.1	0.1	8.8	−1.3	1.2	−2.9	3.6	−10.1	3.3	−0.6	7.1	−2.4	11.9	3.9
机械	0.2	−0.3	3.1	−1.1	0.1	−0.4	3.8	−2.6	–	–	–	–	–	–	–	–	–	–	–	–	–	–	–	–	0.2	3.4
专业元件	0.6	0.1	1.2	0.3	1.5	−0.8	4.0	−1.2	0.5	−0.4	5.8	−1.9	–	–	–	–	0.0	0.0	0.0	0.0	0.0	0.0	0.0	0.0	2.6	2.1
合计	4.1	−1.2	2.5	−0.0	2.6	−1.7	2.6	−1.1	1.3	−1.4	4.2	−1.7	2.1	0.1	8.8	−1.3	1.2	−2.9	2.4	−4.7	3.3	−0.6	6.0	−1.9	14.7	3.4
																									70.0	4.8

注：合计数字可能并不完全等于各项之和。

说明：SCE　占 1985 年全国出口总额比例。

△SCE　占 1978 至 1985 年全国出口比例的变化。

SWCE　占 1985 年产业集群下全球出口额比例。

△SWCE　占 1978 至 1985 年产业集群全球出口比例的变化。

表II–18　按照出口值列出的美国前五十大产业（1985 年）

产业类别	占全球出口总额的比例（%）	出口值（千美元）	进口值（千美元）	占美国出口总额的比例（%）
汽车车身、零件、配件	25.6	10 476 330	9 669 742	4.92
商用民航机和直升机	79.4	8 823 833	1 806 783	4.14
办公设备、自动资料处理机零件	37.1	7 816 542	5 326 652	3.67
载客汽车	7.5	6 153 653	39 088 930	2.89
飞机零件	56.6	5 674 001	1 793 513	2.66
玉米	69.5	5 335 039	20 588	2.50
测量、控制仪器	28.1	4 422 593	1 883 423	2.07
煤、褐炭、泥炭	64.4	4 399 776	135 986	2.06
类比式、混合式资料处理机与储存装置	64.3	4 323 864	4 116 526	0.20
压路机/土木工程设备	42.2	4 091 920	193 708	0.19
黄豆	67.1	3 749 941	976	1.76
压电晶体	50.7	3 019 250	1 100 923	1.42
作战武器、弹药	62.7	2 888 887	203 863	1.36
飞机发动机和马达零件	41.6	2 451 731	1 202 089	1.15
特殊产业用机械	22.5	2 121 790	1 681 149	1.00
活塞发动机零件	24.9	2 069 649	1 431 972	0.97
卡车	9.8	2 069 200	7 489 290	0.97
无线电对讲机、电视摄影机及零件	15.0	2 066 605	4 647 997	0.97
燃油	7.2	1 889 673	7 652 369	0.89
接电装置	15.6	1 775 540	1 794 662	0.83
电子集成电路	13.8	1 678 027	4 421 879	0.79
原棉	34.2	1 634 779	15 773	0.77
数字中央处理器	30.4	1 548 476	–	0.73
数字电脑	35.8	1 519 395	–	0.71
饰金	17.4	1 322 441	2 690 974	0.62
电气机械	25.9	1 298 038	1 641 469	0.61
其他肥料产品	69.6	1 272 439	992	0.60
飞机涡轮发动机	62.8	1 229 403	1 254 813	0.58
汽车活塞发动机	20.1	1 209 376	1 904 459	0.57
香烟	36.6	1 183 792	21 863	0.56
锯材原木、单板原木	75.8	1 170 516	17 408	0.55
其他化工产品	14.2	1 155 456	395 435	0.54
生皮革（牛、马）	45.3	1 021 116	30 670	0.48
含激素药剂	12.7	997 437	816 088	0.47
放射性原料	57.1	980 118	1 399 330	0.46
塑胶制品	14.9	962 927	1 670 496	0.45

（续）

产业类别	占全球出口总额的比例（%）	出口值（千美元）	进口值（千美元）	占美国出口总额的比例（%）
漂白过、无溶解性的纸浆	17.8	937 298	1 225 127	0.44
有线电话设备	17.2	906 005	2 099 325	0.43
其他无机化工品	30.4	904 765	341 823	0.42
照相胶卷	81.9	885 712	630 695	0.42
豆饼及残渣	21.7	870 651	–	0.41
电子医疗设备	46.6	865 609	524 326	0.41
医疗仪器	20.1	828 165	524 589	0.39
绝缘电线、电缆	15.5	820 142	1 420 983	0.38
药剂之外的其他药品	41.8	806 956	52 058	0.38
除菌剂、消毒剂	40.3	788 551	116 851	0.37
未研磨的粟	65.8	769 266	13	0.36
液压机	25.9	761 027	625 712	0.36
石油焦	80.3	760 981	19 522	0.36
空调	35.4	751 041	309 924	0.35
合计				51.59

注：进口值低于1985年贸易总额的0.3%者，不列出其进口数据。

表II-19 美国产业集群及其垂直阶段的出口百分比（1985 年）

	原料／金属				林业				石油／化工			
	SCE	△SCE	SWCE	△SWCE	SCE	△SCE	SWCE	△SWCE	SCE	△SCE	SWCE	△SWCE
初级商品	1.1	−0.5	3.0	−0.3	1.3	−0.3	5.8	−0.7	6.3	1.8	4.1	0.6
机械	0.2	−0.1	4.2	−0.2	0	−0.0	7.0	−1.3	–	–	–	–
专业元件	0.2	−0.0	0.9	−0.1	–	–	–	–	–	–	–	–
合计	1.5	−0.6	2.6	−0.3	1.3	−0.3	5.9	−0.7	6.3	1.8	4.1	0.6

	半导体／电脑				上游产业	
	SCE	△SCE	SWCE	△SWCE	SCE	SWCE
初级商品	8.8	4.5	20.5	−8.9	17.5	6.0
机械	–	–	–	–	0.2	4.8
专业元件	–	–	–	–	0.2	0.9
合计	8.8	4.5	20.5	−8.9	17.9	5.7

	综合商业				交通运输				发电与配电系统			
	SCE	△SCE	SWCE	△SWCE	SCE	△SCE	SWCE	△SWCE	SCE	△SCE	SWCE	△SWCE
初级商品	7.9	1.7	20.5	3.1	7.6	−1.3	7.4	−3.0	0.4	0.1	12.0	1.3
机械	1.3	0.3	10.6	3.3	0.0	−0.1	21.2	−5.0	–	–	–	–
专业元件	0.3	−0.0	19.2	−2.9	10.7	1.8	27.9	3.3	0.5	0.1	27.2	3.3
合计	9.4	2.0	18.2	3.2	18.4	0.5	13.4	−1.1	0.8	0.2	13.8	1.7

	办公设备				电子通信				国防				产业功能和支持性功能	
	SCE	△SCE	SWCE	△SWCE	SCE	△SCE	SWCE	△SWCE	SCE	△SCE	SWCE	△SWCE	SCE	SWCE
初级商品	0.1	+0.0	7.3	0.8	0.2	0.2	6.2	−0.2	1.5	0.1	55.0	−0.1	17.6	11.6
机械	0.0	−0.1	10.6	−3.8	–	–	–	–	–	–	–	–	1.3	11.7
专业元件	0.0	0.0	0.0	0.0	–	–	–	–	–	–	–	–	11.4	26.8
合计	0.1	−0.0	7.3	−0.0	0.2	0.2	6.2	−0.2	1.5	0.1	55.0	−0.1	30.4	14.5

	食品／饮料				纺织／服装				住宅／家居			
	SCE	△SCE	SWCE	△SWCE	SCE	△SCE	SWCE	△SWCE	SCE	△SCE	SWCE	△SWCE
初级商品	4.6	−2.7	8.4	−2.1	0.2	−0.0	0.6	−0.1	0.0	−0.1	0.4	−0.4
机械	0.7	−0.6	14.6	−3.4	0.1	−0.0	1.3	0.1	–	–	–	–
专业元件	5.4	−1.7	18.5	−2.3	2.0	−0.4	10.9	−0.5	0.0	0.0	0.0	0.0
合计	10.8	−5.0	12.1	−2.1	2.2	−0.5	3.7	−0.5	0.0	−0.1	0.3	−0.3

	医疗保健				个人用品				娱乐／休闲			
	SCE	△SCE	SWCE	△SWCE	SCE	△SCE	SWCE	△SWCE	SCE	△SCE	SWCE	△SWCE
初级商品	2.4	0.8	19.2	4.2	0.6	−0.2	8.4	−2.6	1.3	−0.1	6.7	−1.3
机械	–	–	–	–	–	–	–	–	–	–	–	–
专业元件	–	–	–	–	0.2	−0.8	2.2	−5.2	0	0	0	0
合计	2.4	0.8	19.2	4.2	0.8	−1.0	6.4	−2.9	1.3	−0.1	5.7	−1.0

最终消费商品和服务	
SCE	SWCE
9.2	6.2
0.8	9.7
7.6	11.9
17.5	7.9
65.8	9.0

注：合计数字可能并不完全等于各项之和。

说明：SCE　占 1985 年全国出口总额比例。

△SCE　占 1978 至 1985 年全国出口比例的变化。

SWCE　占 1985 年产业集群下全球出口额比例。

△SWCE　占 1978 至 1985 年产业集群全球出口比例的变化。

第9章

1. See, for example, Barnett (1987) and Lazonick and Elbaum (1986).

2. Table B-9 shows the top fifty British industries in terms of export value. Appearing on this list, in addition to petroleum-related industries, are modest British positions in a number of large industries such as cars and computer equipment in which foreign direct investment in Britain is substantial. Of the fifty leading British export industries in terms of value, all but five exceed the U.K. export share cutoff, and all of these have a large negative trade balance. Field research suggests that subsidiaries of foreign firms account for a significant part of British exports.

3. Positions in a number of other industries, such as precious metals, precious stones, and paintings, are a function of strength in the auctioneering and trading industries, not of goods produced in Britain.

4. British gains in computer-related industries are heavily influenced by American foreign investments in the United Kingdom.

5. Engineering is looked down upon as "applied" rather than pure science in Britain. There is no national certification or licensing system for engineers, so anyone can take that title. In nations such as Italy, Germany, Sweden, and Japan, the title of engineer is an official and prestigious one.

6. These characteristics of British education have a long history. See Weiner (1981).

7. Clutterbuck and Crainer (1988).

8. National Science Foundation (1988).

9. See Pavitt (1980).

10. Organization for Economic Cooperation and Development (1989).

11. *Ibid.* (1988).

12. British industry often lacked the force of competition as well, as I will discuss further later.

13. *The Economist*, May 20, 1989.

14. America's relative standard of living fares better in comparisons that attempt to adjust for purchasing power parity, but its relative position is declining none-

theless.

15. The top fifty U.S. industries in terms of export value, shown in Table B-10, shows a lower proportion of resource-intensive industries (thirteen of fifty). Only three industries in the top fifty export value list fail to make the U.S. export share cutoff, and all have large negative trade balances.

16. While comparable figures cannot be calculated because of changes in the trade classification system, our best estimate is that natural resource-dependent exports represented approximately 29 percent of total U.S. exports in 1971.

17. See Dornbusch, Krugman, and Park (1989).

18. See Table 13–1.

19. Research by Jorgenson (1987) has shown that American economic growth in recent decades has been largely a function of growth in factors and not improving technology. This conclusion, in striking contrast to studies by Solow and Denison covering earlier periods, supports a declining rate of innovation and upgrading in American industry and is troubling indeed.

20. American consumers buy large quantities of imported goods, as do British consumers. Some observers take this as an indication that they are sophisticated and demanding. In fact, American and British buyers are finally discerning what foreign buyers have long recognized. Confronted with obvious differences in quality and features, they are buying foreign products that were accepted earlier in their home nation.

21. One interesting fact that may bear on attitudes toward product quality and durability is the prevalence in the United States of purchases on credit. In Japan and Germany, consumers pay cash, which seemed from our interviews to reinforce a desire for high quality.

22. This illustrates why simply spending more on modern equipment is not the solution to quality and productivity problems in American industry.

23. Given the picky and trend conscious Japanese consumer, I would expect that growing leisure time in Japan will translate into a very high rate of innovation in such industries. Japan may well become an exporter in these fields.

24. The international success of Japanese financial services firms is thus far almost exclusively in those fields where access to low-cost capital is the principal basis of competitive advantage. They have achieved little penetration in sophisticated financial services and with non-Japanese clients.

25. See Table 13–2 for supporting data. Britain adopted a similar policy in April 1988, and Germany has announced plans to do so as well.

26. Some recent examples are General Electric's swap of its lagging consumer electronics business with Thompson (France) in return for Thompson's medical instruments division, and Firestone's sale of its tire operations to Bridgestone (Japan).

27. Because most stock in the United States is held by investors with little loyalty to the company (unlike the case in Germany or Japan), mergers are comparatively easy to accomplish. Nearly every U.S. company is "in play."

28. See Porter (1987).

29. All these developments have contributed to uniquely advanced and sophisti-

cated demand for financial services, and U.S. firms, not surprisingly, are world leaders in providing many of them. American financial service firms pioneered large-scale mergers and acquisitions practices, junk bonds, leveraged buyouts, and many new types of securities and financial investments. American industry, however, has paid a profound price in terms of competitive advantage.

30. Data to make less aggregated comparisons can be found in the individual country tables in Appendix B. They show differences among nations in the pattern of competitive success that are even more striking than these broad comparisons.

第10章

1. It should be stressed that the development literature is suggestive of some of the issues that I discuss here and elsewhere in the book. The hope is that my somewhat different starting point and frame of reference will provide a useful additional perspective.

2. Rostow's (1971) stages model seeks to characterize economies more broadly and is concerned principally with earlier stages in the development process.

3. The state of competitive advantage in international industries tends to mirror that in purely domestic industries because of parallel developments in demand sophistication, factor conditions, supporting industries, and other national circumstances across industries. There are also externalities in factor creation, demand, technology transfer, and other areas that I discussed in Chapter 4 that span industries, as well as the role of clustering. Domestic industries must also compete for human resources and capital, and thus must achieve productivity sufficient to pay wages that attract and retain human resources and earn acceptable returns on capital. Without the discipline of having to meet foreign competition, however, the efficiency of deploying human resources and capital in domestic industries may be less than in other nations. This constrains national productivity and imposes higher costs on a nation's consumers and firms.

4. In Chapter 4, I discussed the types of industries in which the full ''diamond'' was not required for competitive advantage.

5. For an excellent discussion of the Japanese consensus, see Yamamura in Krugman, ed. (1986).

6. Mancur Olson's (1982) insightful book on the decline of nations stresses some of the geneses of such rigidities. He links them to the formation of ''distributional coalitions'' or quasi-cartels in which firms and employees seek to bargain away a bigger share of the economic pie rather than expand it.

7. Research on productivity growth has emphasized three sources: technological change, accumulation of capital, and improving education or skill levels. Nelson's excellent survey (1981) identifies these and makes the important point that they are both complementary and reinforcing (see also Lindbeck [1983]). I view technological change and capital accumulation as endogenous, and seek to model them as the result of the ''diamond'' in which investment in skills plays a role. It is the mutual reinforcement among these variables, as Nelson's insight suggests, that determines productivity growth.

8. A problem with many stage models, including Rostow's (1971), is a sense of inevitability about progressing through them.

9. For an interesting account of Italian development, see Baumol (1985).

10. Italy and Denmark have important similarities in the mix of industries in which they compete. Both nations are strong in food and furnishings and compete in many fragmented industry structures. Italy is far more successful because of much greater dynamism. Denmark lacks the aggressive domestic rivalry and the high levels of individual and family motivation so essential to Italy's success.

第11章

1. I have shared the view of many others about the importance of global strategy. See, for example, Porter (1986). Yet my research on this book has made it clear that globalization does not eliminate a powerful role for the home nation. The role of location, particularly of the home base, is far greater than I once supposed.

2. Schumpeter's theory (1942) posited that new firms would inevitably overcome past leaders. While this risk is indeed present, firms that are able to maintain dynamism, usually because of a dynamic national environment, can sustain leadership for many decades.

3. If trade associations degenerate into cartels, they can sap the competitive position of the national industry and harm consumers. Antitrust authorities in the United States, because of this risk, have adopted a suspicious view of trade association activities, one of the reasons that most U.S. trade associations are principally involved in lobbying and collecting industry statistics instead of more important activities such as training or the encouragement of university technical efforts.

Where the primary role of trade associations is factor creation, they should raise few antitrust concerns and their activities will benefit the national industry. The participation of suppliers and customers in trade associations is a useful check against abuses as well as a way of widening the potential benefits.

4. IMI is soon to merge with IMEDE, another Swiss-based business school.

5. I have described how to analyze competitors in general terms in Porter (1980), Chapter 3.

6. These conclusions are consistent with those I reached in research within the United States. See Porter (1987).

7. For additional discussions about how to diversify successfully, see Porter (1987).

8. Ohmae (1985) is on the right track when he talks about becoming an insider in all three major regions of the world. While a firm can tap selective advantages of foreign nations through acquisitions, alliances, and local subsidiaries, however, every firm has only the one true home base in a particular industry.

9. Part of the difficulty a multinational faces in gaining the benefits of a foreign nation's environment via a subsidiary is what are commonly called transactional failures (see Williamson [1975]), involving such things as the difficulty of credibly communicating information. Yet it should be clear that the impediments are much broader than this.

10. This view, which may appear nationalistic, is not based on chauvinism but only on the realities of sustaining competitive advantage.

11. *Financial Times,* July 4, 1988.

12. Ericsson (Sweden) was also early to employ a similar approach, which has since been followed by others.

13. This point is often overlooked by American companies who view "international competition" as competing with foreign firms trying to penetrate the American market, rather than meeting foreign competitors in foreign markets.

14. For a fuller discussion of the strategic rationale for alliances and some evidence on where they are most prevalent, see Porter (1986).

15. The home base need not represent the country of ownership or the place where the preponderance of investors reside, as I described in Chapter 1.

16. Cases of companies whose home base seems ambiguous, such as Royal Dutch Shell, can often be resolved by making the distinction between the corporation as a whole and individual business units. In Shell, for example, the home base for many upstream operations is in Holland while that for downstream activities is in Britain.

第12章

1. As I described in Chapter 1, productivity refers to the revenue generated by employees per unit of time (which determines wages) and the return generated by capital. These are the two sources of national income.

2. See Dahmén (1982) for an interesting demonstration of the flaws of using such indices in interpreting Swedish industrial performance.

3. Protectionist policies that bar imports in these industries run grave risks of hurting a whole range of other industries that depend on them.

4. Supporting a local industry in the name of national security, and at the same time insulating it from the pressure to innovate, is another trap into which many nations have fallen.

5. Here again, nations such as Japan, where most policy is actually made by civil servants with long tenures, have a built-in advantage. The United States represents the other extreme, where nearly all officials in important policy positions must be re-elected frequently or are appointed and turn over rapidly with each new administration.

6. The myriad of ways in which government can affect national advantage makes the concept of a national economic strategy an abstraction. No nation we studied has one. None consciously and coherently manages all the policies that bear in some way on industry, not even Japan. Doing so is probably not feasible nor necessarily desirable. It takes a nation down the path of substituting government for management which deters innovation and slows the upgrading of a nation's industry.

7. For a discussion of Korea, see Snodgrass in Mason et. al (1980).

8. National Science Foundation (1988).

9. A recent study of Israel, with a large defense sector, illustrates the paucity of defense spin-offs. See Jerusalem Institute of Management (1987).

10. Many treatments of cooperative research focus on problems of appropriability of the gains of R&D (see, for example, Ouchi and Bolton [1988]). Unless a firm can reap profits from the innovation, it is argued, it will underinvest in R&D. Cooperative R&D is recommended because it improves appropriability.

What is neglected is that avoidance of loss is an equally if not more potent incentive to invest in R&D. The fear of loss overcomes the organizational inertia that plagues the innovation process, and this is one reason why domestic rivalry is so important in innovation. In addition, innovations involve much specialized learning that is tailored to a firm's particular strategy and diffuses more slowly and incompletely than is often supposed, so that technological leads persist and also enhance the reputation of the innovator. For further discussion of this issue, see Chapter 3.

11. This condition is most closely met in commodities and other natural resource-based industries such as timber, aluminum, and unprocessed agricultural goods. Even in such industries, though, the technological differences among nations can be substantial, partly or wholly offsetting factor cost differences.

12. Indeed, downward pressure on a nation's currency is a sign that there are productivity problems in its industry.

13. There is an asymmetry between firm response to a rising currency value and a falling one because firms' efforts at innovation and improvement are heavily influenced by pressure and challenge.

14. Many Americans, not aware of such laws, may be unintentionally hypocritical in condemning foreign nations for restricting government procurement to local firms (such as the complaints to Japan about procurement for the Kansai Airport near Kyoto).

15. In the United States, some have proposed that the Defense Department should be used as an explicit tool to strengthen industrial competitiveness. As I will discuss further in Chapter 13, such an approach is fraught with difficulties.

16. Kennedy's (1987) thesis linking defense and economic prosperity stresses this point.

17. Many forms of regulation are aimed at dealing with important social problems where private decision making simply does not work. Safety and environmental regulations, for example, reflect social standards that firms cannot be expected to set independently. One can question the specific ways such regulations are implemented but not their basic legitimacy.

18. Another example is in nuclear power, where the United States was once a major exporter of nuclear reactor technology. Uncertain and slowly applied safety regulations created demand conditions that have brought the development of nuclear equipment in the United States to a halt. The United States has lost substantial exports in the sector, and other nations are becoming the technological leaders.

19. In the United States, there has been too little attention to the regulatory process and too much attention to eliminating or watering down standards. The business community has also failed to contribute enough to improving the regulatory process. In pharmaceuticals, for example, Merck gets very rapid approvals because it works hard to make its applications easier for the Food and Drug Administration

to review. Too many companies, both American and non-American, react instinctively that all regulation is bad. This undermines their true competitive advantage.

20. As distribution channels in a nation become more sophisticated, their initial response is often to purchase more from abroad if foreign suppliers are more competitive. This may hurt domestic suppliers in the short term, at the same time as it sets in motion the basis for competitive advantage in the long term by promoting supplier upgrading provided other elements of the "diamond" are in place.

21. A similar leasing company, JECC, was established earlier for computers. To qualify, the buyer had to purchase a latest-generation machine.

22. Government policy that influences the use of credit purchases has traditionally been a means of stimulating or retarding the size of aggregate demand. More interesting for long-term national advantage, and more speculative, is the effect of credit purchases on the quality of demand. A different mentality seems to be present in those nations where most buyers pay cash, such as Germany and Japan. Choices are made carefully, and quality and durability loom large in making them. While it might seem that credit would allow more price-quality tradeoffs, in practice there seems to be a positive association between cash purchases and how demanding buyers are in the nations we studied. This is an area that deserves further study.

23. For a supporting discussion, see Ergas (1984).

24. My theory raises some interesting questions about the movement to unify standards in the European market. The motivation is to make Europe one large market. Yet the size of "home" demand does not unambiguously favor national competitive advantage.

National competitive advantage usually grows out of *differences* between local demand conditions and those in other nations, in areas such as segment structure, sophistication, or timing. If the possibility for such differences is eliminated or standards are reduced to the lowest common denominator, it could be more difficult for any European firm to gain advantage. Conversely, tariff reductions and elimination of frictional impediments to trade within Europe are unambiguously beneficial to productivity growth.

25. Nations such as the United States and the United Kingdom can learn a lot in this respect from nations such as Italy and Japan, which are more aggressive in linking foreign aid to purchases from domestic firms.

26. This is an important insight in Hirschman's (1958) notion of linkages in the development process, as well as in Dahmén's (1950) work on "development blocs."

27. Studies in Sweden and Switzerland have examined the question of whether foreign investment by a nation's firms costs jobs at home. In both cases, the conclusion was negative. In these nations, a consensus has supported internationalization, perhaps because of the small size of their home markets. See Borner (1986) and Vahlne (1986).

28. Freely mobile capital is desirable only if technology is constant and the return on capital is taken as a given. In reality though, patient investment and strong incentives to innovate can *alter* the level of technology and dramatically improve a firm's long-term rate of return.

29. Trading of shares will still occur but based more on investors' differing views of long-term prospects.

30. There is little reason, much less economic justification, for favorable taxation of capital gains on non-equity corporate investments such as real estate, artwork, and bonds because these do not have the same influence on productivity growth. Capital gains on bonds, for example, arise mostly from swings in interest rates rather than improved corporate prospects.

31. This failure to incorporate domestic competition has been the principal failing of French "indicative planning," which stresses consolidation of French industries. However, French policy is noteworthy for its attention to developing clusters, a constructive approach.

32. Policies to reshape firms' goals in the direction of sustained high rates of investment also take on great significance in eliminating the bias toward acquisition.

33. A partial list of protected U.S. industries includes automobiles, shipbuilding, machine tools, and semiconductors.

34. For a classic statement, see List ([1856] 1922).

35. For supporting arguments, see Zysman and Tyson (1983).

36. MITI has since become more prone not to tamper with competition, though its tendency to intervene in counterproductive ways is not entirely curbed as I will discuss later.

37. The requirement that Caterpillar form a joint venture was itself a milder form of protection. However, it represented a movement toward opening competition, and the partnership with Mitsubishi made Caterpillar more of an insider in the home market.

38. For a supporting discussion, see Zysman and Tyson (1983). A report by the OECD (1984) documents the economic costs of orderly marketing agreements in a number of cases.

39. Of course, foreign ownership means that profits flow back to the nation of ownership, eliminating a potential source of national income.

40. Direct targeting has a chance of success only when one or two nations are practicing it in a particular industry, but the tendency of nations today to imitate each other makes this comparatively rare.

41. I am grateful to Michael J. Enright for emphasizing this point.

42. I have described the process of moving to investment- and innovation-driven advantage in Chapter 10. Each of the specific policy areas and how they can best be implemented have been treated earlier in this chapter.

43. Shinohara (1982) has raised similar concerns in his interesting book about Japanese economic development.

44. Selling to developing nations confronts the dual problem of limited foreign exchange and a tilt toward protectionism. Yet bilateral trade among developing nations, under the principle of reciprocity, can circumvent such problems.

45. Canada and Australia are other nations heavily dependent on foreign multinationals.

46. Such an orientation is an unfortunate fallout of "strategic trade theory,"

which shows how one nation can benefit at the expense of others under some assumptions through intervention in competition. The models are based on a partial and stylized concept of international competition and the results are highly sensitive to small changes in assumptions, as their authors recognize. A case for widespread intervention has not been established. See Krugman (1986).

第13章

1. Such views have recurred regularly for centuries.

2. As I illustrated in Chapter 8, Korean firms have moved faster to globalize strategies than many Japanese firms did. This reflects a more protectionist world marketplace in the 1980s than in the 1970s, making exports more difficult, and also a higher level of risk-taking by Korean firms.

3. The targeted industries also involved large-scale plants, the management of which is even more difficult in the south than in the rest of Italy because of, among other things, the lack of an industrial tradition which leads to more frequent labor-management difficulties.

4. For a fuller discussion of alliances, see Chapter 11.

5. Work on Saturday, once universal in Japanese companies, is being curtailed in the larger companies with the encouragement of government.

6. Japan Information Processing Development Center (1988).

7. The average productivity of the U.S. economy benefits, in contrast, from much greater efficiency in most services, which represent a large fraction of GNP in any advanced economy.

8. Japan Productivity Center (1988).

9. Industrial Structure Council Machinery Industry Committee (1989). Between 1986 and 1988, the proportion of students seeking jobs in manufacturing fell from 45 percent to 32 percent, while those interested in finance, insurance, and real estate rose from 6.3 percent to 12.2 percent.

10. *Asahi Shinbun*, June 10, 1989.

11. OS Publications (1989).

12. For one discussion critical of British privatization, see Vickers and Yarrow (1988).

13. For leading statements, see Kennedy (1987) and Huntington (1988). Huntington coins the term "declinists" to refer to those who doubt continued American preeminence, itself a commentary on the debate.

14. The rise in the 1980s of the working poor reflects these considerations. When competition was more sheltered, wages of less skilled workers reflected domestic circumstances.

15. Council on Competitiveness (1989).

16. See Council on Competitiveness (1988).

17. A 1989 $85 million agreement between Shiseido (Japan) and Harvard Medical School's Department of Dermatology covering skin research is just one example of more aggressive pursuit of university relationships by foreign firms.

附录 I

1. Cheng Gaik Ong played the leading role in compiling and analyzing the cluster charts, with the assistance of Thomas P. Lockerby. Researchers from individual countries were also instrumental in preparing and refining the charts for their nations.

ABERNATHY, WILLIAM J., AND HAYES, ROBERT H. "Managing Our Way to Economic Decline," *Harvard Business Review,* July–August 1980, 67–77.

ABERNATHY, WILLIAM J., AND UTTERBACK, JAMES M. "Patterns of Industrial Innovation," *Technology Review,* Volume 80, Number 7, June–July 1978, 40–47.

ADAMS, WALTER, AND BROCK, JAMES W. "The Bigness Mystique and the Merger Policy Debate: An International Perspective," *Northwestern Journal of International Law and Business,* Volume 9, Number 1, Spring 1988, 1–48.

Advertising Age. "Feeding Italians' Hunger for Fashion," Volume 56, Number 26, April 4, 1985, 22–25.

AGMON, TAMIR, AND KINDLEBERGER, CHARLES P. *Multinationals From Small Countries.* Cambridge, Mass.: MIT Press, 1977.

ALEXANDER, ALBERT N. "Services Exports: Brightening the 80's," *Business America,* October 20, 1980, 25–26.

ANDERSEN, ESBEN S.; DALUM, BENT; AND VILLUMSEN, GERT. *International Specialization and the Home Market: An Empirical Analysis.* Institut for Produktion, Aalborg Universitetscenter, Denmark, December 1981.

ARNDT, SVEN W., AND BOUTON, LAWRENCE. *Competitiveness: The United States in World Trade.* Washington, D.C.: American Enterprise Institute for Public Policy Research, 1987.

ARROW, KENNETH J. "The Economic Implications of Learning by Doing," *Review of Economic Studies,* June 1962, Volume 29, 155–173.

ARTHUR, W. BRIAN. "Competing Techniques and Lock-in by Historical Events. The Dynamics of Allocation Under Increasing Returns," IIASA, Luxembourg, 1983, revised edition, Center for Economic Policy Research, Stanford University, 1985.

———. "Industry Location and the Importance of History," Center for Economic Policy Research, paper number 43, Stanford University, 1986.

——— "Competing Technologies: An Overview," in Dosi, ed., 1988.

ATHOS, ANTHONY, AND PASCALE, RICHARD. *The Art of Japanese Management.* New York: Simon & Schuster, 1981.

AUJAC, H. "La Hiérarchie des industries dans un tableau d'échanges industriels," *Revue Economique*, Volume 2, Number 2, 1960, 169–238.

BACCARANI, CLAUDIO. *Profilo di maturità di un settore: struttura e strategie*. Padova: CEDAM, 1985.

BALDWIN, WILLIAM L., AND SCOTT, JOHN T. *Market Structure and Technological Change*. Chur, Switzerland and New York: Harvard Academic Press, 1987.

Banca Nazionale del Lavoro (Ufficio Studi). *Ceramiche per pavimenti e rivestimenti*. Rome, April 1973, 22.

BARNETT, CORRELLI. *The Pride and the Fall: The Illusion and Reality of Britain as a Great Nation*. New York: The Free Press, 1987.

BARTLETT, CHRISTOPHER A. "Multinational Structural Evolution: The Changing Decision Environment in the International Division." DBA dissertation, Harvard Graduate School of Business Administration, 1979.

BARTLETT, CHRISTOPHER A., AND GHOSHAL, SUMANTRA. *Managing Across Borders: The Transnational Solution*. Boston: Harvard Business School Press, 1989.

BAUMOL, WILLIAM J. "Rebirth of a Fallen Leader: Italy and the Long Period Data," *Atlantic Economic Journal*, Volume 13, September 1985, 12–26.

BELASSA, BELA. "A 'Stages Approach' to Comparative Advantage," in *National and International Issues*, edited by Irma Adelman. London: Macmillan, 1979, 121–156.

BENZ, STEPHEN F. "High Technology Occupations Lead Growth in Services Employment," *Business America*, Volume 7, September 3, 1984, 19–21.

BHAGWATI, JAGDISH N. "Splintering and Disembodiment of Services and Developing Nations," *The World Economy*, Volume 7, Number 2, June 1984, 133–144.

BLAUG, MARK. *Economic Theory in Retrospect*. Cambridge: Cambridge University Press, 1985 (4th edition).

BLOMSTRÖM, MAGNUS; LIPSEY, ROBERT E.; AND KULCHYCKY, KSENIA. "U.S. and Swedish Direct Investment and Exports." In *Trade Policy Issues and Empirical Analysis*, edited by Robert E. Baldwin. Chicago: University of Chicago Press, 1988.

BORNER, S. *Internationalization of Industry: An Assessment in the Light of a Small Open Economy* (Switzerland). Berlin: Springer, 1986.

BORNER, S., AND WEHRLE, F. *Die Sechste Schweiz: Überleben auf dem Weltmarkt*. Zurich and Schwäbisch Hall: Orell Füssli, 1984.

BOUBLIL, ALAIN. *Le Socialisme industriel*. Paris: Presses Universitaires de France, 1977, 322.

BRANDER, JAMES A., AND SPENCER, BARBARA J. "Tariffs and the Extraction of Foreign Monopoly Rents Under Potential Entry," *Canadian Journal of Economics*, Number 14, November–February 1981, 371–389.

———. "International R&D Rivalry and Industrial Strategy," *Review of Economic Studies*, Volume L(4), Number 163, October 1983, 707–722.

BRUGGER, ERNST A., AND STUCKEY, BARBARA. "Regional Economic Structure and Innovative Behavior in Switzerland," *Regional Studies,* Volume 21, Number 3, 1987, 241–254.

BUCKLEY, PETER J., AND CASSON, MARK C. *The Future of the Multinational Enterprise.* London: Holmes and Meier, 1976.

BURSI, TIZIANO. *Il settore meccano-ceramico nel comprensorio della ceramica: struttura e processi di crescita.* Milan: Franco Angeli, 1984.

Business America. "Switzerland's Service Oriented Economy Offers Growing Markets for Wide Range of Computers and Peripheral Equipment," Volume 5, June 14, 1982, 20–21.

———. "Service Industries," Volume 8, October 15, 1985, 13–14.

Business Week. "The Next Trade Crisis May Be Just Around the Corner," Foreign Edition, March 19, 1984, 48–56.

———. "Why Italian Design Is Sweeping the World," October 15, 1984, 170.

BUZZELL, ROBERT D. "Can You Standardize Multinational Marketing?" *Harvard Business Review,* November–December 1968, 102–113.

CAMPBELL, NIGEL. "Sources of Competitive Rivalry in Japan," *Journal of Product Innovation Management,* Volume 4, 1985, 224–231.

CARLSON, SUNE. "A Century's Captains of Industry," *Scandinaviska Enskilda Banken Quarterly Review,* Number 2, 1986, 52–60.

CASSON, MARK C. "Transaction Costs and the Theory of the Multinational Enterprise." In *New Theories of the Multinational Enterprise,* edited by Alan Rugman. London: Croom Helm, 1982.

CAVES, RICHARD E. *Multinational Enterprise and Economic Analysis.* Cambridge: Cambridge University Press, 1982.

CAVES, RICHARD E., AND JONES, RONALD W. *World Trade and Payments.* Boston: Little, Brown, 1985 (4th edition).

CAVES, RICHARD E., AND UEKUSA, MASU. *Industrial Organization in Japan.* Washington, D.C.: Brookings Institute, 1976.

CHANDLER, ALFRED. " 'The Evolution of Modern Global Competition.' " In *Competition in Global Industries,* edited by Michael E. Porter. Boston: Harvard Business School Press, 1986.

———. *Scale and Scope: The Dynamics of Western Managerial Capitalism.* Cambridge, Mass.: Harvard University Press, forthcoming.

CHANG, WINSTON W. "Production Externalities, Variable Returns to Scale, and the Theory of Trade," *International Economic Review,* Volume 22, Number 3, October 1981, 511–525.

CHENERY, HOLLIS, AND SYRQUIN, MOISES. *Patterns of Development.* London: Published for the World Bank by Oxford University Press, 1975.

Clutterbuck, David, and Crainer, Stuart. *The Decline and Rise of British Industry*. London: Mercury, 1988.

Cooper, Richard N. *Economic Policy in an Interdependent World*. Cambridge, Mass.: MIT Press, 1986.

Corden, Max, and Neary, J. Peter. "Booming Sector and De-industrialisation in a Small Open Economy," *Economic Journal*, Volume 92, December 1982, 825–848.

Council on Competitiveness. *Picking Up the Pace*. Washington, D.C., September 1988.

CRESME. *Caratteristiche distributive e di mercato delle piastrelle di ceramica*. Rome: Printed for Assopiastrelle, 1986, 55.

Dahmén, Erik. *Entrepreneurial Activity and the Development of Swedish Industry, 1919–1939*. Stockholm: Industriens utredningsinstitut, 1950.

———. "A Neo-Schumpeterian Analysis of the Recent Industrial Development of Sweden," in *Economics in the Long View: Applications and Cases*, Volume 3, edited by Charles T. Kindleberger and G. De Tella. London: Macmillan, 1982.

———. "Development Blocks in Industrial Economics." Paper presented at workshop on New Issues in Industrial Economics, Case Western Reserve University, Ohio, June 1988. Forthcoming in *Scandinavian Economic Review*.

Danielson, Richard Renner, Jr. "Formulation of a Strategy for Dutch Cut-Flower Exports to the United States," unpublished master's thesis, Nijenrode, The Netherlands, February 1988.

Danthine, Jean-Pierre, and Lambelet, Jean-Christian. "The Swiss Case," *Economic Policy*, Volume 5, October 1987, 149–179.

Databank. *Competitors Report on Ceramic Tiles*. Milan, 1985, 18.

———. *Data e analisi: robotics*. Milan, 1986.

David, Paul A. *Technical Choice, Innovation and Economic Growth*. Cambridge: Cambridge University Press, 1975.

Davidson, William H. "Patterns of Factor Saving Innovation in the Industrialized World," *European Economic Review*, Volume 8, 1976, 207–217.

Deardorff, Alan V. "Testing Trade Theories and Predicting Trade Flows," in Jones, Ronald W., and Kenen, Peter B., eds. 1984, 467–517.

de Bernis, Destanne. "Industries industrialisantes et contenu d'une politique d'integration régionale," *Economie Appliquée*, Volume 19, Number 3–4, 1966, 415–473.

Denison, Edward. *The Sources of Economic Growth*. Committee for Economic Development, Washington, D.C., 1962.

Dentsu Japan Marketing. "The Service Economies of Japan and Other Major Countries—An International Comparison," 20–25.

DIXIT, AVINASH K. "International Trade Policy for Oligopolistic Industries," *Economic Journal,* Supplement to Volume 94, December 1984, 1–16.

DORNBUSCH, RUDIGER; FISHER, STANLEY; AND SAMUELSON, PAUL A. "Comparative Advantage, Trade and Payments in a Ricardian Model with a Continuum of Goods," *American Economic Review,* Volume 67, December 1977, 823–839.

DORNBUSCH, RUDIGER; KRUGMAN, PAUL; AND PARK, YUNG CHUL. "Meeting World Challenges: U.S. Manufacturing in the 1990s," Eastman Kodak Company, Communications and Public Affairs, Rochester, N.Y., 1989.

DOSI, GIOVANNI, ED. *Technical Change and Economic Theory,* London and New York: Pinter Publishers, 1988.

DOSI, GIOVANNI; PAVITT, KEITH; AND SOETE, LUC. *The Economics of Technical Change and International Trade,* Brighton: Wheatsheaf, forthcoming.

DOZ, YVES. "National Policies and Multinational Management." DBA dissertation, Harvard Graduate School of Business Administration, 1976.

DRÈZE, JACQUES. "Les exportations intra-C.E.F. en 1958 et la position Belge," *Recherches Economiques de Louvain,* Volume 27, Number 8, 1961.

DRI/MCGRAW-HILL. *World Automotive Forecast Report.* London: DRI Europe, 1987.

DRUCKER, PETER F. *The Frontier of Management: Where Tomorrow's Decisions Are Being Shaped Today.* New York: Truman Tally Books, 1986.

DUNNING, JOHN H. *International Production and the Multinational Enterprise.* London: Allen & Unwin, 1981.

———. "The Eclectic Paradigm of International Production: A Restatement and Some Possible Explanation," Graduate School of Management, Rutgers University Working Paper 87–006, June 1987.

DUNNING, JOHN, AND MCQUEEN, MATTHEW. "The Eclectic Theory of International Production: A Case Study of the International Hotel Industry," *Managerial and Decision Economics,* Volume 2, December 1981, 197–210.

The Economist, Business in Britain Survey, May 20, 1989.

Economic Planning Board, *Social Indicators in Korea,* Seoul, Korea, 1987.

Engineering News-Record, July 7, 1988.

ENRIGHT, MICHAEL J. "Geographical Concentration and Industrial Organization," unpublished PhD dissertation, Harvard University, 1990.

ERGAS, HENRY. "Why Do Some Countries Innovate More Than Others?" Center for European Policy Studies paper number 5, Brussels, 1984.

ETHIER, WILFRED J. "Internationally Deceasing Costs and World Trade," *Journal of International Economics,* Volume 9, 1979, 1–24.

ETZIONI, AMITAI. "The Political Economy of Imperfect Competition," *Journal of Public Policy,* Volume 5, Part II, May 1985, 169–186.

European Management Foundation, *Report on International Competitiveness,*

Geneva, 1986.

Eurostat Dafsa, "Le secteur bancaire en Europe," Special Report, Paris, 1988.

Financial Times. "Benetton 'To Gain Nothing,' " July 4, 1988, Italian Industry Section, 2.

FLAHERTY, THERESE M.; GHOSHAL, SUMANTRA; AND STOBAUGH, ROBERT B. "Competitive Advantage versus Global Competition: The Effects of R&D Intensity on U.S. Trade," Harvard Business School Working Paper, October 1984.

FRANKEL, H. "Industrialization of Agricultural Countries and the Possibilities of a New International Division of Labor," *Economic Journal*, Volume 53, June–September 1943, 188–201.

———. "Obsolescence and Technological Change in a Maturing Economy," *American Economic Review*, Volume 45, Number 3, May 1956, 94–112.

Frankfurter Allgemeine Zeitung. "Voith hatte noch nie so viele Aufträge für Papiermaschinen," June 7, 1988, 15.

———. "Die gedruckte Information bleibt das wichtigste Medium," August 23, 1988, 12.

———. "Das Flaggschiff des MAN-Konzerns hat nochmals an Fahrt gewonnen," December 11, 1988, 15.

FRANKO, LAWRENCE G. *The European Multinationals: A Renewed Challenge to American and British Big Business*. Stamford, Conn.: Greylock, 1976.

FRANZ, ROGER S. *X-Efficiency: Theory, Evidence and Applications*. Boston: Kluwer, Dordrecht, 1988.

FREEMAN, CHRISTOPHER. *The Economics of Industrial Innovation*, second edition, London: Francis Pinter, 1982 (1st edition, Penguin, 1974).

FROST & SULLIVAN. *The European Market for Patient Monitoring Equipment*. New York: Frost & Sullivan, May 1984, 63.

GHEMAWAT, PANKAJ. "Sustainable Advantage," *Harvard Business Review*, Volume 64, September–October 1986, 53–58.

———. *Commitment: The Dynamic Theory of Strategy*, forthcoming.

GIARINI, ORIO. *The Emerging Service Economy*. Oxford: Pergamon Press, 1987.

GOEBEL, THEODOR. *Friedrich Koenig und die Erfindung der Schnellpresse*. Reprinted Würzburg: Schnellpressenfabrik Koenig & Bauer AG, 1956 (1883).

GRAHAM, FRANK D. "Some Aspects of Protection Further Considered," *Quarterly Journal of Economics*, Volume 37, 1923, 199–227.

GRAMMA, S.P.A. *Il management d'impresa nelle aziende italiane: comparazione Italia-USA-Giappone di strategia e organizzatione*. Milan, June 1988.

GRAY, PETER H. "A Negotiating Strategy for Trade in Services," *Journal of World Trade Law*, Volume 17, September–October 1983, 337–388.

GRUBEL, HERBERT G., AND LLOYD, P. J. *Intra-industry Trade: The Theory and Measurement of International Trade in Differentiated Products*. London, New York: Macmillan (distributed in the United States by Halsted Press), 1975.

GRUBER, WILLIAM; MEHTA, DILEEP; AND VERNON, RAYMOND. "The R&D Factor in International Trade and Investment of United States Industries," *Journal of Political Economy*, Volume 75, Number 1, February 1967, 20–37.

HABAKKUK, H. J. *American and British Technology in the Nineteenth Century*. Cambridge: Cambridge University Press, 1962.

HALL, PETER, AND MARKUSEN, ANN, EDS. *Silicon Landscapes*. Boston: Allen & Unwin, 1985.

HAMEL, GARY, AND PRAHALAD, C. K. "Do You Really Have a Global Strategy?" *Harvard Business Review*, Number 4, July–August 1985, 139–148.

HANNAN, MICHAEL T., AND FREEMAN, JOHN. "Structural Inertia and Organizational Change," *American Sociological Review*, Volume 49, Number 2, April 1984, 149–164.

HARKNESS, JON. "The Factor-Proportions Model with Many Nations, Goods and Factors: Theory and Evidence," *Review of Economics and Statistics*, Volume 65, Number 2, May 1983, 298–305.

HAYES, ROBERT H.; WHEELWRIGHT, STEVEN C.; AND CLARK, KIM B. *Dynamic Manufacturing: Creating the Learning Organization*. New York: The Free Press, 1988.

HELPMAN, ELHANAN, AND KRUGMAN, PAUL R. *Market Structure and Foreign Trade: Increasing Returns, Imperfect Competition, and the International Economy*. Cambridge, Mass.: MIT Press, 1985.

HINDLEY, BRIAN, AND SMITH, ALASDAIR. "Comparative Advantage and Trade in Services," *The World Economy*, Volume 7, Number 4, December 1984, 369–390.

HIRSCH, SEEV. "The United States Electronics Industry in International Trade," *National Institute Economic Review*, Number 34, November 1965; also in Wells (1972).

———. "Technological Factors in the Composition and Direction of Israel's Industrial Exports." In *Technological Factors in International Trade*, edited by Raymond Vernon. New York: National Bureau of Economic Research, 1970.

HIRSCHMAN, ALBERT O. *The Strategy of Economic Development*. New Haven: Yale University Press, 1958.

HIRSCHMEIER, JOHANNES, AND YUI, TSUNCHIKO. *The Development of Japanese Business 1600–1980*. London: George Allen Unwin, 1981 (2nd edition).

HLADIK, KAREN. "International Joint Ventures: An Empirical Investigation into the Characteristics of Recent U.S.-Foreign Joint Venture Partnerships." Ph.D. dissertation, Business Economics Program, Harvard University, 1984.

HOOD, NEIL, AND YOUNG, STEPHEN. *The Economics of Multinational Enterprise*. London: Longman Group, 1979.

HOUT, THOMAS; PORTER, MICHAEL E.; AND RUDDEN, EILEEN. "How Global Companies Win Out," *Harvard Business Review,* September–October 1982, 98–108.

HUNTINGTON, SAMUEL P. "The U.S.—Decline or Renewal?," *Foreign Affairs,* Volume 67, Number 2, 1988, 76–96.

HYMER, STEPHEN H. "The International Operations of National Firms: A Study of Direct Foreign Investment." Ph.D. dissertation, Massachusetts Institute of Technology, 1960. Published Cambridge, Mass.: MIT Press, 1976.

IGUCHI, TOMIO. "Aggregate Concentration, Turnover, and Mobility Among the Largest Manufacturing Firms in Japan," *Antitrust Bulletin,* Volume 32, Number 4, 1987, 939–965.

Il Giornale. Ceramic Tile Industry Supplement to Number 35, September 19, 1988, 4.

International Construction Week, July 11, 1988.

International Financial Law Review. "Lawyers Question Foreign Offices," October 1985, 7–11.

JACOBS, JANE. *Cities and the Wealth of Nations: Principles of Economic Life*. New York: Random House, 1984.

JAIKUMAR, RAMCHANDRAN, AND BOHN, ROGER E. "The Dynamic Approach: An Alternative Paradigm for Operations Management," paper presented to Manufacturing International '88 ASME Conference Proceedings, April 1988.

JAPAN INFORMATION PROCESSING DEVELOPMENT CENTER. *Informatization White Paper for 1988 edition*. Tokyo: JIPDEC, 1988.

Japan Productivity Center. "International Comparison of Labor Productivity," Tokyo, February 1988.

Jerusalem Institute of Management. *Export-led Growth Strategy for Israel*. Tel Aviv: Jerusalem Institute of Management, 1987.

JOHANSON, JAN, AND MATTSSON, LARS GUNNAR. "Internationalisation in Industrial Systems—A Network Approach." In *Strategies in Global Competition,* edited by Neil Hood and Jan-Erik Vahlne. London: Croom Helm, 1988.

JOHNSON, CHALMERS. *MITI and the Japanese Miracle: The Growth of Industrialized Policy, 1925–1975*. Stanford, Calif.: Stanford University Press, 1982.

JONES, RONALD W., AND KENEN, PETER B., EDS. *Handbook of International Economics*. Amsterdam, New York: North-Holland (distributed in the United States and Canada by Elsevier Science Publishing Company), 1984.

JORGENSON, DALE W.; GOLLOP, FRANK M.; AND FRAUMENI, BARBARA M. *Productivity and U.S. Economic Growth*. Cambridge, Mass.: Harvard University Press, 1987.

KATOUZIAN, M. A. "The Development of the Service Sector: A New Approach," *Oxford Economic Papers,* Volume 22, Number 3, November 1970, 362–382.

KEEGAN, WARREN J. *Global Marketing Management*. Englewood Cliffs, N.J.: Prentice-Hall, 1989 (4th edition).

KENNEDY, PAUL. *The Rise and Fall of the Great Powers*. New York: Random House, 1987.

KIM, SEOK K. "Business Concentration and Government Policy." DBA dissertation, Harvard University, 1987.

KINDLEBERGER, CHARLES P., AND AUDRETSCH, DAVID B. *The Multinational Corporation in the 1980s*. Cambridge, Mass.: MIT Press, 1983.

KNICKERBOCKER, FREDERICK T. *Oligopolistic Reaction and Multinational Enterprise*. Cambridge, Mass.: Harvard University Press, 1973.

KOGUT, BRUCE. "Normative Observations on the International Value-Added Chain and Strategic Groups," *Journal of International Business Studies*, Volume 15, Number 3, Fall 1984, 151–167.

———. "Designing Global Strategies: Comparative and Competitive Value-Added Chains," *Sloan Management Review*, Volume 26, Number 4, Summer 1985, 15–28.

KRISHNA, KALA. "Trade Restrictions as Facilitating Practices," Woodrow Wilson School, Princeton University Discussion Paper in Economics Number 55, 1984.

KRUGMAN, PAUL R. "Scale Economies, Product Differentiation, and the Pattern of Trade," *American Economic Review*, Volume 70, Number 5, December 1980, 950–959.

———, ed. *Strategic Trade Policy and the New International Economics*. Cambridge, Mass.: MIT Press, 1986.

LAFAY, BRENDER, AND CHEVALLIER. "Trois expériences de spécialisation internationale: France, Allemagne, Japon." *Statistiques et Etudes Financières*, Série Orange, Number 30, 1977, 23–41.

LANDAU, RALPH. "U.S. Economic Growth," *Scientific American*, Volume 256, Number 6, June 1988, 44–52.

LANDES, DAVID S. *The Unbound Prometheus*. Cambridge: Cambridge University Press, 1969.

LANTNER, R. *Théorie de la dominance économique*. Paris: Dunod, 1974, 315.

LAWRENCE, PAUL R., AND LORSCH, JAY W. *Organization and Environment*. Boston: Division of Research, Harvard Graduate School of Business Administration, 1967.

LAZONICK, WILLIAM. "Industrial Organization and Technological Change: The Decline of the British Cotton Industry," *Business History Review*, Volume 52, Number 2, Summer 1983, 195–236.

LAZONICK, WILLIAM, AND ELBAUM, BERNARD. *The Decline of the British Economy*. Oxford, New York: Clarendon, 1986.

LEAMER, EDWARD E. "The Leontief Paradox Reconsidered," *Journal of Political*

Economy, Volume 88, 1980, 495–503.

———. *Sources of International Comparative Advantage: Theory and Evidence*. Cambridge, Mass.: MIT Press, 1984.

LEIBENSTEIN, HARVEY. "Allocative Efficiency vs. X-Efficiency," *American Economic Review*, Volume 56, June 1966, 392–415.

LEIGH, BRUCE. "The Italians: The Best Europeans?" *International Management*, Volume 42, Number 5, May 1987, 24–31.

LEMELIN, ANDRE. "Relatedness in the Patterns of Interindustry Diversification," *Review of Economics and Statistics*, Volume 64, November 1982, 646–657.

LEONTIEF, WASSILY. "Domestic Production and Foreign Trade: The American Capital Position Re-examined," *Economica Internazionale*, Volume 7, February 1954, 3–32.

LEVITT, THEODORE. "The Industrialization of Services," *Harvard Business Review*, September–October 1976, 63–74.

———. "The Globalization of Markets," *Harvard Business Review*, May–June 1983, 92–102.

LIEBERMAN, MARVIN. "Learning, Productivity, and U.S.-Japan Industrial Competitiveness." In *Managing International Manufacturing*, edited by Kasra Ferdows. North-Holland, 1988.

LINDBECK, ASSAR. *Swedish Economic Policy*. Berkeley and Los Angeles: University of California Press, 1974.

———. "The Recent Slowdown of Productivity Growth," *Economic Journal*, Volume 93, 1983, 13–34.

LINDER, STAFFAN. *An Essay on Trade and Transformation*. New York: John Wiley, 1961.

LIST, FRIEDRICH. *The National System of Political Economy*. 1856. Translated by Sampson S. Lloyd. Reprinted London: Longman's, 1922.

LITTLE, JANE SNEDDON. "Intra-Firm Trade: An Update," *New England Economic Review*, May–June 1987, 46–51.

LLOYD, PETER E., AND DICKEN, PETER. *Location in Space*. London: Harper & Row, 1977.

LODGE, GEORGE C., AND VOGEL, EZRA F., EDS. *Ideology and National Competitiveness: An Analysis of Nine Countries*. Boston: Harvard Business School Press, 1987.

LÖSCH, AUGUST. *The Economics of Location*. New Haven: Yale University Press, 1954.

LUKES, JAMES J. *Competitive Assessment of the U.S. Ceramic Floor and Wall Tile Industry*. Washington, D.C.: Department of Commerce, 1983, 45–49.

LUNDVALL, BENGT-ÅKE. *Product Innovation and User-Producer Interaction*. Aalborg: Aalborg University Press, 1985.

———. "Innovation as an Interactive Process: User-Producer Relations," in Dosi ed., 1988.

MAC Group, "The Effects of 1992 on Financial Services in the EEC," Special Report, March 1988.

MacDonald, James M. "R and D and the Directions of Diversification," *Review of Economics and Statistics*, November 1985, Volume 67, Number 4, 583–590.

Maddison, Angus. *Phases of Capitalist Development*. New York: Oxford University Press, 1982.

———. "Growth and Slowdown in Advanced Capitalist Economies: Techniques of Quantitative Assessment," *Journal of Economic Literature*, Volume 25, June 1987, 649–698.

Malmgren, Harald B. "Negotiating International Rules for Trade in Services," *World Economy*, Volume 8, Number 2, March 1985, 11–26.

Mariotti, Sergio, and Cainarca, Gian Carlo. "The Evolution of Transaction Governance in the Textile-Clothing Industry," *Journal of Economic Behavior and Organization*, Volume 7, Number 4, December 1986, 351–374.

Marketing News. "Puerto Rico Service Firms with Tax Breaks," Volume 18, October 12, 1984, 24–25.

Marshall, Alfred. *Principles of Economics*. 1890. Reprinted London: Macmillan, 1920 (8th edition).

Mason, Edward S., et al. *The Economic and Social Modernization of the Republic of Korea*. Cambridge, Mass.: Harvard University Press, 1980.

Matthews, Kent, and Minford, Patrick. "Mrs. Thatcher's Economic Policies, 1979–87." *Economic Policy*, Volume 2, Number 2, October 1987, 57–101.

Mattsson, Lars Gunnar. "Management of Strategic Change in a 'Markets-as-Networks' Perspective." In *The Management of Strategic Change*, edited by Andrew M. Pettigrew. Oxford, New York: Basil Blackwell, 1987.

McAdam, Bruce M. "The Growing Role of the Service Sector in the U.S. Economy," *U.S. Industrial Outlook*, 1985, 38–43.

McClelland, David C. *Motivating Economic Achievement*. New York: The Free Press, 1969.

McCraw, Thomas K., ed. *America Versus Japan*. Boston: Harvard Business School Press, 1986.

Meade, James E. "External Economies and Diseconomies in Competitive Situations," *Economic Journal*, Volume 62, March 1952, 54–67.

Monopolkommission. Die Wettbewerbsordnung erweitern. Hauptgutachten 1986/1987. Baden-Baden, 1988.

National Science Foundation. "The Science and Technology Resources of West Germany: A Comparison with the United States," Special Report Number 86–310, Washington, D.C., March 1986.

———. "International Science and Technology Data Update 1988, NSF89–307, Washington, D.C., 1988.

NELSON, RICHARD R. "Research on Productivity Growth and Differences: Dead Ends and New Departures," *Journal of Economic Literature,* Volume 19, Number 3, September 1981, 1029–1064.

NELSON, RICHARD R., AND WINTER, SIDNEY G. *An Evolutionary Theory of Economic Change,* Cambridge, Mass.: Belknap Press of Harvard University Press, 1982.

The New York Times. "Chip Makers Will Seek U.S. Aid to Spur Output," September 10, 1988, 37.

NOMISMA, S.P.A. *L'industria delle piastrelle di ceramica nel mondo.* Sassuolo: EdiCer, 1983.

NUKAZAWA, KAZUO. *Implications of Japan's Emerging Service Economy.* Tokyo: Keidanren, 1980.

OHLIN, BERTIL. *Interregional and International Trade.* Cambridge, Mass.: Harvard University Press, 1933.

OHMAE, KENICHI. *Triad Power: The Coming Shape of Global Competition.* New York: The Free Press; London: Collier Macmillan, 1985.

OLSON, MANCUR. *The Rise and Decline of Nations: Economic Growth, Stagflation, and Social Rigidities.* New Haven: Yale University Press, 1982.

ONIDA, FABRIZIO, ED. *Innovazione, competitività e vincolo energetico.* Bologna: Il Mulino, 1985.

Organization for Economic Cooperation and Development, "Competition and Trade Policies: Their Interaction," 1984.

———, "Main Science Technology and Indicators," 1988.

———, "Main Science Technology and Indicators," 1989.

OS Publications. *All About M&A,* Tokyo, 1989.

O'SULLIVAN, PATRICK. *Geographical Economics.* London: Macmillan, 1981.

OUCHI, WILLIAM G. *Theory Z: How American Business Can Meet the Japanese Challenge.* Reading, Mass.: Addison-Wesley, 1981.

OUCHI, WILLIAM G., AND BOLTON, MICHELE K. "The Logic of Joint Research and Development," *California Management Review,* Volume 30, Number 3, Spring 1988, 9–33.

PADE, HENRIK, AND MØLLER, KIM. *Industrial Success.* Gylling, Denmark: Samfundslitteratur, 1988.

PALMER, JOHN D. "Consumer Service Industry Exports: New Attitudes and Concepts Needed for Neglected Sectors," *Columbia Journal of World Business,* Volume 20, Spring 1985, 69–74.

PAVITT, KEITH. *Technical Innovation and British Economic Performance,* London: Macmillan, 1980.

———. "Sectoral Patterns of Technical Change: Towards a Taxonomy and a Theory," *Research Policy,* Volume 13, December 1984, 343–373.

———. "Technological Accumulation, Diversification and Organization in UK Companies, 1945–83," DRC Discussion Paper, SPRU, University of Sussex, Brighton, 1988.

PERLMUTTER, HOWARD V. "The Tortuous Evolution of the Multinational Corporation," *Columbia Journal of World Business,* Volume 4, Number 1, January–February 1969, 9–18.

PERROUX, F. "L'effet d'entraînement: de l'analyse au repérage quantitatif," *Economie Appliquée,* Number 2–3–4, 1973, 647–674.

PETERS, THOMAS J. *Thriving on Chaos: Handbook for a Management Revolution.* New York: Knopf, 1987.

PIORE, MICHAEL J., AND SABEL, CHARLES F. "Italian Small Business Development: Lessons for U.S. Policy." In *American Industry in International Competition, Government Policies and Corporate Strategies,* edited by John Zysman and Laura Tyson. Ithaca, London: Cornell University Press, 1983.

PORTER, MICHAEL E. *Competitive Strategy: Techniques for Analyzing Industries and Competitors.* New York: The Free Press, 1980.

———. *Competitive Advantage: Creating and Sustaining Superior Performance.* New York: The Free Press, 1985a.

———. "Beyond Comparative Advantage." Working Paper. Harvard Graduate School of Business Administration, August 1985b.

———, ED. *Competition in Global Industries.* Boston: Harvard Business School Press, 1986.

———. "From Competitive Advantage to Corporate Strategy," *Harvard Business Review,* May–June 1987, 43–59.

PORTER, MICHAEL E., AND ENRIGHT, MICHAEL J. *Studies in National Advantage,* forthcoming.

PORTER, MICHAEL E., AND MILLAR, VICTOR E. "How Information Gives You Competitive Advantage," *Harvard Business Review,* Number 4, July–August 1985, 149–160.

PRAHALAD, C. K. "The Strategic Process in a Multinational Corporation." DBA dissertation, Harvard Graduate School of Business Administration, 1975.

PRAHALAD, C. K., AND DOZ, YVES. *The Multinational Mission: Balancing Local Demands and Global Vision.* New York: The Free Press; London: Collier Macmillan, 1987.

President's Commission on Industrial Competitiveness, *Global Competition: The New Reality,* the report of the President's Commission on Industrial Competitiveness, Volumes I and II, Washington, D.C.: U.S. Government Printing Office,

January 1985.

PRESTOWITZ, CLYDE V. *Trading Places: How We Allowed Japan to Take the Lead.* New York: Basic Books, 1988.

PRODI, ROMANO. *Modello di sviluppo di un settore in rapida crescita.* Milan: Franco Angeli, 1966, 123–127.

PRYOR, MILLARD H. "Planning in a Worldwide Business," *Harvard Business Review,* January-February 1965, 130–139.

RAVENSCRAFT, DAVID J., AND SCHERER, FREDERICK M. *Mergers, Sell-offs, and Economic Efficiency.* Washington, D.C.: Brookings Institution, 1987.

Regeringens Proposition. "Näringspolitik infor 90-talet," Volume 74, 1986–1987.

REICH, ROBERT. "As the World Turns," *The New Republic,* May 1, 1989, 23–28.

Republic of Korea, Economic Planning Board, *Social Indicators in Korea,* 1987.

RIDDLE, DOROTHY I. *Service-Led Growth: The Role of the Service Sector in World Development.* New York: Praeger, 1986.

ROMER, PAUL M. "Capital Accumulation in the Theory of Long-Run Growth," in *Modern Business Cycle Theory,* edited by Robert J. Barro. Cambridge: Harvard University Press, 1989.

RONCACCIOLI, ANGELA. *Un' analisi empirica dell' imprenditorialitá: l' industria delle piastrelle di ceramica.* Padova: CEDAM, 1986.

RONSTADT, ROBERT C. "International R&D: The Establishment and Evolution of Research and Development Abroad by Seven U.S. Multinationals," *Journal of International Business Studies,* Volume 9, Number 1, Spring-Summer 1978, 7–23.

ROSENBERG, NATHAN. *Perspectives on Technology.* Cambridge: Cambridge University Press, 1976.

———. "Technological Interdependence in the American Economy," *Technology and Culture,* Volume 20, Number 1, January 1979, 25–49.

ROSTOW, WALT W. *The Stages of Economic Growth.* Cambridge: Cambridge University Press, 1971 (2nd edition).

ROTHBART, ERWIN. "Causes of the Superior Efficiency of USA Industry as Compared with British Industry," *Economic Journal,* Volume 56, September 1946, 383–390.

SABEL, CHARLES F. "The Reemergence of Regional Economies: Changes in the Scale of Production," paper prepared for the Social Science Research Council, Western European Committee, August 1987.

SADAMOTO, KUNI, ED. *Robots in the Japanese Economy.* Tokyo: Survey Japan, 1981.

SALONER, GARTH AND FARRELL, JOSEPH. "Installed Base and Compatibility: Predation, Product Preannouncements and Innovation," *American Economic Review,* Volume 76, Number 5, 1986, 940–955.

Sampson, Gary P., and Snape, Richard H. "Identifying the Issues in Trade in Services," *The World Economy,* Volume 8, Number 2, June 1985, 171–182.

Sapir, André. "Trade in Services: Policy Issues for the Eighties," *Columbia Journal of World Business,* Volume 17, Fall 1982, 77–83.

Scherer, Frederick M. *Industrial Market Structure and Economic Performance.* Chicago: Rand McNally College Publishing Company, 1980.

———. "Inter-Industry Technology Flows in the United States," *Research Policy,* Volume 2, Number 4, August 1982, 227–245.

Schmookler, Jacob. *Invention and Economic Growth.* Cambridge: Harvard University Press, 1966.

Schott, Jeffrey J. "Protectionist Threat to Trade and Investment in Services," *World Economy,* Volume 6, Number 2, June 1983, 195–214.

Schumpeter, Joseph A. *The Theory of Economic Development.* Cambridge, Mass.: Harvard University Press, 1934.

———. *Capitalism, Socialism and Democracy.* New York: Harper & Row, 1942.

Scott, Bruce R.; Lodge, George C.; and Bower, Joseph L., eds. *U.S. Competitiveness in the World Economy.* Boston: Harvard Business School Press, 1985.

Sezzi, Graziano. *Struttura e tendenza dell'industria italiana delle piastrelle di ceramica.* Sassuolo: Assopiastrelle, 1979.

Shelp, Ronald K. *Beyond Industrialization: Ascendancy of the Global Service Economy.* New York: Praeger, 1981.

———. "A Service Economy," *The Journal of the Institute for Socioeconomic Studies,* Autumn 1983, Volume 8, 26–38.

Shinohara, Miyohei. *Industrial Growth, Trade and Dynamic Patterns in the Japanese Economy.* Tokyo: University of Tokyo Press, 1982.

Sirilli, Giorgio. "The Innovative Activities of Researchers in Italian Industry," *Research Policy,* Volume 13, Number 2, April 1984, 63–83.

———. "Patents and Inventions: An Empirical Study," *Research Policy,* Volume 16, Number 4, August 1987, 157–174.

Smith, Adam. *An Inquiry into the Nature and Causes of the Wealth of Nations.* 1776. New York: The Modern Library, 1937.

Solow, Robert. "Technological Change and the Aggregate Production Function," *The Review of Economics and Statistics,* Volume 39, Number 3, August 1957, 312–320.

Sölvell, Örjan. "Swedish Technical Consultants: The Spearhead Effect," unpublished paper, Institute for International Business, Stockholm School of Economics, 1979.

———. "Entry Barriers and Foreign Penetrations: Emerging Patterns of International Competition in Two Electrical Engineering Industries." Ph.D. dissertation, Institute for International Business, Stockholm School of Economics, 1987. Published Stockholm: Gotab, 1987.

SPENCE, A. MICHAEL, AND KREPS, DAVID M. "Modelling the Role of History in Industrial Organization and Competition," Working Paper #992, Harvard Institute of Economic Research, July 1983.

Statistisches Bundesamt, Statistisches Jahrbuch 1982 für die Bundesrepublik Deutschland. Wiesbaden, 1982.

Statistisches Bundesamt, Statistisches Jahrbuch 1987 für die Bundesrepublik Deutschland. Wiesbaden, 1987.

STIGLER, GEORGE J. "The Division of Labor Is Limited by the Extent of the Market," *Journal of Political Economy,* Volume 59, Number 3, June 1951, 185–193.

STOBAUGH, ROBERT B., et al. *Nine Investments Abroad and Their Impact at Home: Case Studies on Multinational Enterprise and the U.S. Economy.* Boston: Harvard Business School Division of Research, 1976.

STOPFORD, JON J., AND WELLS, LOUIS T., JR. *Managing the Multinational Organization of the Firm and Overlap of Subsidiaries.* New York: Basic Books, 1972.

SVEIKAUSKAS, LEO. "Science and Technology in United States Foreign Trade," *Economic Journal,* Volume 93, September 1983, 542–554.

SWEDENBORG, BIRGITTA. *The Multinational Operations of Swedish Firms: An Analysis of Determinants and Effects.* Stockholm: Industrial Institute for Economic and Social Research, 1979.

SYLOS LABINI, PAOLO. *Oligopoly and Technical Progress.* Cambridge: Harvard University Press, 1984 (2nd edition).

TEDLOW, RICHARD. *Creating Mass Markets.* New York: Basic Books, 1990, forthcoming.

TEECE, DAVID J. "Multinational Enterprise: Market Failure and Market Power Considerations," *Sloan Management Review,* Volume 22, Number 3, September 1981, 3–17.

———. "Transaction Cost Economics and the Multinational Enterprise: An Assessment," Working Paper IB-3, Business School, University of California at Berkeley, January 1985.

Telesis Consultancy Group. "A Review of Industrial Policy," National Economic and Social Council, 1982, Dublin: TCG, 1983.

THARAKAN, P. K. MATHEW, ED. *Intra-Industry Trade: Empirical and Methodological Aspects.* The Netherlands: Elsevier Science Publishers, 1983.

THOMAS, LACY G. "Spare the Rod and Spoil the Industry: Vigorous Competition and Vigorous Regulation Promote Global Competitive Advantage: A Ten-Nation Study of Government Industrial Policies and Corporate Pharmaceutical Competitive Advantage," Columbia Business School working paper, October, 1989.

THOMPSON, G. RODNEY, AND STOLLAR, ANDREW J. "An Empirical Test of an International Model of Relative Tertiary Employment," *Economic Development and Cultural Change*, Volume 31, Number 4, July 1983, 775–785.

TOLEDANO, JOELLE. "A propos des filières industrielles," *Revue d'Economie Industrielle*, Volume 6, Number 4, 1978, 149–158.

United Nations. *U.N. International Trade Statistics Yearbook, 1986*. New York: United Nations, 1988.

United Nations Center on Transnational Corporations. *Salient Features and Trends in Foreign Direct Investment*. New York: United Nations, 1984.

United Nations Economic Commission for Europe. *Production and Use of Industrial Robots*. New York: United Nations, 1985.

United Nations Office of Economic Cooperation and Development, Science Resources Newsletter, Number 7, Paris, 1983.

United States Department of Commerce. *A Competitive Assessment of the U.S. Robotics Industry*. Washington, D.C., 1987, 16–17.

United States Office of Technology Assessment. "Trade in Services: Exports and Foreign Revenues," September 1986.

UTILI, GABRIELLA. *Transformazione e sviluppo dell'industra italiana delle piastrelle di ceramica*. Sassuolo: EdiCer, 1983.

UTTERBACK, JAMES M., AND ABERNATHY, WILLIAM J. "A Dynamic Model of Product and Process Innovation," *Omega*, Volume 3, 1975, 639–656.

VAHLNE, JAN-ERIK. *Multinationals: The Swedish Case*. London: Croom Helm, 1986.

VERBAND DER AUTOMOBILINDUSTRIE (VDA). *Annual Report 85/86*. Frankfurt, 1986, 85.

VERBAND DEUTSCHER MASCHINEN UND ANLAGENBAU (VDMA). *Fachgemeinschaft Druck-und Papiertechnik* (brochure). Frankfurt, 1986, 11.

VERNON, RAYMOND. "International Investment and International Trade in the Product Cycle," *Quarterly Journal of Economics*, Volume 80, Number 2, May 1966, 190–207.

———. "The Location of Economic Activity." In *Economic Analysis and the Multinational Enterprise*, edited by John H. Dunning. London: George Allen & Unwin, 1974.

VICKERS, JOHN S., AND YARROW, GEORGE K. *Privatization and the Natural Monopolies*. London: Public Policy Center, 1988.

VOGEL, EZRA F. *Comeback, Case by Case: Building the Resurgence of American Business*. New York: Simon & Schuster, 1985.

VON HIPPEL, ERIC. *Sources of Innovation*. New York: Oxford University Press, 1988.

WATERMAN, ROBERT H., JR. *The Renewal Factor: How the Best Get and Keep the Competitive Edge*. Toronto, New York: Bantam Books, 1987.

WEBER, ALFRED. *Theory of the Location of Industries*. Translated by Carl J. Friedrich. Chicago: University of Chicago Press, 1981.

WEINER, MARTIN J. *English Culture and the Decline of the Industrial Spirit, 1850–1950*. Cambridge: Cambridge University Press, 1981.

WELLS, LOUIS T., JR., ED. *The Product Life Cycle and International Trade*. Division of Research, Graduate School of Business Administration, Harvard University, Boston, 1972.

WILLIAMSON, OLIVER E. *Markets and Hierarchies*. New York: The Free Press, 1975.

———. *The Economic Institutions of Capitalism: Firms, Markets, Relational Contracting*. New York: The Free Press; London: Collier Macmillan, 1985.

WIND, YORAM; DOUGLAS, SUSAN P.; AND PERLMUTTER, HOWARD V. "Guidelines for Developing International Marketing Strategies," *Journal of Marketing*, Volume 37, Number 2, April 1973, 14–23.

WOLF, HANS-JÜRGEN. *Schwarze Kunst: Eine Illustrierte Geschichte der Druckverfahren*. Frankfurt: Deutscher Fachverlag, 1981.

YONEMOTO, KANJI. "Robotization in Japan," *Japan Industrial Robot Association*, February, 1987.

YOSHINO, MICHAEL Y. *Japanese Management System: Tradition and Innovation*, Cambridge, Mass.: MIT Press, 1968.

ZIKOPOULOS, MARIANTHI, ED. *Open Doors: 1987/1988 Report on International Educational Exchange*. New York: Institute of International Education, 1988.

ZYSMAN, JOHN, AND TYSON, LAURA, EDS. *American Industry in International Competition, Government Policies and Corporate Strategies*. Ithaca, N.Y., London: Cornell University Press, 1983.